普通高等学校规划教材

城市轨道交通信号与通信系统

王宏刚　主　编
吴仕勋　张生军　副主编

人民交通出版社股份有限公司
北　京

内 容 提 要

结合城市轨道交通运输的实际情况和信号系统的基本原理，本书对城市轨道交通信号与通信系统进行了介绍。全书共分12章：第1章至第9章讲述了城市轨道交通信号的基本原理，主要内容包括城市轨道交通概述、信号基础设备、轨道电路、车站联锁系统、区间闭塞、城市轨道交通列车自动控制（ATC）系统、列车自动防护（ATP）子系统、列车自动运行（ATO）子系统和列车运行监督（ATS）子系统；第10章和第11章，讲述了西门子公司和阿尔斯通公司的基于轨道电路的列车运行控制系统和基于通信的列车运行控制系统；第12章讲述了城市轨道交通通信系统。

本书可作为高等学校城市轨道交通相关专业教材，也可作为城市轨道交通信号与通信专业相关技术人员的参考教材或培训教材。

图书在版编目（CIP）数据

城市轨道交通信号与通信系统／王宏刚主编. — 北京：人民交通出版社股份有限公司，2020.1（2025.6重印）

ISBN 978-7-114-16270-1

Ⅰ. ①城… Ⅱ. ①王… Ⅲ. ①城市铁路—交通信号—信号系统—高等职业教育—教材 Ⅳ. ①U239.5

中国版本图书馆CIP数据核字（2020）第008542号

Chengshi Guidao Jiaotong Xinhao yu Tongxin Xitong

书　　名：城市轨道交通信号与通信系统
著 作 者：王宏刚
责任编辑：张江成
责任校对：孙国靖　扈　婕
责任印制：张　凯
出版发行：人民交通出版社股份有限公司
地　　址：（100011）北京市朝阳区安定门外外馆斜街3号
网　　址：http://www.ccpcl.com.cn
销售电话：（010）85285911
总 经 销：人民交通出版社股份有限公司发行部
经　　销：各地新华书店
印　　刷：北京科印技术咨询服务有限公司数码印刷分部
开　　本：787×1092　1/16
印　　张：12.75
字　　数：323千
版　　次：2020年1月　第1版
印　　次：2025年6月　第3次印刷
书　　号：ISBN 978-7-114-16270-1
定　　价：39.00元

前　　言

城市轨道交通具有运量大、速度快、污染小、安全可靠、封闭式运行等特点，极大提高了城市居民的出行效率，成为解决城市交通拥堵和交通污染的主要措施之一。进入21世纪后，国内迎来了城市轨道交通建设的高潮。中国城市轨道交通协会的《城市轨道交通2018年统计和分析报告》显示，截至2018年底，国内共计35个城市开通城市轨道交通并投入运营，开通线路185条，运营线路长度达到5761.4km，全年累计完成客运量210.7亿人次。

城市轨道交通信号和通信设备是城市轨道交通运输系统中非常重要和关键的设备，直接关系到列车的运行安全、运输效率和服务质量，是城市轨道交通运输系统的神经中枢。信号设备和通信设备不仅技术含量高，而且随着3C[计算机(Computer)、控制(Control)和通信(Communication)]技术的发展，具有向网络化、综合化、数字化、智能化的现代化系统发展的趋势。为了满足城市轨道交通的迅猛发展对信号和通信技术人才的需求，使更多从事城市轨道交通信号和通信岗位的工作人员掌握现代化信号与通信系统的基本知识，针对高等院校城市轨道交通信号和通信人才的培养目标，我们编写了本教材。

本书较全面地对城市轨道交通信号和通信系统进行了阐述，全书共12章。其中，第1章概要介绍了城市轨道交通信号和通信系统的作用和发展历史；第2章对故障—安全技术和城市轨道交通中的基础设备的基本原理进行了介绍；第3章阐述了轨道电路的工作原理；第4章阐述了与车站联锁系统基本概念、联锁系统的结构和联锁设备的功能；第5章讲述了与信号系统密切相关的三种区间闭塞制式(固定闭塞、准移动闭塞和移动闭塞)；第6章针对列车自动控制系统(Automatic Train Control，ATC)，阐述了ATC系统的分类、构成、后备运行模式和控制模式；第7、8、9章分别详细讲述了列车自动防护(Automatic Train Protection，ATP)子系统、列车自动运行(Automatic Train Operation，ATO)子系统和列车运行监督(Automatic Train Supervisor，ATS)子系统的基本原理和功能；第10章和第11章分别以西门子信号系统和阿尔斯通信号系统为例，讲述了西门子公司和阿尔斯通公司的基于轨道电路的信号系统和基于通信的信号系统；第12章讲述了城市轨道交通通信系统,其包括电话系统、无线调度系统、闭路电视监控系统、广播系统、时钟系统和旅客信息系统。

本书由重庆交通大学王宏刚主编和统稿,参加本书编写工作的还有吴仕勋、张生军和何立兰。在编写过程中,中国铁道科学研究院通信信号研究所的刘皓伟研究员、袁志明副研究员、重庆交控科技有限公司的曾祥益技术总监给出了宝贵意见,在此予以感谢。

由于本书编写时间仓促和编者水平有限,难免存在疏漏和不妥之处,恳请各位读者批评指正。

编　者

2019 年 5 月

目　　录

第1章　概　　述

在国家标准《城市公共交通常用名词术语》中，将城市轨道交通定义为“通常以电能为动力，采取轮轨运输方式的快速大运量公共交通的总称”。一般而言，广义的城市轨道交通是指以轨道运输方式为主要技术特征，是城市公共客运交通系统中具有中等以上运量的轨道交通系统。目前，城市轨道交通已成为大中型城市公共交通的重要组成部分，是缓解城市交通拥挤的主要措施之一。

《城市公共交通分类标准》规定城市轨道交通包括地铁系统(Subway)、轻轨系统(Light Rail Transit，LRT)、单轨系统(Monorail)、有轨电车(Tramway)、磁浮系统(Magnific Levitation for Transportation)、自动导向轨道系统(Automated Guideway Transit，AGT)和市域快速轨道系统(Suburbs Rapid Rail)。有轨电车的线路采用开放的专用线路，在运行过程中需服从城市道路交通的信号控制；磁浮系统的车辆采用电磁力实现列车与轨道之间的无接触的悬浮和导向，再利用直线电机产生的电磁力牵引列车运行，并且轨旁不设信号灯、计轴设备或轨道电路等信号基础设备：地铁系统、轻轨系统、单轨系统和市域快速轨道系统采用封闭的专用线路，轨旁一般设置信号灯、计轴设备或轨道电路等信号基础设备。不同类型的城市轨道交通基础设施不同会导致信号系统上的差异。本书主要针对地铁系统和轻轨系统的信号系统进行阐述。

第1节　城市轨道交通运输特点

与城市道路交通运输不同，城市轨道交通属于轮轨导向、车辆编组运行的轨道交通运输系统，并且一般采取封闭式运行。

与城市道路交通运输相比，城市轨道交通运输在运输行为方面具有以下特点：

(1)城市轨道交通具有更为严格的运营计划

城市道路上的车辆包括私家车、公车、出租车、公共汽车、货车等。除公共汽车外，其他车辆在上路前只需具备合法的手续，不需要任何部门的批准，且在道路上的行驶随意性较大，司机可根据道路拥挤状况随时更改运行线路；公共汽车运输在运行前必须制定运营计划，并且对每辆车的运行线路进行规划。由于受到道路状况的影响和城市道路交通信号的控制，公共汽车往往难以严格执行事先制定的运营计划。因此，公共汽车运输的运营计划主要规定了每辆车在始发站发车时刻，对于中间站的到站时刻和发车时刻往往忽略。

城市轨道交通具有专用的线路，线路沿途设有车站，并且线路上具有许多汇合点(Junction)。为满足旅客的出行需求和保证列车的安全运行，城市轨道交通在运营之前，必须制订严格的运营计划，包括列车运行计划(时刻表)、车辆运用计划、司乘人员计划等，轨道交通各相关部门必须严格执行事先制定的运营计划。

由于城市轨道交通运输系统采用封闭式专用线且有严格的运营计划和强有力的执行力度，因此，城市轨道交通运输比传统的公共汽车运输具有更高的准时性。

(2)城市轨道交通具有严格的区间行车组织方式

为了提高城市道路的利用率，城市道路被划分为若干个车道。车辆在道路上行驶时，在遵守交通规则的情况下，司机可以根据实际情况通过变更车道和控制车速来保持车距，避免追尾事故的发生。

城市轨道交通与铁路均属轮轨导向的交通系统。与道路交通不同，列车司机无法通过变更运行线路来保证列车的安全；同时由于密度高、车速快、车辆惯性大等原因，列车司机很难做到通过控制车速来保证车辆之间的安全距离。因此，对于轨道交通而言，必须规定列车在区间的运行方式即区间行车组织方式，且需要安装相应的设备。

城市轨道交通的区间行车组织方式和封闭式线路使得城市轨道交通运输比传统的公共汽车运输具有更高的安全性。

(3)城市轨道交通需要变更线路的设备

在城市道路上，司机可在遵守交通规则和保证安全的前提下，按照自己的意愿变更车道，实现超车或会车，道路上无须设置任何变更线路的设备。城市轨道交通是轮轨导向的交通系统，列车司机无法按照自己的意愿将车辆由一条线路转移到另一条线路。为了实现车辆在线路间的转移，线路上必须安装相应的设备，如道岔和转辙机等。

为保证轨道交通运输的安全，变更线路设备的存在要求城市轨道交通运营企业必须对线路上的设备进行集中控制。

(4)城市轨道交通车辆的运行实时需要行车凭证

城市道路上的车辆只有在具有交通信号灯的交叉路口需要行车凭证，即只有在信号灯呈现绿色的情况下或者交通警察的指挥下，车辆才可越过交叉路口继续前行或转向。对于其他情况，在确保安全的前提下，车辆可继续前行，无须行车凭证。城市轨道交通由于列车运行密度高、车速快以及惯性大等原因，为保证安全，车辆每前行一步都需要行车凭证。因此，城市轨道交通运营企业必须对线路上的车辆进行统一指挥。

由于城市轨道交通在运输行为上具有以上特点，为保证列车运行安全和提高运输效率，城市轨道交通需要能满足自身需求的信号系统。

从运输效果方面来看，城市轨道交通具有以下特点：

(1)运营速度高、节省出行时间

城市轨道交通系统具有专用行车道，与其他交通系统相隔离，属于全封闭的交通系统。同时，轨道车辆具有较高的加/减速度，能在较短时间内达到最高速度，有利于提高其平均速度。另外，由于轨道交通系统对全线的车辆进行统一指挥，使得线路上的车辆具有良好的运行秩序，可以按列车运行计划安排列车运行，能实现快速、准时运输。

城市道路由于承载多种交通运输方式，如公共汽车、私家车、非机动车等，且道路与道路的连接处即交叉路口大量存在，导致车辆的运行速度大大低于城市轨道交通车辆的运行速度。

(2)运输能力大

城市轨道交通与常规道路交通系统不同的是其运载工具可以编组运行（通常有6编

组、8编组)，而且由于轨道交通系统采用先进信号装置，可以采用较短的列车间隔时间。因此，轨道交通系统的运输能力较大，能满足大中型城市大客流量的需要。另外，列车编组辆数及行车间隔可以根据需要调整，能够满足不同时间段的客流量需求，使系统经济运行。

(3)综合经济效益较高

城市轨道交通多数建设在地下，不占用地面土地资源，即使在地面其占地也有限，充分利用了城市空间，节省了日益宝贵的城市土地资源。另外，城市轨道交通系统的发展能带动沿线及地区产品的价格提高，增加服务行业投资，促进沿线区域的发展，还使城市道路交通拥挤状况得到缓解，改善城市布局，减少城市交通事故。

(4)安全、舒适性较高

城市轨道交通系统采用专用行车道，能为乘客提供更为安全的乘车条件，比其他交通工具的安全性更高，有利于减少公共交通事故次数和伤亡人数。轨道交通系统车辆较宽敞，总体设计中座席占总载客量的比重较大，为乘客提供舒适的乘车空间。为使乘客较快上下车，缩短旅客上下车时间，车辆设有较宽敞的车门，车站站台设计为高站台，方便乘客跨步上车，加快上下车的速度。

(5)对环境影响小

轨道交通系统采用电气牵引，没有空气污染，噪声也较小。同时，由于该系统载客多，可减少汽车交通量，使城市中汽车排放的废气和噪声降低，有利于改善城市环境。

城市轨道交通在运输效果上由于具有上述特点而在众多大中型城市得到了广泛建设，成为大中型城市缓解交通拥挤、减少交通污染和降低能耗的主要措施之一。

第2节 城市轨道交通信号系统作用

1.信号系统的作用

为保证旅客的安全以及准点将旅客运输至目的地，城市轨道交通的线路设备、车辆、供电、通信、信号、环控、售检票等系统，在运营管理人员的组织协调下，共同完成旅客输送任务。其中，信号系统担负着保证行车安全、指挥列车运行的重要任务，其主要作用是：

(1)保证列车的安全运行

城市轨道交通运输的基本任务是运送旅客。如何切实保证将旅客安全、准时运送到目的地，是城市轨道交通行业首先要解决的问题。

在实际运输过程中，即使在隧道、线路、桥梁、车辆等设施设备良好的情况下，也会发生列车冲突(如追尾、侧撞等)和颠覆等严重事故。造成列车冲突的原因往往是由于多个列车同时占用同一空间，或是由于道岔位置不正确导致列车驶入异线。另外，列车的运行速度超过线路的最高允许速度时，往往导致列车的脱轨或颠覆。在城市轨道交通中，为保证列车运行安全，必须确保同方向相邻的两列列车之间保持一定的安全距离。在实际中，可采取轨道电路技术或列车定位技术和通信技术来保证同方向相邻列车之间的距离。只有当同方向相邻两列车之间的距离大于安全距离时,后行列车才可得到行车凭证继续向前运行,以避免与前行列车追尾。

为保证列车的运行速度不超过线路的允许最高速度,机车上安装有列车控制设备。当列车的运行速度超过限制速度时,列车控制设备会给出报警信号或对列车实行紧急制动,以保证列车安全运行。另外,城市轨道交通运输一般具有小编组、密度高、追踪距离短、速度快等特点,单纯靠司机驾驶会增加司机的劳动强度。列车控制设备还可根据列车距离前方的追踪目标点的距离自动计算出列车的"速度—距离"曲线,实现列车的自动驾驶,以减轻司机的劳动强度,同时降低事故的发生率。

与铁路信号系统类似,安全技术和对列车的控制技术相结合产生了城市轨道交通信号安全系统,信号系统的首要作用是保证列车运行的安全。

(2)提高运输效率

在运输过程中,如何提高运输效率,达到高速度、高密度运行,提高线路、车辆等设施设备的利用率,在尽可能短的时间内将旅客安全、准时运送到目的地,也是城市轨道交通管理部门必须解决的问题。与铁路信号系统类似,城市轨道交通信号系统对于提高列车运行密度和运输能力具有重要的作用。例如,先进的列车控制技术可大大缩短列车的追踪间隔,达到提高列车运行密度和线路利用率的目的。

从作用上看,城市轨道交通信号系统是应用于城市轨道交通系统中实现行车指挥和列车运行安全间隔控制技术的总称,其功能是保证行车安全和提高运输效率。

2. 城市轨道交通运输对信号系统的要求

城市轨道交通系统,以地铁为例,其对信号系统的要求主要体现在以下几个方面:

(1)通过能力要求

城市轨道交通车站一般只设正线,不设侧线,进站列车均停在正线上。前行列车在站内的停车时间会对相邻的后行列车的进站产生影响。因此,为满足大运量需求,要求城市轨道交通信号系统必须能满足高密度(通过能力大)的要求,尽量提高通过能力。

(2)安全性和可靠性要求

城市轨道交通线路采取地下铁路运输或高架桥线路运输,若发生事故将难以救援,损失会非常严重。另外,地下线路的隧道空间一般比较狭小,并且装有带电的第三轨或接触网,若设备故障,不便于维修,所以要求信号系统必须具有更高的安全性和可靠性。

(3)抗干扰能力要求

城市轨道交通均为直流电力牵引,再加上城市内部的许多电磁干扰,因此要求城市轨道交通信号系统具有较强的抗电气化干扰能力。

(4)自动化程度要求

城市轨道交通的站间距比较短、列车密度大,若仅靠人工,行车组织难以满足安全和高运输效率的要求,所以信号系统尽可能采用自动化程度高的先进技术设备,以减轻工作人员的劳动强度,降低人为操作失误,提高运输效率。

第3节 城市轨道交通信号系统组成

城市轨道交通信号系统是保证城市轨道交通安全和提高运输效率的重要设备。随着计算机(Computer)技术、通信(Communication)技术和控制(Control)技术(简称3C技术)的发展,城市轨道交通信号系统已发展成为具有列车自动防护(Automatic Train Protection,ATP)、列车自动运行(Automatic Train Operation,ATO)和列车运行监督(Automatic Train Supervision,ATS)等功能的综合自动化系统,其由列车运行自动控制(Automatic Train Control,ATC)系统和车辆段信号控制系统组成,如图1-1所示。

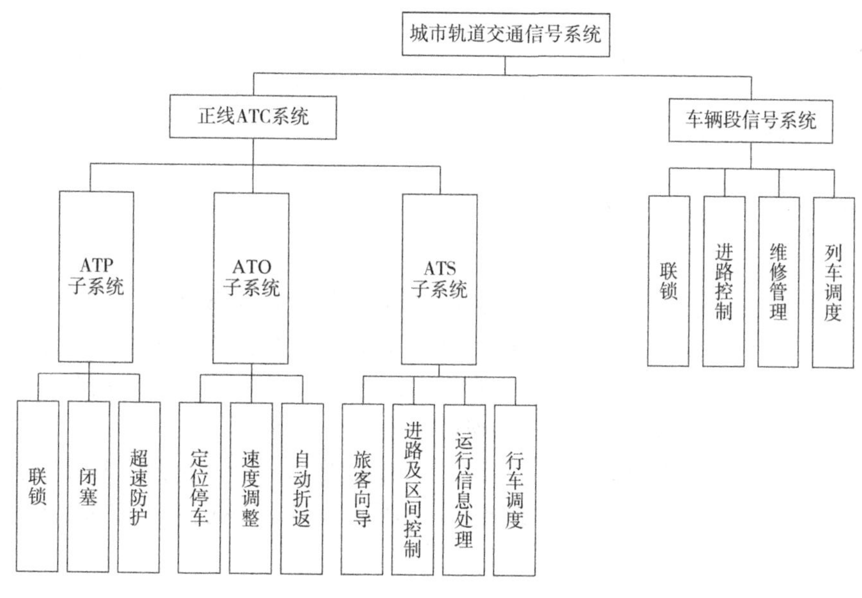

图1-1 城市轨道交通信号系统组成

1.正线ATC系统

正线ATC系统是城市轨道交通信号系统的重要组成部分,从实现的功能方面可分为ATP子系统、ATO子系统和ATS子系统(简称"3A"系统)。

(1)ATP子系统

ATP子系统是城市轨道交通信号系统中的安全子系统。其主要功能是实现对列车的速度防护,保证列车以安全速度行驶。若列车的实时速度超过安全速度,ATP子系统会给出报警,必要时进行紧急制动。另外,ATP子系统也负责安全停车点的防护和列车车门的控制。

(2)ATO子系统

ATO子系统的主要功能是实现对列车的自动运行,实现列车在站间的自动运行、在站内的定点停车和程序停车,对车门和屏蔽门进行控制;接受运营控制中心(Operation Control Center,OCC)的调度命令,实现站台扣车、站台跳停等。ATO子系统可以使列车处于最佳的运行状态,减轻司机的劳动强度,降低能耗。

(3)ATS 子系统

ATS 子系统是城市轨道交通的“大脑”,在 ATP、ATO 子系统的支持下对全线列车进行监督和控制。其主要功能包括:列车运行图管理、列车运行调度、仿真培训、旅客向导等。

2. 联锁系统

通常,城市轨道交通的车站分为集中联锁站和非集中联锁站。集中联锁站是指具有联锁设备的车站。如果具有道岔的车站由临近的集中联锁站控制,则该车站为有道岔的非集中联锁站;无道岔的车站则为无道岔的非集中联锁站。有道岔的非集中联锁站和无道岔的非集中联锁站统称非集中联锁站。

集中联锁站设有车站联锁设备,对车站的进路进行控制。非集中联锁站设有轨道电路的耦合单元,在有道岔的非集中联锁站设有防护信号机和转辙机,但是信号机和转辙机由临近集中联锁站的联锁设备进行控制。

3. 车辆段信号控制系统

车辆段/停车场是洗车、检车和维修车辆的基地,一般设有维修线、洗车线、停车线、镟轮线和试车线等,线路中存在众多道岔。为保证车辆在段内的行车安全,车辆段都设有一套联锁系统,并通过车辆段内 ATS 分机与调度中心进行信息交换。目前,车辆段内的联锁系统采用计算机联锁系统。试车线的信号系统与正线保持一致。

随着 3C 技术的发展,车辆段信号控制系统的特点是信号一体化,联锁系统设备、进路控制设备、接近通知和车次号传输设备等设备通过局域网连接在一起,并与运营控制中心进行数据交换。

第 4 节　信号技术发展历史和趋势

1. 发展历史

城市轨道交通信号系统的发展与 3C 技术的发展以及轨道交通系统的需求紧密相关。轨道交通信号技术的发展大致可分为四个阶段,如图 1-2 所示。

(1)基于轨旁信号设备的列车控制系统

该阶段的列车控制系统主要包括检测列车位置的轨道电路、提供行车凭证的轨旁信号设备和当列车冒进信号时保护列车的制动杆(trip stop)。信号系统的所有控制逻辑和设备几乎都位于轨旁,车上设备仅限于制动杆。列车只能由司机驾驶并且运输效率和灵活性完全受限于固定闭塞、轨道电路的配置和轨旁信号设备。

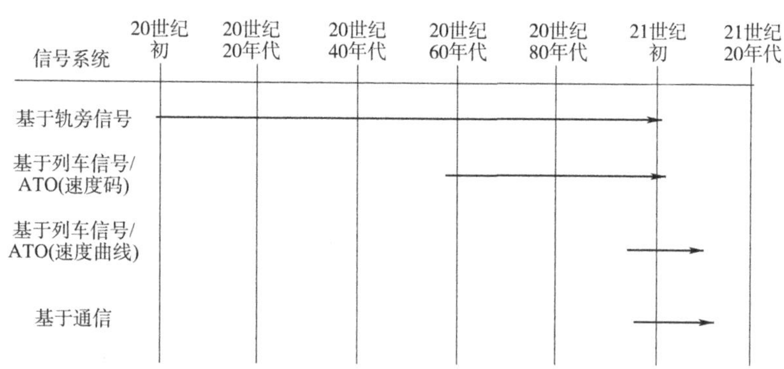

图1-2 城市轨道交通信号技术发展历史

(2)基于速度码的列车控制系统

基于速度码的列车控制信号系统在结构上由轨道电路和机车信号两大部分组成。与前一阶段的信号系统不同,该阶段的信号系统通过轮轨之间的通信,地面信号(速度码)传输给列车形成机车信号。该阶段的信号控制系统将一部分控制逻辑和控制设备转移到机车上,形成了初期的车载设备。车载设备接收速度码并对其做出反应,向司机显示行车许可凭证。车载设备根据地面不同的速度码实时对列车的速度进行防护。编码化的轨道电路在19世纪中期由美国的信号设备供应商进行开发,突破了轨道电路只能进行列车位置检测的局限性,在信号系统的发展史上具有重要的意义。

基于编码化的轨道电路和车载设备的信号控制系统可以实现列车的自动驾驶,但是运输能力和列车运行灵活性仍然依赖于轨道电路和速度码的数量。

该信号控制系统在20世纪得到广泛应用。如美国华盛顿地铁和亚特兰大地铁采用的亚特兰大都会区捷运(Metropolitan Atlanta Rapid Transit Authority,MARTA)系统、旧金山地铁采用的旧金山湾区捷运(Bay Area Rapid Transit,BART)系统,英国伦敦地铁的Victoria线、中国香港地铁和新加坡地铁最早的地铁信号系统均采用了该类信号系统。

(3)基于速度曲线的列车控制系统

数字轨道电路可以向列车传输更多的信息,不再局限于有限的速度码。根据地面传输的大量信息,车载设备可以计算出“速度—距离”曲线,列车可以得到更精确的控制和监督,而不是简单对速度码做出反应,这种控制技术称为目标距离(Distance To Go,DTG)控制技术。DTG技术支持列车自动驾驶,可提供更高的运输效率,其局限性是行车凭证仍然依赖于轨道电路,如图1-3所示。

DTG技术又一次突破了对列车进行控制的精度,使得列车追踪间隔时间缩短到90s。基于速度曲线的列车运行控制系统的典型案例是20世纪80年代阿尔斯通公司开发的SACEM系统。SACEM系统最早于1989年在法兰西岛区域快线(俗称巴黎RER)上得到应用,随后在墨西哥、智利圣地亚哥、美国洛杉矶地铁和中国香港地铁、上海地铁2号线、北京地铁5号线等得到广泛应用。

(4)基于通信的列车控制系统

基于通信的列车控制(Communication Based Train Control,CBTC)系统支持自动驾驶和对列车的控制、监督。与以前的信号控制系统相比,行车凭证不再受轨道电路的约束,而是由相邻列车的位置决定。相邻列车之间的距离构成一个“虚拟分区”或“移动分区”,如图 1-4 所示。

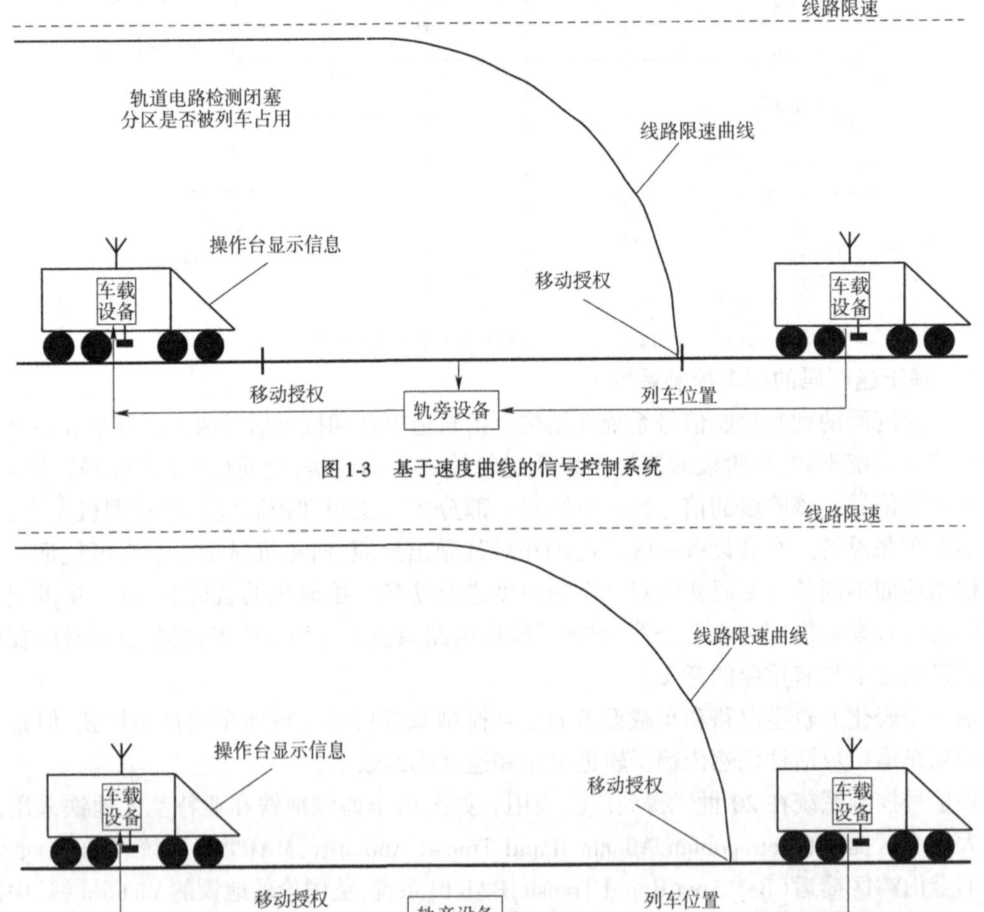

图 1-3 基于速度曲线的信号控制系统

图 1-4 CBTC 系统

CBTC 系统将大部分控制逻辑置于车载设备中,且车—地之间的双向实时连续通信可以使列车与地面之间进行大量的数据交换,使得控制精度得到进一步提高。CBTC 系统进一步缩短了列车追踪间隔时间,提高了运输能力。在使用 CBTC 系统的情况下,运输能力主要受制于车辆性能和线路的几何形状(曲线半径、坡度等)。

CBTC 系统有三个特点:①采用通信技术实现车—地之间的双向通信。通信技术主要包括无线通信、感应环线、漏泄电缆等。②采用比轨道电路精度更高的列车定位技术。③采用计算机技术实时对信息进行处理,确定列车的安全速度并对列车速度进行防护。

CBTC 系统的设备主要由四部分组成:ATS 设备、轨旁设备、车载设备、数据通信设备。

2. 国内信号系统发展历程

我国的城市轨道交通信号系统的发展历程与国内的城市轨道交通建设历程紧密相关,相对于国外而言,发展比较晚,大致可以分为三个发展阶段:

第一阶段，自主研发设备阶段。此阶段研发的信号系统主要应用在北京地铁 1 号线一期工程和二期工程。一期工程的主要设备包括自动闭塞、调度集中、列车自动驾驶和继电集中设备。在二期工程中（20 世纪 70 年代），国内又相继研发了 ATP 和 ATO 等列车控制系统。限于当时国内的电子工业整体水平落后，此阶段研发的信号系统的可靠性和安全性达不到运营的要求，未能得到全面使用和推广。

第二阶段，设备改造和 ATP 的研制阶段。20 世纪 80 年代，对北京地铁 1 号线苹果园车站到复兴门车站段进行技术改造。1990 年对环线（北京地铁 2 号线）调度集中设备进行改造，研制微机调度集中系统。1998 年对环线的车载设备进行改造，研发了 ATP 车载系统，一定程度上提高了列车运行的安全性，减轻了工作人员的劳动强度。

第三阶段，引进国外技术、消化吸收创新阶段。进入 21 世纪以来，我国进入城市轨道交通建设高潮阶段，信号系统也开始快速发展。北京、上海、广州、重庆等城市的轨道交通建设引入了法国阿尔卡特、美国 US&S 公司、德国西门子、法国阿尔斯通等先进的信号系统，但同时也面临众多问题，如价格昂贵、设备维护费用高等。针对此情况，我国众多信号厂商采取了消化吸收、创新等措施，取得了明显效果。如北京交控科技有限公司依靠北京交通大学，研发出具有完全自主知识产权的信号系统；铁道科学研究院通信信号研究所研制了具有自主知识产权的信号系统。

3. 发展趋势与特征

轨道交通信号系统的发展与控制技术、电子技术、计算机技术、通信技术等高新技术的发展息息相关。随着这些技术的发展和在轨道交通行业的应用，轨道交通信号技术已经从传统的继电逻辑、模拟电路、分散的控制模式向数字化、网络化、智能化和综合化方向发展。城市轨道交通信号系统在这些技术的支持下，也正在走向系统化、信息化和智能化，从单纯的保障行车安全扩展到提高运输效率、改善管理、改进服务及向业务综合管理方向发展。根据现有技术和技术发展趋势，城市轨道交通信号系统未来的发展趋势应具有以下几个特征：

（1）功能和作用综合化

随着信息技术的发展及在轨道交通信号领域中的应用，城市轨道交通信号系统的功能得到进一步扩展，信号系统的作用由指示司机安全行车、控制现场设备发展到实现车辆、供电、运营等各部门之间高效协作，实现信息采集、传输、处理和管理等功能。

（2）信号设备的数字化和智能化

计算机技术和电子技术的快速发展使得信号设备自动化、数字化和智能化成为可能，信号显示由无特定速度的颜色信息向允许速度、目标距离转化；列车运行由以人为主确认信号和操作向实现车载设备的智能化转化；列车的驾驶由以人工为主向以信号设备为主、人工监督甚至无人驾驶方向转化。

（3）系统智能化、网络化

随着通信、人工智能、大数据等技术的不断发展，城市轨道交通信号系统越来越呈现出智能化和网络化的特性。例如，城市轨道交通信号系统可以分为三层，最底层是现场的设备，如转辙机、轨道电路、信号机、数据传输装置等；第二层是安全控制设备，如集中站的联锁系统；第三层是运营控制中心,实现对全线车辆的监督和调度,整个系统呈现出网络化的特性。

(4)通信信号一体化

通信技术的快速发展使得城市轨道交通信号与通信一体化,如 CBTC 系统采用无线通信、裂缝波导管、感应环线或漏泄电缆,使得车—地之间的实时双向通信成为现实,采用光纤通信的主干网使得运营控制中心与车站之间的通信成为现实,无线通信与主干网之间的网络集成使得运营控制中心与车辆之间的通信成为现实。这些成功应用进一步推动了城市轨道交通通信信号的技术进步,加快了通信信号一体化的进程。

第 5 节　城市轨道交通通信系统

城市轨道交通通信系统是为城市轨道交通信号系统、运营单位之间的公务联络、传递各种信息等提供通信信道,与信号系统共同完成对运行列车的调度指挥。同时,在发生火灾、事故等紧急情况下,通信系统也是进行应急指挥、抢险救灾的主要手段。通信系统的范围涵盖控制中心、车站、车辆段、停车场、地面线路、高架线路、地下隧道和列车。

1. 城市轨道交通通信系统的组成

城市轨道交通运营涉及众多单位和系统,这些单位和系统之间必须做到信息共享才能保证列车安全准点运行,为乘客提供高质量服务。系统之间、单位之间的数据传输主要体现在两个方面:列车和地面之间的数据传输、调度中心和车站以及车站和车站之间的通信等。城市轨道交通通信系统主要指后一种情况,列车和地面之间的数据传输与信号系统紧密相关,通常将其归属到信号技术部分。

城市轨道交通通信系统通常由车站和车站之间以及车站与调度中心之间的通信传输网络、部门和部门之间的电话系统、用于调度的无线通信系统、用于给乘客提供信息的有线广播系统(Public Address,PA)和旅客信息系统(Passenger Information System,PIS)、用于监控的视频监控系统(Closed Circuit TV,CCTV)、录音系统、用于给各子系统提供标准时间的时钟系统等系统组成,如图 1-5 所示。

通信传输系统是一个能够承载音频、视频、数据等各种信息的综合业务数字通信网,是城市轨道交通通信系统的基础。城市轨道交通通信网络由光纤数字传输系统、数字电话交换系统、广播系统、闭路电视监控系统和无线通信系统组成,在控制中心与各车站、列车之间构成多个互相关联、互相补充的业务信息传输和交换同道,为城市轨道交通提供综合通信能力。

电话系统主要由公务电话和专用电话组成,主要为城市轨道交通管理、运营和维修人员提供语音通信。其中,专用电话包括调度、站内和区间轨旁电话等。

无线调度系统也称为无线集群通信系统,是调度员与司机通信的手段,也是移动作业人员、抢险人员实现通信的重要手段。

录音系统是为确保运营控制中心调度员与车站运营人员之间的调度指令和安全指令能正确保存而设置的系统。录音系统可对每个话路进行录音、监听、回放及识别来电号码,并运用信息化、网络化技术,为调度提供现代化的管理手段。

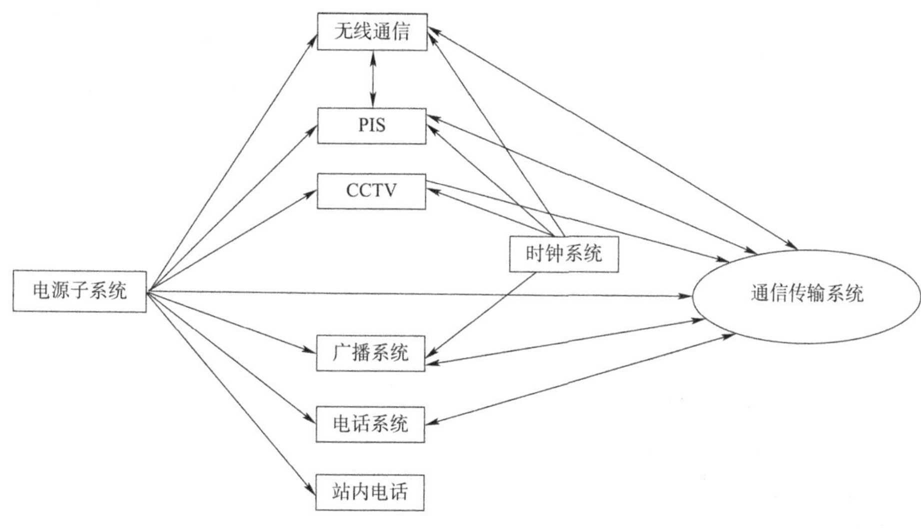

图1-5 通信系统组成

广播系统由正线广播和车辆段广播两部分组成,正线广播又分为控制中心广播和车站广播两级。广播系统是城市轨道交通运营行车组织的必要手段,包括:对乘客广播,通知列车到站、离站、线路换乘、时刻表变更、列车误点、安全状况,播放音乐改善候车室、站厅、站台、列车车厢环境;在突发或紧急情况下,组织指挥事故抢险,提高应急响应能力;对运营人员广播,发布有关通知信息,协同配合工作,告知办公区、站台、站厅、运用库、段内道岔群附近及人行道情况等信息。

闭路电视监控系统为运营控制中心调度管理人员、车站值班员、站台管理人员和司机等人员提供对车站的站厅、站台、出入口等主要区域的监控服务。

时钟系统的主要功能是为城市轨道交通运营部门、乘客、全线设备提供标准时间。时钟系统采用全球定位系统(Global Position System,GPS)或CCTV标准时间信息。

旅客信息系统通过多媒体设备及时为车站和列车上的乘客提供列车运行信息以及换乘信息,同时也提供诸如时间、天气预报、新闻及广告等其他信息。

商用通信系统为旅客提供地铁内的无线通信、广播、无线上网等服务。目前引入的主要公用移动通信系统有中国移动全球移动通信系统(Global System of Mobile Communication,GSM)、中国联通GSM、通用分组无线服务技术的(General Packet Radio Service,GPRS)、中国电信码分多址技术(Code Division Multiple Access,CDMA)等。

2. 城市轨道交通通信系统的作用

在正常情况下,通信系统与信号系统共同完成对列车的指挥调度,为其他系统提供信息传输的通道和时标(标准时间)信号。同时,通信系统也是城市轨道交通内部各部门公务联络的主要通道。

在发生火灾、事故或恐怖活动时,城市轨道交通通信系统是进行应急处理、抢险救灾和反恐的主要手段。城市轨道交通越是在发生事故、灾害或恐怖活动时，越是需要通信联系，但若在常规通信系统之外再设置一套防灾救护通信系统，势必要增加投资，而且长期不使用的设备亦难以保持良好的运行状态。所以，在正常情况下，通信系统能为运营管理、指挥、监控等提供通信联络的手段，为乘客提供周密的服务；在发生灾害、事故或恐怖活动的情况下，能够集中通信资源，保证有足够的容量满足应急处理、抢险救灾的特殊需求。

本章习题

1. 城市轨道交通运输过程中存在哪些必须解决的问题？如何解决？

2. 城市轨道交通信号系统具有什么作用？（不局限于教材）

3. 参照3C技术的发展趋势，思考城市轨道交通信号技术的发展趋势。

4. 简述城市轨道交通通信系统的组成。

5. 简述城市轨道交通通信系统的作用。

6. 填空题：

(1)城市轨道交通包括________、________、________、________、________、________和________。

(2)轨道交通的信号作用是：(1)________、(2)________。

(3)城市轨道交通信号系统由________和________两部分组成。

(4)城市轨道交通正线信号系统由________、________和________三部分组成，简称“3A”系统。

(5)城市轨道交通通信系统主要由________、________、________、________、________、________、________和________组成。

第2章 城市轨道交通信号基础设备

城市轨道交通信号基础设备主要包括信号机、转辙机、计轴器、应答器、轨道电路以及操作和表示设备等，安装在轨道交通线路旁边或中间。信号基础设备是实现城市轨道交通信号系统的基础，其质量和可靠性是信号系统正常运行和充分发挥效能的保证。

第1节 故障—安全技术

信号系统的第一使命是保证行车安全，相关系统必须满足“故障—安全”的原则，即故障导向安全。传统的故障—安全技术是指设备或系统发生故障时，不会错误地给出危险侧输出，而是使设备或系统导向安全侧的技术。狭义的故障—安全技术主要以设备或系统本身具有的性能为特点。

1. 传统的故障—安全技术的方法

（1）安全侧分配法

对涉及行车安全的信号器件或设备，选取安全或相对安全的状态为安全侧，故障以后导向安全侧。例如，信号机的禁止信号为安全侧（区间的通过信号机除外）、道岔以维持现有的密贴状态为安全侧。

（2）排除法

利用自然法则或特殊材质制造非对称性信号器材，或利用特殊结构电路排除一些故障。例如，安全型信号继电器在构造上采用重力原则，其接点材料采用不粘连材质。

（3）闭环法

利用闭环原理使电路或设备形成完整系统，并具有自监测功能，以便及时发现故障。如数字轨道电路信息的发送和检测形成一个闭环，能够及时发现故障。

（4）联锁法

利用逻辑处理及时发现故障，并使单个故障能导向安全状态。如联锁系统对进路进行解锁时，采用三点检查法，要求前方区段解锁、本区段空闲并出清、下区段占用三个条件都具备，才能正常解锁本区段。

2. 其他信号安全技术

（1）危险侧故障率最小化技术

采取安全措施，使发生危险侧的故障率最小化。如：采用电源隔离法，防止混入其他电源；

采用延时解锁，防止轨道电路的瞬间分路不良等。

(2)防错办技术

在有人介入的系统中，防错办技术可减少或防止操作失误，或者操作失误也能使系统处于安全状态。例如，继电联锁采用双按钮制，涉及安全的按钮采用加铅封设计或计数形式。

(3)故障弱化技术

当设备或系统发生故障时，某些功能有所减弱，但在整体上仍能维持使用。例如，引导信号、故障解锁等。

(4)冗余技术

提高设备或系统的可靠性来减少故障。如采用双机冗余、三取二、二乘二取二、信号灯的双灯丝技术等。

(5)多重化技术

采用多套软件或硬件，实现数据的比较和正确性检查，控制危险侧的输出。例如，计算机联锁的三取二、二乘二取二技术等。

(6)安全冗余技术

利用参数或时间等的冗余，使系统具有较大的安全系数。例如，采用不满负荷、设计元器件降额使用、延时解锁等。

(7)故障检测和诊断技术

利用检测与诊断技术及时发现故障，并对故障进行定位，及时排除故障。

(8)故障恢复技术

在检测出和定位故障后，最快排除故障，使系统迅速恢复工作。例如，采用插拔式继电器、插接式连接、带电插拔和轨道停电恢复等。

(9)过程控制技术

对于系统和设备的研发过程进行控制。例如，安全性评估、安全性认证和测试审查等。

第2节　信号继电器

继电器是一种当控制参数变化时，能引起被控制参数突然变化的电气元件。它能够以小功率的电信号来控制执行电路中的大功率对象，能控制数个对象或数个回路，在自动控制与远程控制系统中得到了广泛应用。轨道交通信号系统中大量使用各种类型的安全型信号继电器，来完成各种复杂的逻辑运算。

1. 继电器基本原理

继电器示意图如图2-1所示。继电器包含输入回路和输出回路两部分。当输入回路的开关闭合，输入回路的线圈产生磁场，当磁场力大于机械弹簧的拉力时，吸合衔铁，带动接点闭合，输出回路开始工作。当输入回路的开关打开时，磁场力消失，通过机械弹簧力的拉力，衔铁释放，带动接点断开，输出回路停止工作。

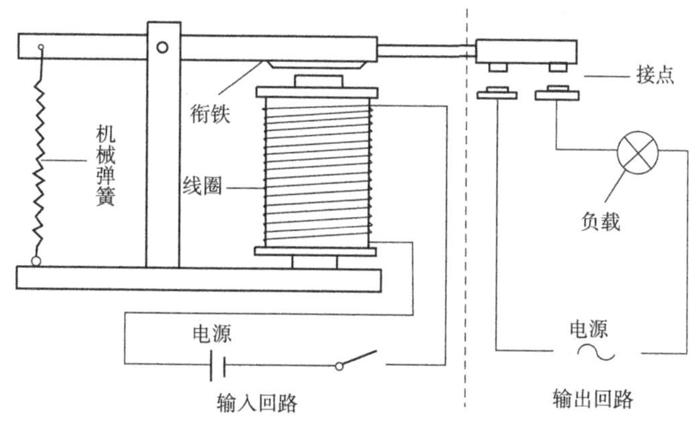

图 2-1　继电器示意图

继电器的特性是当输入值达到一定值时,输出量发生突变,具有“开关”的特性,其电气特性如图 2-2 所示。

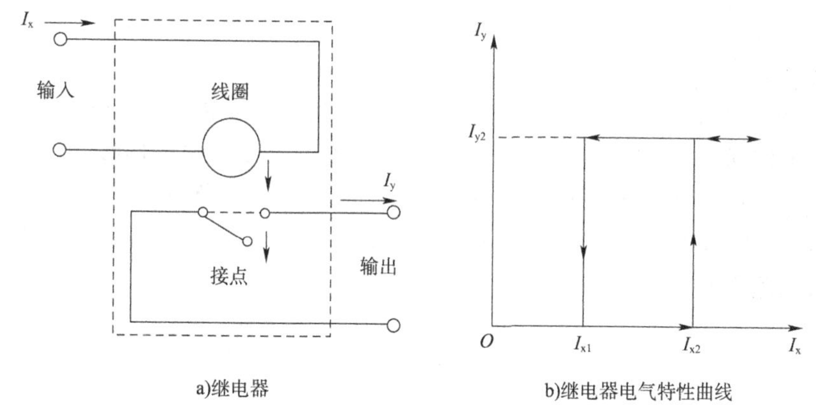

图 2-2　继电器电气特性

当线圈中的输入电流 I_x 的值增大到某一定值 I_{x2} 时,线圈产生的磁场力吸合接点,输出回路的电流 I_y 的值由 0 变为 I_{y2}。此时,若继续增加 I_x 的值,由于输出回路的参数没有发生变化,I_y 的值仍保持为 I_{y2}。

当线圈中的电路逐渐减少到 I_{x1} 时,线圈产生的磁场力不足以克服机械力而释放衔铁,接点断开,此时输出回路的电流值 I_y 由 I_{y2} 突变为 0。此后,I_x 再减少到 0 时,I_y 仍保持不变。

2. 直流安全型信号继电器

作为在轨道交通信号系统中的信号继电器,要求信号继电器必须安全可靠。针对轨道交通的要求,我国自主设计了一种直流 24V 的 AX(安全型)信号继电器,满足了信号设备对信号继电器的要求。

(1)直流无极继电器

直流无极继电器由直流电磁系统和接点系统两部分组成,其结构示意如图 2-3 所示。电磁系统的线圈安装在铁芯上,分为前圈和后圈,可单独使用,也可连接使用。衔铁靠蝶形钢丝卡固定在轭铁的刀刃上。衔铁的传动部分铆上重锤片,保证衔铁主要靠重力返回,衔铁的重量要满足后接点压力的需要。接点系统固定在电磁系统的上面,通过接点架、螺钉紧固在衔铁上,使两者成为一个整体。

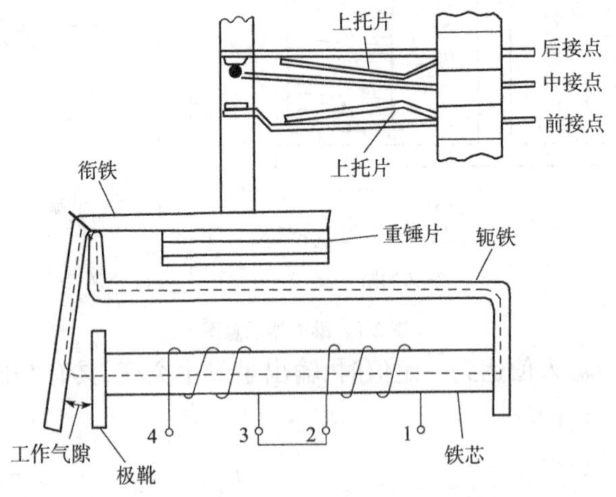

图 2-3　直流无极继电器结构示意图

当直流无极继电器接通电源后,无论什么极性,电流通过铁芯时产生磁通 ϕ。磁通 ϕ 经过轭铁、衔铁和工作气隙 δ 回到铁芯,形成一个闭合磁路,如图 2-3 中的虚线所示。磁通 ϕ 对衔铁产生电磁吸引力,吸引力随着线圈中的电流增大而增大(在未饱和之前)。当电流增大到一定值,磁通所产生的吸引力大于衔铁上的机械力时,衔铁吸合,带动所有动接点离开后接点,与前接点闭合,如图 2-4 所示。

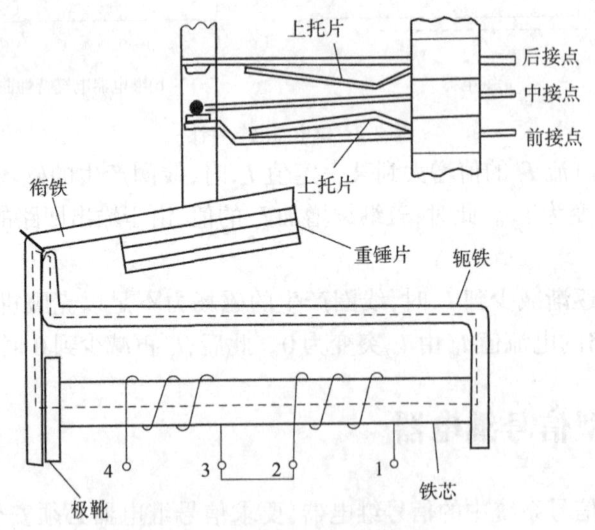

图 2-4　直流无极继电器闭合状态

当线圈中的电流减小时,磁通 ϕ 也随之减小,磁通对衔铁的吸引力小于衔铁上的机械力时,衔铁释放,前接点断开,后接点闭合。图 2-3 即为后接点闭合状态。

直流无极继电器的吸引力大小主要取决于通过工作气隙的磁通大小。磁通增大到一定值时,衔铁吸合;磁通减小到略小于吸起的磁通值时,衔铁释放。但是对于线圈中的电流来说,当电流减小到略小于吸起时的电流值时却不能使衔铁释放,主要有以下两方面的原因。

第一个原因是吸合状态和释放状态时工作气隙的不同。衔铁没有吸合之前,工作气隙间隔比较大,磁路的磁阻也大。衔铁处于吸合状态时,工作气隙间隔比较小,磁阻也比较小。因此,当继电器的衔铁由释放状态变为吸合状态时,需要比较大的电流;当继电器的衔铁由吸合状态变为释放状态时,由于磁阻变小,较小的电流就可以保持衔铁的吸合状态,衔铁释放时需要的电流更小。

第二个原因是铁磁材料的影响。铁芯中的磁能的变化总是滞后于线圈中电流的变化,在相同电流值的情况下,电流增大时与电流减小时,磁通 ϕ 值大小不同,电流增加时的 ϕ 值小于电流减少时的 ϕ 值。铁芯中的磁通 ϕ 与线圈中电流的关系如图 2-5 所示。当线圈中的电流增加时,铁芯中的磁通按照曲线 Oa 增加,当电流减小时,磁通按照曲线 ab 缓慢下降。电流增大时,磁通 ϕ 的值增加到 ϕ_i 时电流值为 I_1,而下降时磁通 ϕ 的值减小到 ϕ_i 时需要的电流为 I_2。

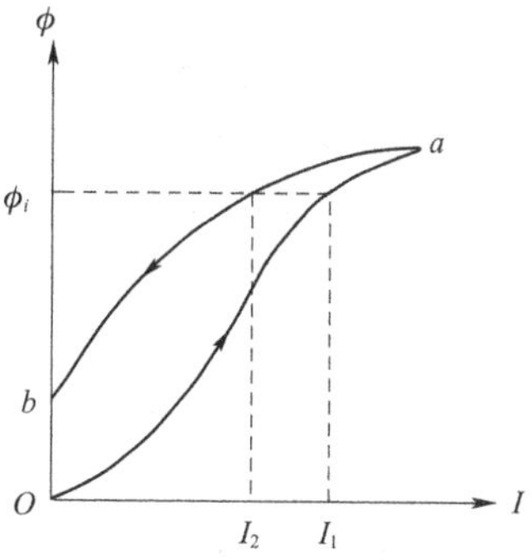

图 2-5　磁化曲线

(2)直流偏极继电器

直流偏极继电器的结构与直流无极继电器结构基本相同,只是在电磁部分增加了一个 L 形的永久磁铁,如图 2-6 所示。

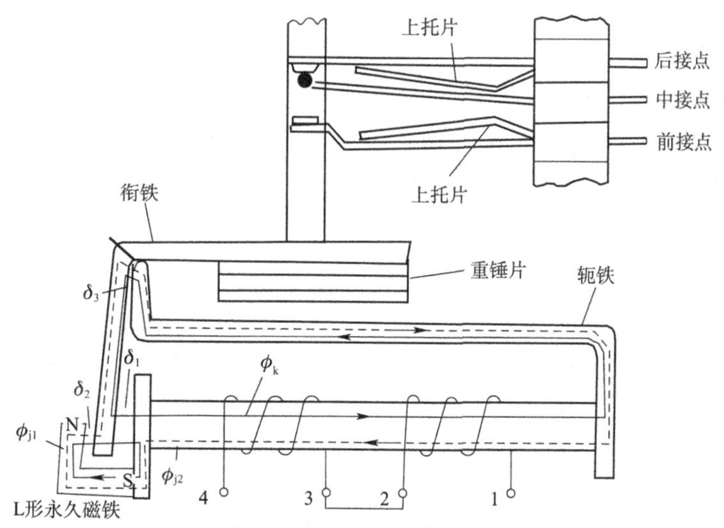

图 2-6　偏极继电器结构示意图

偏极继电器中的 L 形永久磁铁产生两条闭合的磁通,ϕ_{j1} 和 ϕ_{j2}。其中,ϕ_{j1} 是从永久磁铁的 N 极出发,经气隙 δ_2、衔铁、气隙 δ_1、方形极靴回到 S 极;ϕ_{j2} 从永久磁铁的 N 极出发,经 δ_2、衔铁、δ_3、轭铁、铁芯、极靴回到 S 极。由于 $\delta_1+\delta_2$ 为恒定值,因此 ϕ_{j1} 基本为恒定值。

工作气隙 δ_2 中的磁通为 $\phi_{j1}+\phi_{j2}$,而 δ_1 中的磁通为 ϕ_{j1},并且方向一致。显然,永久磁铁对衔铁的吸引力大于极靴对衔铁的吸引力,这样可保证偏极继电器在断电后处于落下状态,即后接点闭合。工作气隙 δ_3 中的磁通也对衔铁产生吸引力,但是由于力臂小,对衔铁产生的吸引力远远小于下端对衔铁的吸引力。

当线圈加上正方向电流(端子 1 接正极,端子 4 接负极,简称 1 正 4 负,余类同),线圈产生

控制磁通 ϕ_k,如图 2-6 中的实线所示。控制磁通 ϕ_k 在磁路中的方向与 ϕ_{j2}的方向相反,永久磁铁对控制磁通 ϕ_k 具有非常大的磁阻,因此,控制磁通 ϕ_k 主要经轭铁、工作气隙 δ_3、衔铁、工作气隙 δ_1 回到铁芯。随着电流的增大,工作气隙 δ_1 中的磁通 $\phi_k+\phi_{j2}$对衔铁的吸引力增加。当电流增大到某一值时,$\phi_k+\phi_{j2}$对衔铁的吸引力大于工作气隙 δ_2 中的磁通 $\phi_{j1}+\phi_{j2}$对衔铁的吸引力和机械力的总和时,衔铁吸起,前接点闭合。

当偏极继电器加上负方向电流时(1 负 4 正),线圈产生的磁通 ϕ_k 在磁路中的方向与 ϕ_{j2} 方向相同,永久磁铁对磁通 ϕ_k 的磁阻非常小,磁通 ϕ_k 主要经过永久磁铁,更增大了工作气隙 δ_2 中的磁通对衔铁的吸引力,衔铁不会吸起,保持在落下状态。

当永久磁铁失磁后,无论接入什么方向的电流,衔铁永远不会被吸起。

(3)直流有极继电器

直流有极继电器是一种能反映电流极性,并保持其极性状态的继电器。直流有极继电器用一块端部呈刀形的长条永久磁铁代替无极继电器的部分轭铁,永久磁铁与轭铁之间用螺钉连接。

永久磁铁会产生两条极化磁通 ϕ_{j1}和 ϕ_{j2}(虚线),其中 ϕ_{j1}从永久磁铁的 N 极出发,经衔铁下半部分、工作气隙 δ_1、铁芯、轭铁回到 S 极;ϕ_{j2}从永久磁铁的 N 极出发,经衔铁的上部、重锤片、工作气隙 δ_2 回到永久磁铁的 S 极。在衔铁释放状态,由于工作气隙 δ_1 的间距大于工作气隙 δ_2 的间距,工作气隙 δ_1 的磁阻大于工作气隙 δ_2 的磁阻,因此磁通 ϕ_{j1}小于磁通 ϕ_{j2}对衔铁的吸引力且大于磁通 ϕ_{j1}对衔铁的吸引力,再加上重锤片的重力、动接点预压力,直流有极继电器会保持在释放状态。

在衔铁释放状态下,当直流有极继电器线圈接入规定电流(1 正 4 负),铁芯会产生磁通 ϕ_k[图 2-7a)中的实线]。此时,工作气隙 δ_1 中的磁通为 $\phi_{j1}+\phi_k$,工作气隙 δ_2 中的磁通为 $\phi_{j2}-\phi_k$。随着电流的增大,当 $\phi_{j1}+\phi_k$ 对衔铁的吸引力大于 $\phi_{j2}-\phi_k$ 对衔铁的吸引力、重锤片重力以及机械力之和时,衔铁吸起,直流有极继电器处于衔铁吸起状态。在衔铁吸起状态,即使接入的规定电流为 0,衔铁仍然保持在吸起状态。

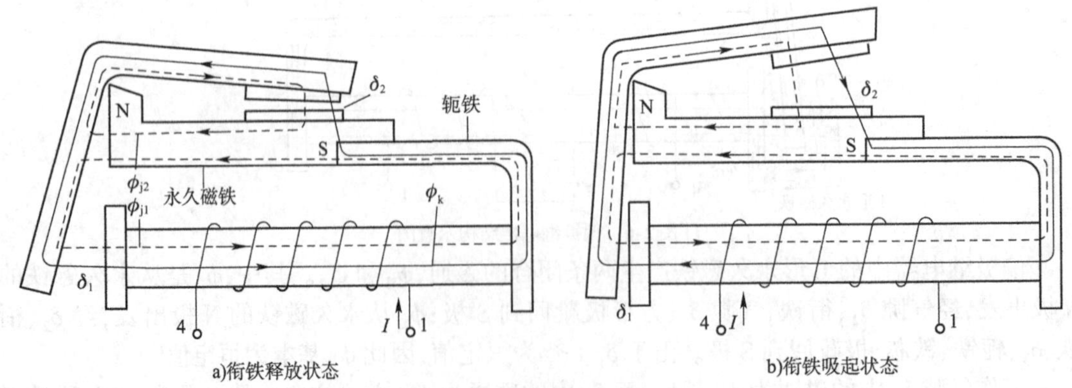

图 2-7　直流有极继电器磁路

在直流有极继电器为衔铁吸起状态时,当直流有极继电器线圈接入反方向电流(1 负 4 正),铁芯产生的磁通 ϕ_k 如图 2-7b)中的实线所示。此时,工作气隙 δ_1 中的磁通为 $\phi_{j1}-\phi_k$,工作气隙 δ_2 中的磁通为 $\phi_{j2}+\phi_k$。随着电流的增大,当 $\phi_{j2}+\phi_k$ 对衔铁的吸引力大于 $\phi_{j1}-\phi_k$ 对衔铁的吸引力、重锤片重力以及机械力之和时，衔铁释放，直流有极继电器处于衔铁释放状态。在衔铁释放状态，即使接入的反方向电流为0，衔铁仍然保持在释放状态。

(4)其他类型继电器

其他类型的继电器有整流继电器、时间继电器、交流二元继电器等，详细介绍见参考文献[1]。

3. 安全型继电器的型号和性能指标

(1)型号表示

安全型继电器的型号用汉字拼音和数字表示，汉字拼音表示继电器种类，数字表示线圈的电阻值，文字符号含义见表2-1。

安全型继电器代号、含义　　表2-1

代号	含义		代号	含义	
	安全型	其他类型		安全型	其他类型
A		安全	R		二元
B		半导体	S		时间、灯丝、双门
C	插入	插入、传输、差动	T		通用、弹力
D			W	无极	
DB	单闭磁		X	信号	信号、小型
H	缓放	缓放	Y	有极	
J	继电器、加强接点		Z	整流	整流、转换
P	偏极				

数字表示线圈的电阻值(单位：Ω)。图2-8是JWJXC继电器的型号表示。

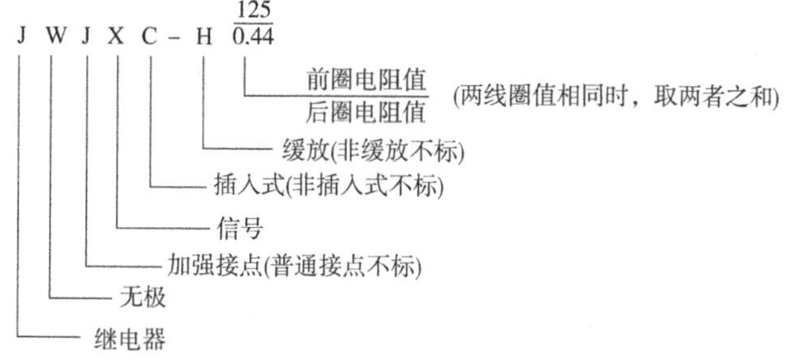

图2-8　JWJXC继电器型号表示

(2)继电器电气特性

额定值：继电器在运用状态时的电压值或电流值。

工作值：使继电器动作，前接点全部闭合，并满足规定的接点压力所需要的最小电流或电压值。

释放值：继电器从规定值降低到前接点断开时的电压或电流值。

转极值:有极继电器的动接点由定位转换到反位,或由反位转换到定位所需要的电压或电流值。

充磁值:为了测试继电器的释放值或转极值,预先使继电器系统磁化,向线圈通以 4 倍的工作值或转极值,这样可以使继电器磁路饱和,在此条件下测试释放值或转极值。

反向工作值:向继电器反向通电,前接点全部闭合,并满足接点压力时所需的最小电压或电流值。

反向不工作值:向偏极继电器线圈反向通电,继电器不动作的最大电压值。

(3)继电器的时间特性

由于铁芯的存在,电磁继电器线圈不仅电感量大,而且是一个非线性电感,线圈中的电流变化规律,并不按一般的指数曲线变化。

如图 2-9a)所示,当开关 K 闭合,线圈中的充电电流变化如图 2-9b)所示。

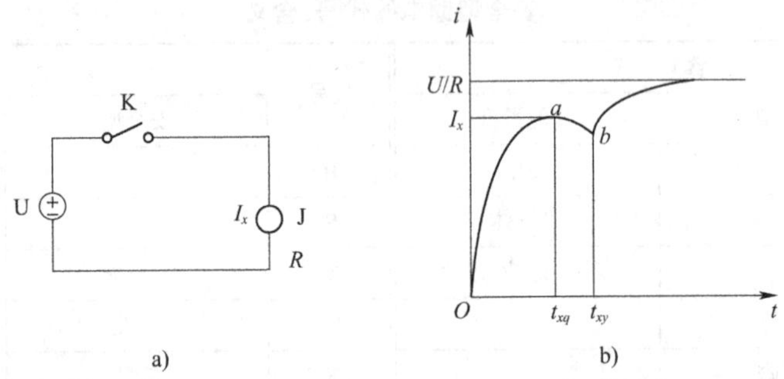

图 2-9 开关闭合,线圈充电电流变化示意图

如图 2-10a)所示,当开关 K 闭合,线圈中的放电电流变化如图 2-10b)所示。

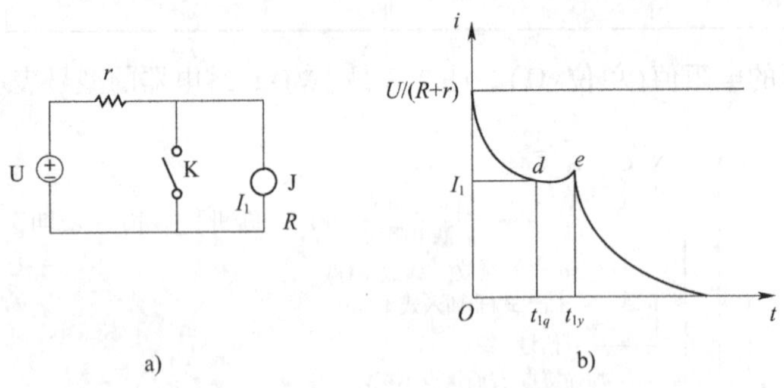

图 2-10 开关闭合,线圈放电电流变化示意图

4. 继电器图形符号

继电器在电路图中表现为线圈和接点两部分。对于继电器来说,线圈和接点是一个整体,但是线圈所在的电路和接点所在的电路是两个独立的电路。在实际电路图中,线圈和接点可以分别画在几张不同的图纸中,只需要线圈的标号和接点的标号相同即可。继电器线圈图形符号如表 2-2 所示。

继电器线圈图形符号

表 2-2

序号	符　号	名　称	说　明	序号	符　号	名　称	说　明
1		无极继电器		6		偏极继电器	
			两线圈分接	7		整流继电器	
2		无极缓放继电器		8	3'	时间继电器	
			两线圈分接	9		单闭磁继电器	
3		无极加强继电器		10		交流继电器	
4		有极继电器		11		交流二元继电器	
5		有极加强继电器		12		动态继电器	
	2 3 1 4		两线圈分接				两线圈分接

接点的图形符号有工程图形符号和原理图两种。工程图符号相对比较复杂一点，但能准确表达接点的状态，且不会造成误解。原理图符号相对比较简单，但稍有笔误容易造成误认，仅限于设计草图和教学中使用。继电器接点的图形符号如表 2-3 所示。

继电器接点图形符号

表 2-3

序号	符　号		名　称	说　明
	工程符号	简化符号		
1	1	1	前接点闭合	
2	1	1	后接点断开	
3	1	1	前接点断开	
4	1	1	后接点闭合	
5	1	1	前、后接点组	前接点闭合 后接点断开
	1	1		后接点闭合 前接点断开
6	111 112	111 112	极性定位接点闭合	
7	111 112	111 112	极性定位接点断开	
8	111 113	111 113	极性反位接点闭合	

续上表

序号	符号		名称	说明
	工程符号	简化符号		
9	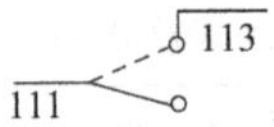 113 111	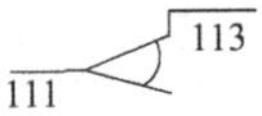 113 111	极性反位接点断开	
10	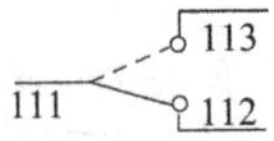 113 111 112	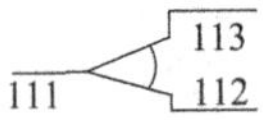 113 111 112	极性定位、反位接点组	定位接点闭合 反位接点断开
	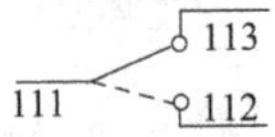 113 111 112	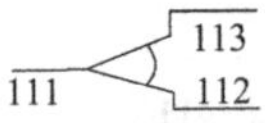 113 111 112		定位接点断开 反位接点闭合

继电器接点有两种状态,吸起状态(对应于衔铁吸起)和释放状态(对应于衔铁释放)。在继电器接点的图形符号中,必须表明接点的状态。一般用↑表示继电器吸起,前接点闭合;用↓表示继电器释放,后接点闭合。

对于继电器的前接点和后接点,只要标出接点组号即可,不必详细标明动接点、前接点和后接点号。例如,动接点为11,前接点为12,后接点为13。

对于有极继电器,由于无法用箭头标明其状态,因此必须详细标明动接点、前接点和后接点。例如,111 为组号为1 的动接点编号,112 为组号为1 的前接点编号,113 为组号为1 的后接点编号。

5. 继电器基本电路知识

由于继电器包含电磁系统和接点系统两部分,并且两部分的电流各自独立,因此对于继电器电流要牢记以下几点:

①继电器线圈有电(指通过工作值以上的电流)时,所有前接点闭合,后接点断开;线圈无电时,所有的前接点断开,后接点闭合。

②有极继电器断电时,接点的状态要根据断电前的状态进行确定。

③继电器线圈通电,前接点闭合,后接点断开,前接点是否有电流流过取决于前接点所在的电路。

④继电器线圈断电,后接点闭合,前接点断开,后接点是否有电流流过取决于后接点所在的电路。

继电器有两个状态,但是在电路图中只能表达两种状态中的一种。电路图中继电器呈现的状态称为定位状态。在轨道交通中,原则上按照以下原则规定继电器的定位状态。

①继电器的定位状态与设备的定位状态相一致。信号布置图中所反映的设备状态约定为设备的定位状态。

②根据故障—安全原则,继电器的落下状态必须与设备的安全侧一致。例如,信号继电器的落下状态应与信号关闭相一致;轨道继电器的落下状态应与轨道电路占用相一致。

(1)串联电路

串联电路指继电器接点串联连接的电路,其功能是实现逻辑“与”的运算。如图 2-11 所示，1、4 表示继电器 DJ 的线圈的接线柱。

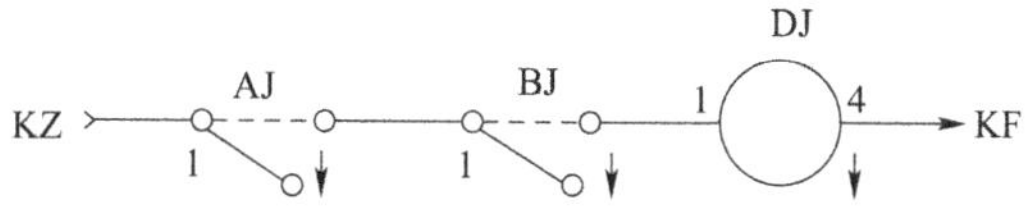

图 2-11　串联电路

继电器 AJ 和 BJ 的定位状态为前接点断开，继电器 DJ 的线圈无电，处于落下状态。显然，只有当继电器 AJ 和 BJ 都吸起时，继电器 DJ 才能吸起，并且与继电器 AJ 和 BJ 动作的先后顺序无关。

(2) 并联电路

由几个继电器的接点并联连接在一起的电路称为并联电路，其功能是实现逻辑“或”的运算，如图 2-12 所示。

当继电器 AJ 吸起，前接点闭合或者继电器 BJ 吸起，前接点闭合，继电器 DJ 线圈通电，DJ 吸起。

(3) 串并联电路

继电器电路中既存在接点的并联又存在接点的串联的电路称为串并联电路，其功能是实现更复杂的逻辑运算，如图 2-13 所示。

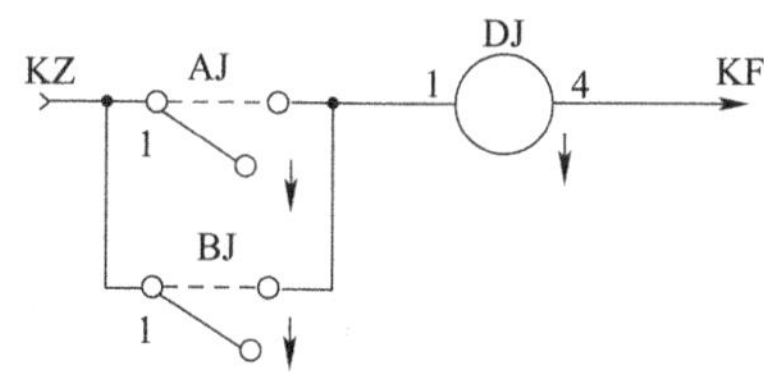

图 2-12　并联电路

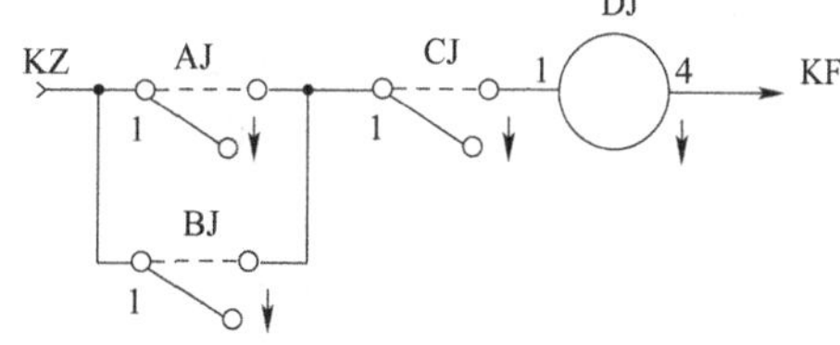

图 2-13　串并联电路

只有当继电器 AJ 或 BJ 吸起，且 CJ 吸起时，继电器 DJ 才能吸起。

(4) 自闭电路

凡是有自身接点参与保持该继电器吸起的，称为自闭电路，其功能是实现记录(或保留)某个动作，如图 2-14 所示。

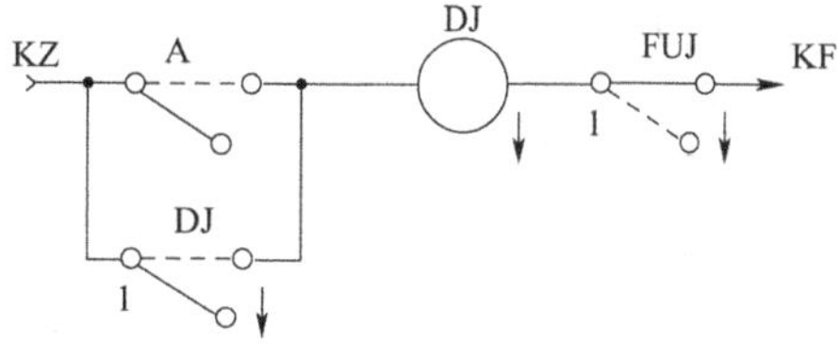

图 2-14　自闭电路

当按钮 A 按下时，继电器 DJ 通电吸起。当松开按钮 A 时，由于继电器线圈仍有工作电流流过，因此 DJ 仍然处于吸起状态，保留了按钮 A 按下时的状态。只有当复位继电器 FUJ 吸起后，继电器 DJ 的线圈断电，其前接点断开。

第 3 节　色灯信号机

轨道交通信号是用特定物体的颜色、形状、位置和声音等向司机传达有关前方路况、机车车辆运行条件、行车设备状态以及行车命令等信息的装置或设备。信号机是用于指挥列车运行的信号设备，信号机显示为开放信号时允许列车进入信号灯防护的进路，信号灯显示为关闭状态时禁止列车进入信号灯防护的进路。

1. 色灯信号机的组成

在轨道交通运输中，信号机以其灯光的颜色、数目和亮灯状态来表示信号。目前，信号机主要有透镜式色灯信号机和LED色灯信号机两种。

(1)透镜式色灯信号机

透镜式色灯信号机有高柱和矮柱两种类型，高柱信号机安装在钢筋混凝土信号机柱上，矮柱信号机直接安装在信号机水泥基础上。

高柱信号机的结构示意如图2-15所示。它由机柱、卡盘、托架(图中的蛇管及接头卡箍)、信号机构、梯子等组成。机柱用来安装信号机构和梯子；托架用来将信号机构固定在机柱上；梯子用于信号维修人员攀登及作业。

透镜式色灯信号机构由灯泡、灯座、透镜组、遮檐和背板组成。灯泡是信号机的光源、采用直丝双丝铁路信号灯泡；灯座用来安装灯泡，采用定焦盘式灯座。透镜组用来改变光源的颜色和聚焦；遮檐用来防止阳光直射，以便行车人员观察信号；背板为黑色，用来增强信号机所显示的信号。信号机构如图2-16所示。

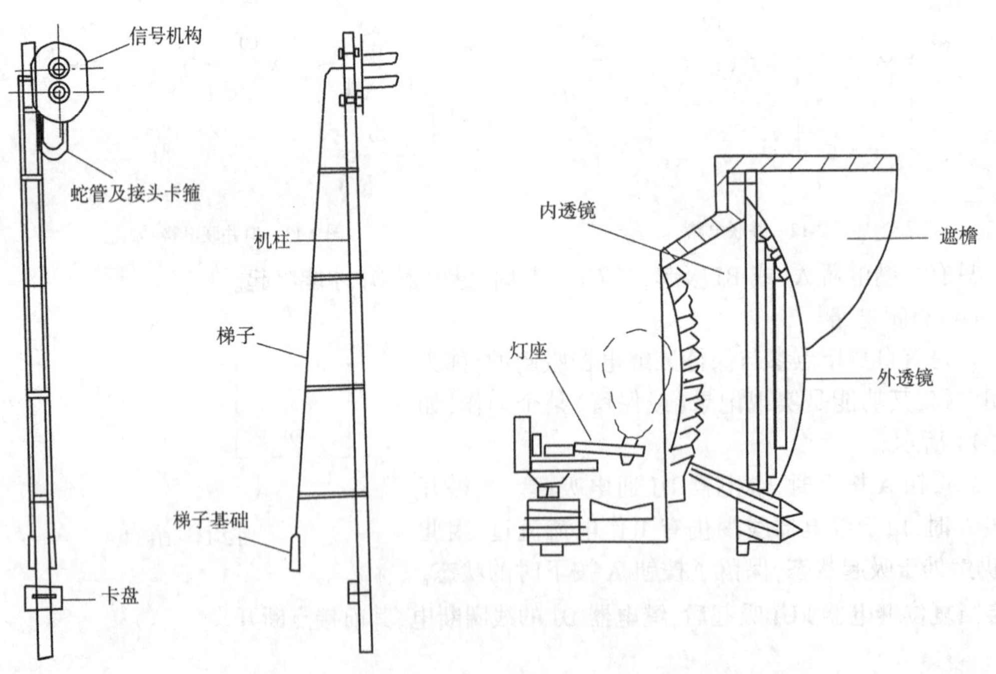

图2-15 高柱信号机结构

图2-16 信号机构

信号机机构按结构又可分为单显示、二显示和三显示，分别有一个灯室、两个灯室和三个灯室。每个灯室内有一组透镜、一副灯座、一个灯泡和遮檐。灯座间用隔板分开，以防止相互串光，保证信号显示的正确。背板是一个机构共用的。

透镜式色灯信号机由于结构简单、安全方便，控制电路所用的电缆芯线少而在轨道交通中得到广泛应用。

(2)LED 色灯信号机

LED 色灯信号机的组成与透镜式色灯信号机的组成基本相同,最大的区别在于,LED 色灯信号机的光源采用由高亮度发光二极管制作的发光盘。

LED 信号机一般由铝合金信号机机构、LED 发光盘和发光盘专用点灯装置组成。铝合金信号机机构分为高柱机构和矮柱机构。高柱机构由背板总成、箱体总成、遮檐和悬挂装置四部分组成。

LED 发光盘是采用发光二极管制成的新光源,其形状为圆盘形结构,上面安装众多发光二极管。

发光盘专用点灯装置是为配合 LED 发光盘而研发的信号点灯装置,与发光盘配套使用。该装置输出的是稳定的 12V 直流电压,不仅性能稳定可靠,能适用于电压波动较大的区段,而且使用方便,现场不需要调整。

2. 信号灯灯光配列、颜色及含义

信号灯的机构有单显示、二显示和三显示等。单显示机构仅用于阻挡信号机,二显示机构和三显示机构可单独使用,也可组合使用,构成各种信号显示。

城市轨道交通正线信号机配列基本是二显示信号机和三显示信号机。二显示信号机一般用于只防护一条进路的情况下;三显示信号机所防护的进路一般有两条或两条以上。

单显示信号机设置于线路终端,始终显示红色灯光。

二显示信号机只防护一条进路:显示红色,指示列车必须在信号机前停车;显示绿色(白色),指信号机内方的道岔处于定位(反位)状态,允许列车进入信号机所防护的进路。

三显示信号机:显示红色,指示列车必须在信号机前停车;显示绿色,指信号机内部的道岔处于定位状态,允许列车越过该信号灯;显示黄色(白色),指信号机内部的道岔处于反位状态,允许列车越过该信号机。

地面信号机经常保持的显示状态作为信号机的定位。信号机定位的确定,需要考虑行车安全。除采用自动闭塞的区间通过信号灯以绿色为定位外,其他信号机一律以禁止信号作为定位。信号常用图形符号如表 2-4 所示。

色灯信号机的信号常用图形符号　　表 2-4

名　称	图形符号	名　称	图形符号
红色灯光(灭灯)	●	绿色灯光(亮灯)	[illegible]
黄色灯光(灭灯)	[illegible]	红色灯光(亮灯)	[illegible]
绿色灯光(灭灯)	○	黄色灯光(亮灯)	[illegible]
蓝色灯光(灭灯)	◉	高柱信号	[illegible]
月白灯光(灭灯)	◎	矮柱信号	[illegible]

在城市轨道交通系统中,色灯信号机的基本颜色为红、黄、绿三种,再辅以蓝色、月白色,构成信号的基本显示。三种基本颜色表示的信号含义如下。

红色:停车信号,禁止越过该信号机(信号灯熄灭或显示不明时,应视作停车信号)。

绿色:允许信号,信号处于正常开放状态,可按规定速度通过该信号机。

黄色:允许信号,信号处于有限开放状态,要求列车注意或减速运行。

两种辅助颜色表示的信号含义如下。

月白色:用于指示调车作业时,表示允许越过该信号机调车。

蓝色:用于调车信号,表示禁止越过该信号机调车。

由于我国城市轨道交通信号系统没有对地面信号的显示方式和显示意义进行统一规定,因此许多城市轨道交通的信号显示存在一些差异。例如,上海申通地铁公司采用红色+月白色表示调车信号,不采用蓝色。有些城市轨道交通企业采用红色+黄色表示引导信号。

3. 城市轨道交通信号类型

城市轨道交通使用的信号主要有:固定信号、车载信号、轨旁指示标志和手信号等。

(1)固定信号

固定信号是将信号机固定在一个位置上,用颜色的变化显示信号指示列车运行。城市轨道交通固定信号采用色灯信号机。

(2)车载信号

为满足大容量和小间隔的运输,城市轨道交通多将地面信号传输到列车上,形成车载信号,通过车载信号显示屏向司机显示信号信息。车载信号必须与地面信号相一致。

(3)轨旁指示标志

轨旁指示标志是在线路上提醒司机注意或在施工时临时加入的需要注意的信号,例如限速信号等。

(4)手信号

手信号多在设备故障或者在特殊的运营时段等情况下使用。信号员必须手持信号旗或手提信号灯发出手信号。

4. 信号机设置原则

城市轨道交通地面信号机的设置遵循以下原则:

(1)正线有岔站,为了防护道岔和实现联锁关系,设置地面信号机,信号机一般设置于运行线路的右侧。一般中间站不设信号机。

(2)折返站的折返线出入口设置防护信号机。

(3)一般情况下,正线区间不设通过信号机。

(4)停车场的出入库线应设置出入库地面信号机,指挥列车出入库。

(5)停车场内,根据调车作业的需要,设置各种用途的调车信号机。

(6)根据列车运行间隔,设置出站信号机,甚至还可设置区间通过信号机,作为后备系统使用。

图 2-17 是一个中间折返站(有岔站)信号灯布局示意图。有道岔的地方就需要设置地面信号机对道岔进行防护。根据信号机的设置原则,该中间折返站需要 5 架信号机。其中 X1 是阻挡信号机,阻挡列车驶出折返线,阻挡信号机永远显示禁止信号——红色。X5 是列车由折返线进入正线的防护信号机,X5 显示容许信号,列车才能由折返线进入正线。X9 和 X11 是列车由正线进入折返线的防护信号机,其中 X9 是反向信号。X11 信号机不仅可以防护列车由正线经道岔 3 进入折返线的进路,也可以防护列车通过道岔 3 进入正线区间的进路。X3 指示列车由正线区间通过道岔 1 进入车站的进路。X7 是反方向防护信号机,指示列车由正线区间经道岔 3 进入车站。

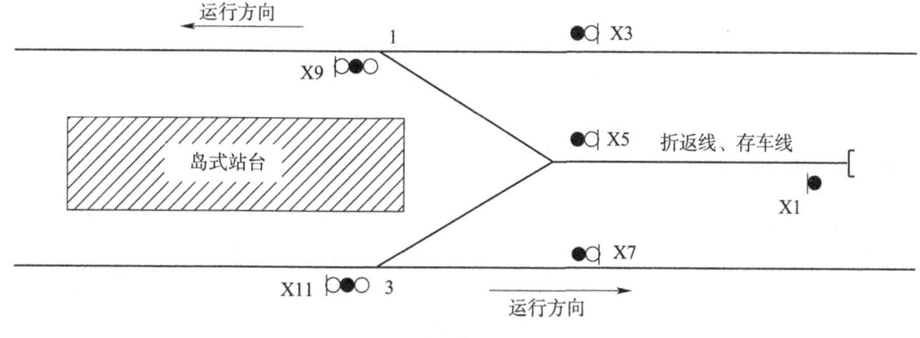

图 2-17　折返站信号灯布局示意图

第 4 节　道岔和转辙机

道岔是轨道交通线路中最关键的特殊设备,其作用是将列车从一个股道转向另一个股道。道岔是信号系统的主要控制对象之一。

1. 道岔的种类和结构

道岔按照其结构可以分为单开道岔、三开道岔、交分道岔和交叉渡线等种类。

(1)单开道岔

普通单开道岔的结构如图 2-18 所示。

单开道岔由转辙部分、连接部分和辙叉及护轨部分组成。转辙部分包括基本轨和尖轨,尖轨可通过转辙机进行移动;连接部分包括四根合拢轨,其中两个弯曲的合拢轨又称为道岔导曲轨线;辙叉及护轨部分包括辙叉、两个翼轨和两根护轨。护轨和翼轨用于固定车轮的运行方向。由于列车通过道岔时,需要经过辙叉的"有害空间"(图中未标出),如果不固定车轮的运行方向,就有可能造成脱轨事故。

辙叉部分的角度 α 称为辙叉角,辙叉角的余切值称为道岔的号数。显然,辙叉角越小,道岔的号数越大。城市轨道交通线路常用 7 号道岔、9 号道岔和 12 号道岔。道岔号数越大,列车通过道岔时所允许的速度越高。

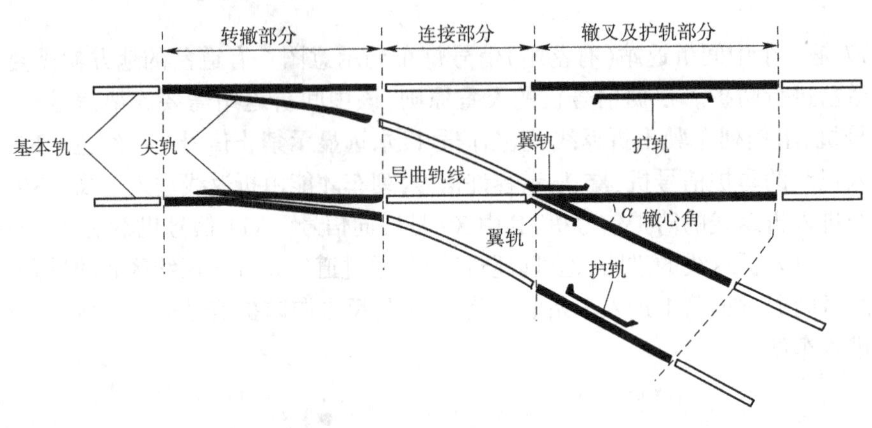

图 2-18 单开道岔结构示意图

(2)三开道岔

三开道岔的尖轨部分有两组尖轨,分别由两个转辙机牵引,辙叉部分有三组辙叉。三开道岔又分为对称三开道岔和不对成三开道岔。对称三开道岔的后面两个辙叉部分的撤叉角相等,不对称三开道岔的后面两个辙叉部分的辙叉角不相等。三开道岔的结构如图 2-19 所示。

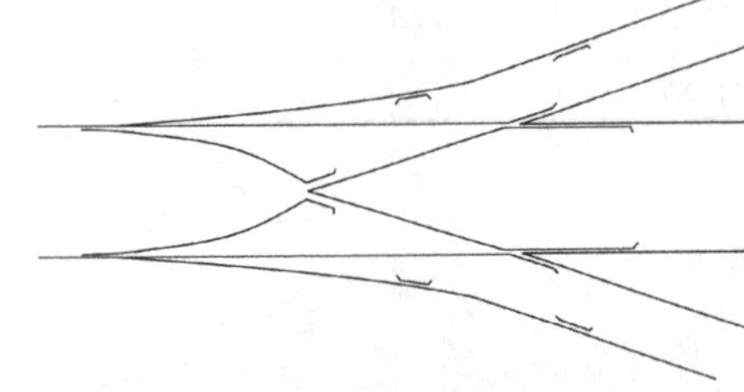

图 2-19 三开道岔结构示意图

(3)交分道岔(slip switches)

交分道岔表示两条轨道在同一平面上的交叉,呈 X 形状。结构图如图 2-20 所示。

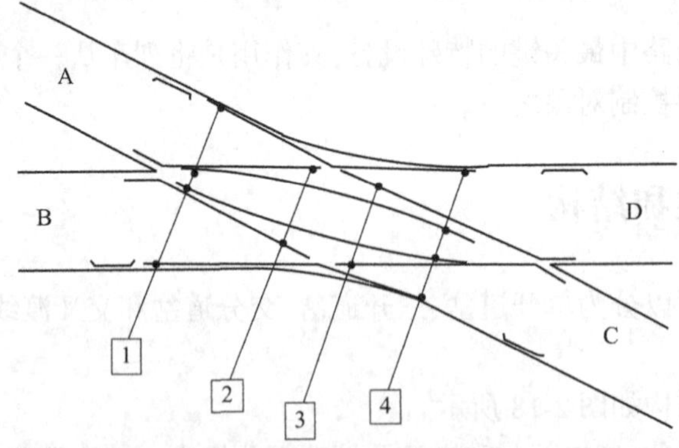

图 2-20 复式交分道岔示意图

交分道岔分为单式交分道岔和复式交分道岔两种。复式交分道岔是缩短车站咽喉长度、减少车道用地、提高调车作业效率的良好设备。其长度略长于单开道岔,而其作用相当于两组对向单开道岔,因此交分道岔可以缩短站场长度,特别在复线及多线区间的到达场、编组场和出发场等衔接的咽喉区,采用复式交分道岔配合交叉渡线,更为明显。

(4)交叉渡线道岔

交叉渡线道岔由四组类型和号数相同的单开道岔和一组菱形交叉设备,以及连接钢轨组成,用于平行股道之间的连接。其结构图如图 2-21 所示。

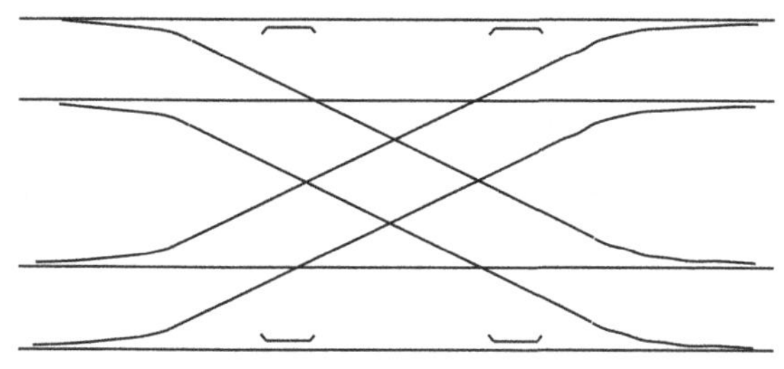

图 2-21　交叉渡线道岔示意图

不论是何种类型的道岔,均要求道岔的尖轨部分能够与基本轨密贴。如果尖轨与基本轨密贴较差(缝隙大于 4mm),列车的轮缘有可能撞着或从间隙中挤进道岔的尖端,从而造成颠覆或严重的脱轨事故。根据《铁路技术管理规程》的规定,当尖轨与基本轨之间能够插入厚度 4mm、宽 20mm 的铁板时,应不能锁闭道岔和开放信号。

道岔本身并无顺向和对向之分。根据列车的运行方向,当列车迎着道岔尖轨运行时,该道岔称为对向道岔;反之,列车顺着道岔的尖轨运行时,该道岔称为顺向道岔。对向道岔和顺向道岔的不安全因素不一样,会导致不同的事故后果。

当列车迎着道岔的尖轨运行时:如果道岔位置错误,则列车会行驶到另一条轨道;如果该条线路有列车,则会造成冲撞事故。如果道岔位置正确,但是尖轨没有和基本轨密贴,则列车轮缘会挤入尖轨和基本轨之间,导致道岔"四开",从而引起列车颠覆事故。当列车顺着道岔尖轨运行时,如果道岔位置不对,车轮轮缘可以从尖轨与基本轨之间挤进去,并推动另一根尖轨靠近基本轨,这种情况叫作挤岔。挤岔时有可能使道岔和转辙机受到损伤。

2. 转辙机

转辙机是道岔控制系统中的执行机构,基本任务是转换道岔、道岔锁闭和反映道岔的位置状态。转辙机是转辙装置的核心和主体,除转辙机本身外,还包括外锁闭装置(内锁闭转辙机没有)、各类杆件和安装装置,他们共同完成道岔的转换和锁闭。

(1)转辙机的作用

①根据需要,通过移动道岔尖轨的位置,将道岔的位置转换到定位或反位;

②道岔转换至所需位置而且密贴后,对道岔进行锁闭,防止外力转换道岔;

③正确反映道岔的实际位置,道岔的尖轨与基本轨密贴后,给出相应的表示;

④道岔被挤或因故处于"四开"位置时,及时断开表示,给出报警。

(2)对转辙机的要求

①作为转换道岔的动力装置,应具有足够大的拉力,带动尖轨做直线往返运动;当尖轨受阻不能运动到底时,应随时通过操纵使尖轨回复原位。

②当尖轨与基本轨没有密贴时,不应进行锁闭;一旦锁闭,应保证道岔不因其他外力的作用而错误解锁。

③作为监督装置,应能正确反映道岔的状态。

④道岔被挤后,在未修复之前不应再使道岔转换。

(3)转辙机的分类

按照动作能源和传动方式分类,转辙机可分为电动转辙机、电动液压转辙机和电空转辙机。电动转辙机的传动方式为机械方式。

按照供电电源分类,转辙机可分为直流转辙机和交流转辙机。

按照动作速度分类,转辙机可分为普通动作转辙机和快动转辙机。

按照锁闭道岔的方式分类,转辙机可分为内锁闭转辙机和外锁闭转辙机。

按照是否可挤,转辙机可分为可挤型转辙机和不可挤型转辙机。

3. ZD6-A 型转辙机

ZD6 型转辙机属于直流电动转辙机,是我国铁路既有线也是城市轨道交通使用最广泛的电动转辙机,包括 A、D、E、J 等派生型号。ZD6 型电动转辙机采用内锁闭方式。

其他型号的 ZD6 型转辙机是以 ZD6-A 型转辙机为基础进行改进和完善而发展起来的。

ZD6-A 型转辙机主要由电动机、减速器、摩擦连接器、主轴、动作杆、表示杆、移位接触器和外壳等组成,如图 2-22 所示。

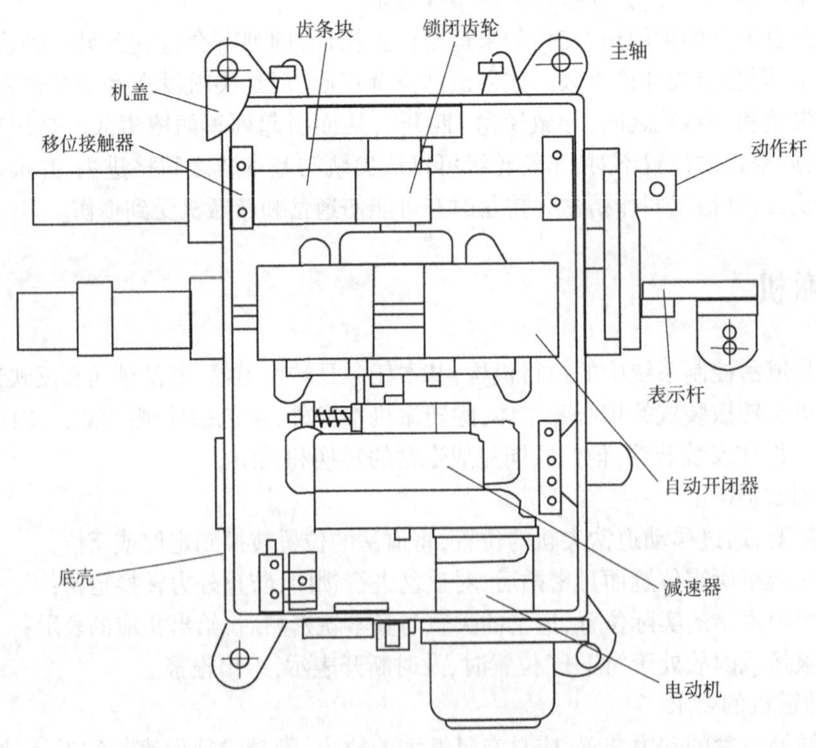

图 2-22　ZD6-A 型转辙机结构示意图

电动机是电动转辙机的动力源,采用断续工作制直流串激电动机。直流电动机的正转和反转可通过改变激磁绕组(定子绕组)中或电枢(转子绕组)中的电流方向实现,以满足道岔向定位、反位的转换。另外,电动机要求具有足够的功率,以获得必要的转矩和转速,并且具有较大的启动转矩,以克服尖轨与道床间的静摩擦。

减速器的作用是将电动机的转速降下来，以提高转矩。ZD6-A 型转辙机的减速器由两级组成：第一级为定轴传动外啮合齿轮，即小齿轮带动大齿轮，减速比为 103∶27；第二级为渐开线内齿合行星传动式减速器，减速比 41∶1。总减速比为 $103/27 \times (41/1) = 156.4$。

转换锁闭装置由锁闭齿轮和齿条块、动作杆组成，用来把旋转运动改变为直线运动，以带动道岔尖轨位移，并最后完成内部锁闭。电动转辙机每转换一次，锁闭齿轮与齿条块要完成解锁、转换和锁闭三个过程。

动作杆是转辙机转换道岔的最后执行部件。动作杆一端与道岔的密贴调整杆相连接，带动尖轨运动。动作杆通过挤切销与齿条块连成一体，它们一起运动。挤切销的作用是当挤岔时，动作杆和齿条块能够迅速脱离，使转辙机内部机件不受损坏。

自动开闭器用来及时、正确反映道岔尖轨的位置，并完成控制电动机和挤岔表示的功能。在结果过程中，由自动开闭器接点断开原表示电路，接通准备反转的动作电路；锁闭后，由自动开闭器接点断开电动机动作电路，接通表示电路。

表示杆用来检查尖轨是否密贴，以及道岔处于定位还是反位。

摩擦连接器是保护电动机和吸收转动惯量的连接装置。当道岔因故转不到底时，电动机电路不能断开，如果电动机突然停转，电动机将会因电流过大而烧坏。另外，在正常使用中，道岔转换到位，电动机的惯性将使内部机件受到撞击或毁坏。摩擦连接器安装在减速器内。

挤切装置包括挤切销和移位接触器，用来进行挤岔保护，并给出挤岔表示。

4. S700K 型电动转辙机

S700K 型电动转辙机是从德国西门子公司引进的设备和技术，经消化吸收和改进后，在主要干线推广运用的转辙机。

S700K 型电动转辙机结构如图 2-23 所示。S700K 型电动转辙机主要由外壳、动力传动机构、检测和锁闭机构、安全装置、配线接口五大部分组成。

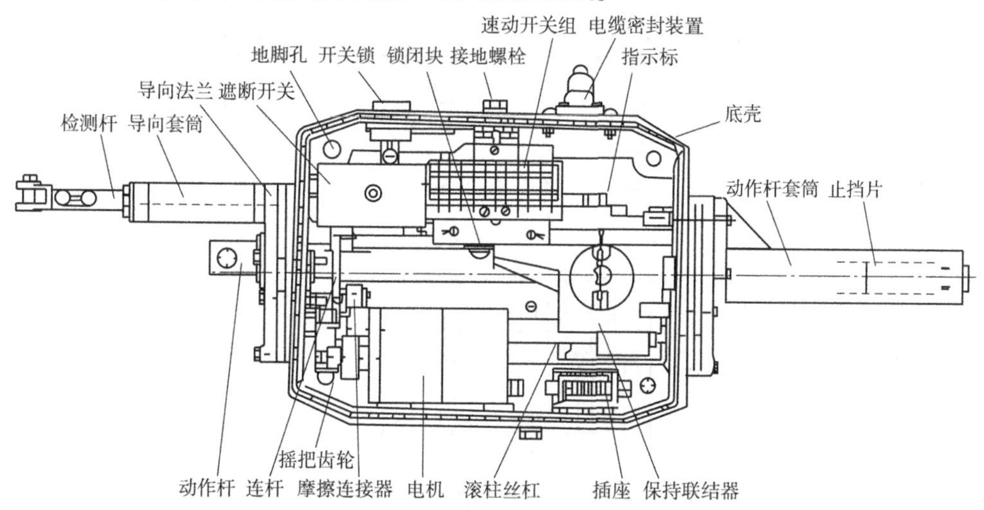

图 2-23　S700K 型电动转辙机结构示意图

外壳主要由铸铁底壳、机盖、动作杆套筒、导向套筒、导向法兰等组成。

动力传动机构主要由三相交流电动机、齿轮组、摩擦连接器、滚柱丝杠、保持连接器、动作杆等组成。

检测和锁闭机构主要由检测杆、叉形接头、速冻开关组、锁闭块和锁舌、指示标等组成。

安全装置主要由开关锁、遮断开关、连杆、摇把孔挡板等组成。

配线接口主要由电缆密封装置、接插件插座组成。

第5节　计　轴　器

计轴器是通过计算车辆进入区段和驶出区段的轮轴数,分析计算区段是否有车占用的一种设备。与轨道电路不同,采用计轴器检测区段是否被列车占用时不受轨道线路的道床状况的影响,但是无法检测轨道的完整性。在采用 CBTC 的线路,计轴器作为后备模式的检测设备使用,即无线传输设备发生故障时,可用计轴器设备检查列车的位置,构成"降级"信号。

根据计轴器的发展阶段,计轴技术可分为机械计轴技术、电子计轴技术和微机计轴技术,对应的计轴系统分别称为机械计轴系统、计轴系统和微机计轴系统。目前,机械计轴技术已经被淘汰,主要使用微机计轴系统。

1. 计轴系统基本结构

计轴系统的基本结构包括室外部分和室内部分(位于信号楼)。室外部分包括地面传感器(也称为计数器、轨道传感器、轨道磁头、轮轴传感器)、电子连接盒和传输电缆;室内部分主要是信号处理电路和计数处理电路,或由计算机构成的计轴器主机系统 ACE。由信号处理电路和计数处理电路构成的计轴系统称为电子计轴器,由计轴评估器 ACE 构成的计轴系统称为微机计轴系统。微机计轴系统基本结构如图 2-24 所示。

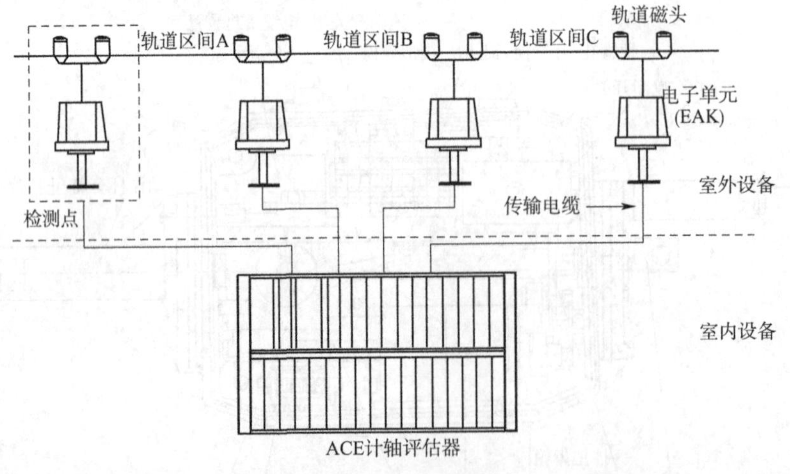

图 2-24　微机计轴系统基本结构

轨道磁头安装在线路钢轨的一侧,每隔一段距离设置一个检测点。每个检测点设置两个轨道磁头,如图 2-25 所示。轨道磁头通过电缆接入电子单元(EAK)的收发板。轨道磁头、电子单元和传输电缆构成了计轴系统的室外设备。室内设备主要为运算器、继电器等构成的电路，或由计算机构成的计轴器主机系统 ACE(也称为计轴评估器)。

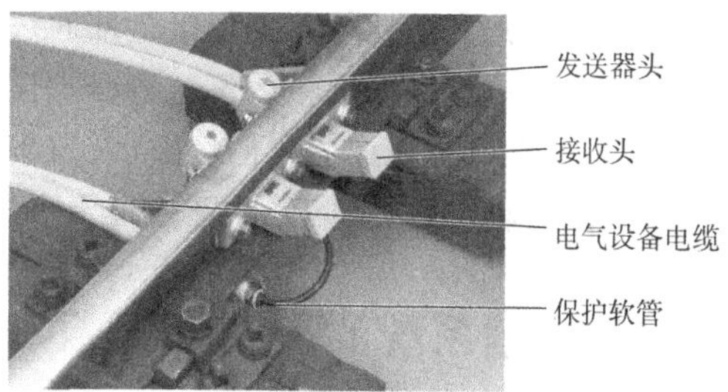

图 2-25　轨道磁头

2. 轨道磁头的工作原理

轨道磁头为变耦合式电磁有源传感器，设有发送线圈和接收线圈。每个检测点的传感器配有两组磁头，每组磁头又由一个发送磁头(TX)和 1 个接收磁头(RX)组成，发送磁头安装在轨道的外侧，接收磁头安装在轨道的内侧。发送磁头的信号来自电子连接盒的发送接收板。

发送磁头和接收磁头由绕在铁氧体磁芯上的线圈和并联电容组成，如图 2-26 所示。当接收磁头 S 接收到来自于电子连接盒的信号后，产生磁通 ϕ_1。根据电磁感应原理，接收磁头 E 会产生磁通 ϕ_2，并且 ϕ_1 和 ϕ_2 通过接收磁头 E 时方向相反。

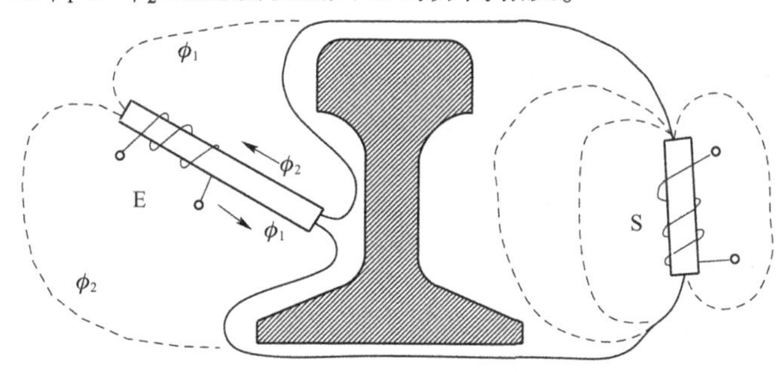

图 2-26　轨道磁头工作原理

在无列车通过时，$\phi_1 > \phi_2$，接收磁头会产生一个与发送磁头 S 电压相同相位的电压，输送给电子连接盒。当有列车通过时，由于轮缘的屏蔽作用，ϕ_1 减少，而 ϕ_2 增大，此时 $\phi_2 > \phi_1$。接收磁头 E 会产生一个与发送磁头 S 电压相位相反的电压，此信号经过整形、检波后产生一个轴脉冲。轴脉冲形成后，计轴过程完全由计算机软件完成。

由于同一个检测点安装两个磁头，两磁头产生的轴脉冲在时间上有先后顺序，据此可以判断是驶入轮轴还是驶出轮轴，从而鉴别列车的运行方向。

3. 计轴系统工作原理

计轴系统是利用轨道磁头、计数器来记录和比较驶入和驶出轨道区段的轮轴数，以此确定轨道区段的占用或空闲的状态。其工作原理是：当列车驶入轨道区段，轮轴驶入轨道磁头时，轨道磁头向驶入端处理器传送轴脉冲，轨道区段驶入端的处理器首先判断运行方向，确定是累加计数还是递减计数。列车进入轨道区段的过程中，驶入端的处理器对轮轴数进行累加，并发出区段占用信息。同时，驶入端处理器向驶出端处理器传输累加的结果，即进入轨道区段的轮轴数。列车全部通过驶入端计轴点时，停止计数。

当列车到达轨道区段的输出端处理器时，驶出端处理器进行减轴运算，同时再将通过的轮轴数传输给驶入端处理器。列车全部通过轨道区段后,两端的处理器同时对驶入区段和驶出区段的轮轴数量进行比较运算。若两端比较一致时,说明进入区段的轮轴数等于驶出区段的轮轴数,可以认为轨道区段已经空闲,发出区段空闲信息。当无法证明驶入区段的轮轴数等于驶出区段的轮轴数时,则认为区段处于占用状态。

4. 计轴系统的应用

计轴器的作用主要是通过计算列车驶入区段的轮轴数和驶出区段的轮轴数来确定区段是否空闲。因此,计轴器可在区段的始端和终端进行设置。

(1)在无岔区段的应用

对于数个无岔区段构成的区域,计轴器的设置如图 2-27 所示。图 2-27a)是数个无岔区段,没有重叠,即每个区段的始端是前一个区段的终端,每个区段的终端是下一个区段的始端。图 2-27b)是有重叠区段的无岔区段,在这一区段既要统计通过区段 3311 的轮轴数,又要统计通过区段 3344 的轮轴数,而区段 3311 和区段 3344 是重叠的。

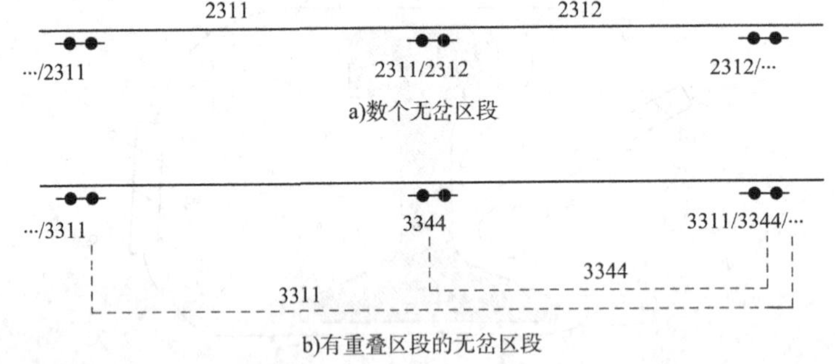

图 2-27 计轴器在无岔区段的应用

(2)在有岔区段的应用

对于有岔区段,一般在道岔的前端、道岔的直向和侧向各设置一个计轴器,如图 2-28 所示。

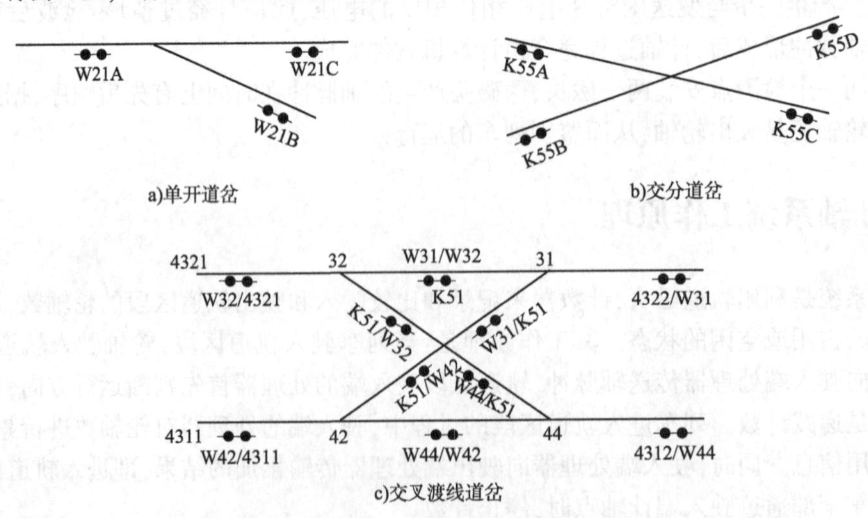

图 2-28 计轴器在有岔区段的应用

第 6 节　应　答　器

应答器(也称为信标)是一种采用电磁感应原理构成的高速点式数据采集/传输设备,用于在特定地点实现地面与列车间的相互通信。列车通过应答器接收地面信息,通过车载控制系统得出最佳的运行速度,以保证行车安全。列车也可以根据接收到的信息确定列车在线路的精确位置。

1. 应答器工作原理

应答器分为车载设备和地面应答器两部分。车载设备主要包括车载查询天线和车载查询器。地面应答器按照供电来源,可分为地面无源应答器和地面有源应答器。

地面应答器一般安装在两根轨道的中间,车载查询天线安装在车辆的底部。

(1)无源应答器

无源应答器安装在两根钢轨的中间,不需要外加电源,平时处于休眠状态,仅在列车通过时获取车载查询器发送的功率载波能量时被激活,同时向列车发送编制好的固定编码信息。其原理示意图如图 2-29 所示。

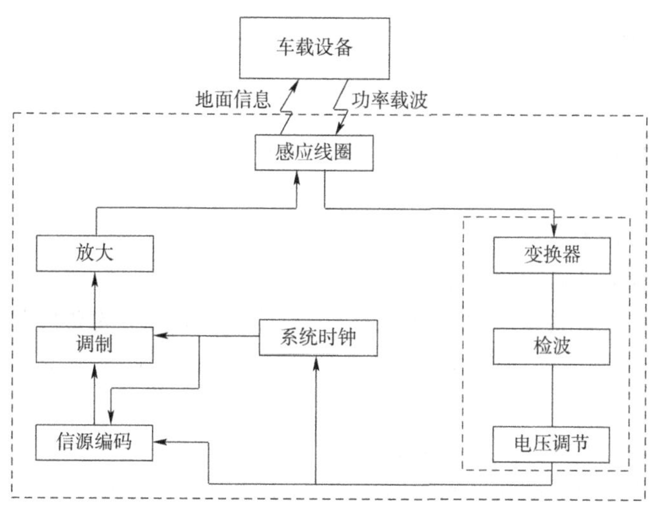

图 2-29　无源应答器原理示意图

当安装在列车底部的车载查询天线与地面无源应答器之间的磁场达到了规定的范围时,地面无源应答器中的感应线圈感应到来自列车的功率载波,经过变换器、检波和电压调节输出,直流电压使地面应答器进入工作状态。

系统时钟得到工作电压后,向信源编码器和调制电路输出时钟。信源编码器读取预置在系统芯片中的信息,输出给调制。调制器对信息进行调制后得到频移键控信号(Frequency Shift Keying,FSK),此信号再经过低通滤波器整形后放大,由线圈发送出去。

无源地面应答器向列车发送的信息包括公里标、线路坡度信息、限速等各种数据信息。

(2)有源应答器

有源应答器需要外接电源,由地面有源应答器(可变信息应答器)、轨旁电子单元(LEU)、车站信息编码设备、传输电缆组成。有源应答器原理如图2-30所示。

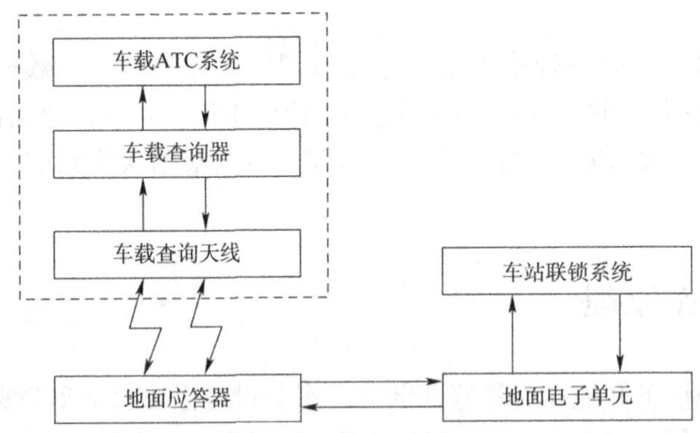

图2-30　有源应答器原理示意图

由于有源应答器与车站信息编码设备连接,因此有源应答器发送的报文可以随外部条件的变化而变化。

当列车接近地面有源应答器时,地面有源应答器内的数据保持不变,当列车远离应答器时,数据可以随时发生变化。车站的信息编码设备与车站联锁系统相结合,从联锁系统中采集有关信息,如道岔位置、信号机的显示、临时限速等。这些信息经过车站信息编码设备后,通过串行接口传送至地面电子单元,地面电子单元通过地面有源应答器将信息传输给列车,给列车提供实时信息。

2. 应答器的作用

(1)地面应答器的功能

①接收车载天线传送的载频能量。

无源应答器本身带有编码调制器,其工作电压来自列车发出的功率载波。应答器内部必须要有整流装置,把列车提供的功率载波变为直流电压,使时钟、信源编码器、调制器、放大器等有源器件工作。

②通过车载天线向列车发送数据信息。

当车载天线与地面应答器在有效作用范围内,地面应答器向列车发送连续的数据信息,向列车提供实时信息。

(2)车载应答器设备功能

①发送地面应答器工作所需要的能量。

由车载载频发生器与功率放大器向地面应答器提供载频能量,以激活地面应答器,使地面应答器正常工作。

②车载接收器接收、解调来自地面应答器的数据。

车载天线接收来自地面应答器的数据信息,车载上的解码器用于天线传送的信息,并进行滤波、数字解调与处理。分析接收到的数据流,找出完整的报文,确定精确的定位参考点。

3. 应答器的设置

在城市轨道交通信号系统中,应答器主要有两个作用:一是在 CBTC 信号系统正常时,对列车的位置误差进行校正,即实现对列车的精确定位;二是当 CBTC 故障时,采用应答器构成后备信号系统,作为降级信号使用。

应答器作为定位功能使用时,一般在线路的固定位置进行安装。例如,为实现列车在车站的定点停车,在车站布置若干个应答器。当列车通过应答器时,可以获取距离停车点的距离;为获取列车在区间的精确位置,在区间的某些地方安装应答器。当列车通过应答器时,可获取应答器所在线路上的绝对位置,以便对列车的位置误差进行校正。实现列车定位的应答器一般采用无源应答器。

当 CBTC 故障时,可采用应答器构成信号后备系统。此时,应答器不但要实现对列车的定位,还要向列车发送行车凭证。作为后备系统使用时,应答器按其实现的功能不同,可分为进路应答器(也称为进路信标,Route Tag)和信号应答器(也称为信号信标,Signal Tag)。进路信标和信号信标一般采用有源应答器。

进路信标设置于运行前方进路有道岔的接近轨道区段。进路信标的作用是将进路的状态告知经过的列车。

信号信标的主要作用是用来反映信号机的显示,并将信号机的显示状态告知经过的列车。信号信标一般安装在信号机的附近。信号信标与信号机之间的距离是列车的长度、最大制动距离以及反应时间乘以最大速度的总和。其中,反应时间包括司机的反应时间和设备的反应时间。

在城市轨道交通信号,信号信标有两种,即绿色信标和白色信标。当信号机显示绿色时,绿色信标工作,向列车传送信号机显示绿色的信息;当信号机显示白色时,白色信标工作,向列车传送信号机显示白色的信息(有些城市采用黄色信标);当信号机显示红色时,信号信标处于呼叫状态,不向列车传输信息。

另外,地面应答器可以单个设置,也可按编组的形式设置。在以编组形式设置应答器时,组内每个应答器均发送一组报文,所有报文综合定义了该应答器组所代表的信息含义。例如,在线路入口处设置两个距离固定的地面应答器,它们为一组,不仅使列车识别运行方向和在线路中的绝对位置,而且可以计算"轮径"补偿值,校正距离定位的误差。

本章习题

1. 什么是"故障—安全"? 常见的"故障—安全"技术有哪些?
2. 简述直流无极继电器、偏极继电器和有极继电器的工作原理以及各自的特点。
3. 简述城市轨道交通色灯信号机的三种基本颜色和两种辅助颜色所表达的信号含义。
4. 转辙机的作用是什么?
5. 简述轨道磁头的工作原理。

6. 简述应答器的工作原理和作用。

7. 为什么偏极继电器的永久磁铁失磁后，无论接入什么方向的电流，衔铁都不会被吸起？

8. 为什么有极继电器在衔铁吸起状态时，电流变为0，有极继电器仍然保持在吸起状态？

9. 有极继电器在衔铁释放状态时接入反方向电流[图 2-7a)按 1 负 4 正接入电流]，衔铁能吸起吗？为什么？

10. 填空题：

(1)继电器包含________和________两部分。

(2)城市轨道交通色灯信号机采用的三种基本颜色是________、________和________，另外两种辅助颜色是________和________。

(3)城市轨道交通系统中，常见的信号类型包括________、________和________。

(4)道岔按照其结构，可分为________、________、________和________等种类。

(5)单开道岔由________、________和________三部分组成。

(6)转辙机按照所采用的电源分类，可分为________和________。

(7)应答器按照所传输的信息是否可变可分为________和________。

(8)当列车迎着道岔的尖轨运行时，如果道岔位置正确，但是尖轨没有和基本轨密贴，则会导致道岔________，从而引起列车颠覆事故；当列车顺着道岔尖轨运行时，如果道岔位置不对，车轮轮缘可以从尖轨与基本轨之间挤进去，并推动另一根尖轨靠近基本轨，这种情况叫________。

11. 判断题：

(1)无极继电器的线圈有电(是指通过工作值以上的电流)，继电器的前接点闭合，前接点有电流。 ( )

(2)有极继电器的线圈无电时，前接点断开，后接点闭合。 ( )

(3)继电器电路图中的继电器初始状态可人为确定，只要保证电路能正常工作即可。 ( )

(4)计轴器系统可以检查轨道区段是否完整。 ( )

(5)采用计轴器系统可以检查轨道区段是否被占用。 ( )

第3章 轨道电路

轨道电路是利用钢轨线路和钢轨绝缘构成的电路,是轨道交通信号的重要基础设备,直接影响行车安全和运输效率。轨道电路的主要作用是检测列车对轨道区段的占用情况或者检测列车位置。在城市轨道交通中不设轨道电路时,在轨道区段的两端可采用计轴器对列车的位置进行检测。

第1节 轨道电路基本原理和作用

1. 轨道电路基本原理

轨道电路以轨道交通线路的两根钢轨作为导体,并加上电源、轨道继电器、机械绝缘(或电气绝缘)等元件组成的电路。通过轨道电路,可以将列车的运行与信号显示联系起来,保证列车的运行安全和提高运输效率。最简单的轨道电路如图 3-1 所示。

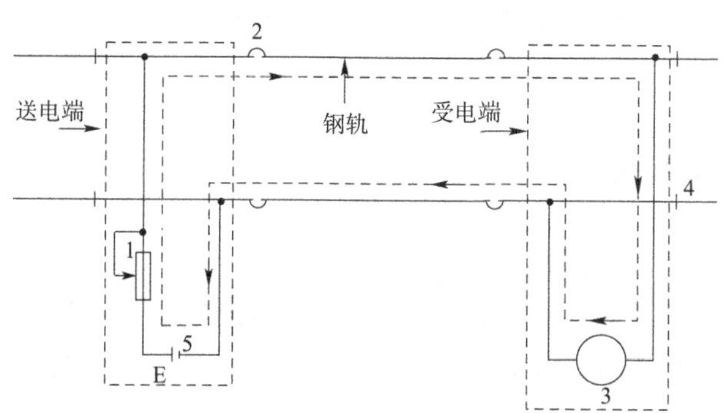

图 3-1 轨道电路示意图

1-限流器;2-轨端接续线;3-轨道继电器(GJ);4-轨道绝缘;5-轨道电源

轨道电路由送电端、钢轨和受电端组成。送电端主要包括轨道电源和限流器,限流器的作用主要是保证不因负荷的变化而烧坏电源,同时保证列车占用轨道电路时,轨道继电器可靠落下;受电端主要是轨道继电器;钢轨是轨道电路的导体。轨道接续线是为了减少钢轨间的接触电阻而增设的。钢轨绝缘是为了分隔相邻轨道电路而设置的,相邻两个绝缘节之间的钢轨长度为轨道电路的长度。轨道电路的送、受电设备一般放在轨道旁的变压器箱内或电缆盒内,轨道继电器安装在信号楼内。

轨道电路的 3 种工作状态如下。

①调整状态:当轨道电路完整即钢轨没有折断,并且轨道电路内没有列车占用时,轨道继

电器通电,前接点闭合,表示轨道电路空闲。此时的工作状态称为调整状态,图 3-1 即为调整状态。

②分路状态:当轨道电路完整,且轨道电路被列车占用时,由于列车的轮轨是导体,轨道电路中的一部分电流被列车的轮轨分流,轨道继电器由于断电或者通过轨道继电器的电流小于吸起值而落下,后接点闭合,表示轨道电路被列车占用。此时的工作状态称为分路状态。图 3-2为轨道电路的分路状态。

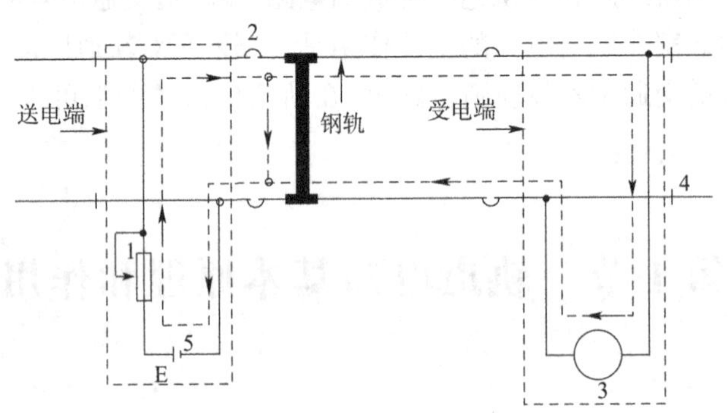

图 3-2　轨道电路分路状态

1-限流器;2-轨端接续线;3-轨道继电器(GJ);4-轨道绝缘;5-轨道电源

③轨道电路的断轨状态:当轨道电路中的钢轨在某处折断时,此时轨道电路的回路中断(在实际中,通过大地仍保持轨道电路的回路),轨道继电器断电(轨道继电器中仍有电流,但小于吸起值),后接点闭合。此时的工作状态称为断轨状态。

图 3-1、图 3-2 只是说明轨道电路工作原理的示意图,实际使用的轨道电路远比示意图复杂。

2. 轨道电路的作用

轨道电路的第一个作用是监督轨道电路是否被列车占用。利用轨道电路监督列车在区间或车站内的占用,是最常用的方法。由轨道电路反映该段线路是否被占用,为开放信号、建立进路或构成闭塞提供依据;还可以利用轨道电路被占用关闭信号,把轨道电路是否被占用和信号显示结合起来,以保证行车安全。

轨道电路的第二个作用是向列车传输信息。例如,移频轨道电路和数字轨道电路通过向列车传输不同的频率和不同的报文,向列车传输地面信息,反映前行列车的位置,为列车提供行车凭证。轨道电路中传输的行车信息,还为列车运行自动控制系统直接提供列车运行所需要的前行列车位置、前方信号机的状态和线路条件等有关信息,以决定列车运行的目标速度,控制列车在当前运行速度下是否减速或停车。

3. 轨道电路的分类

(1)按照轨道电源分类

按照轨道电路的电源类型,轨道电路可以分为直流轨道电路和交流轨道电路。采用直流电源供电的轨道电路称为直流轨道电路。直流轨道电路由于电源设备安装困难,检修不方便,易受迷流影响,现在已经很少采用。采用交流电源供电的轨道电路称为交流轨道电路。交流轨道电路根据所采用的频率大致可分为三段:低频(频率低于300Hz)、中频(频率介于300~3000Hz之间)和高频(频率介于10k~40kHz之间)。

一般交流轨道电路专指工频50Hz的轨道电路,25Hz和75Hz的轨道电路也属于交流轨道电路,但是必须指明频率。城市轨道交通的轨道电流多采用音频无绝缘轨道电流。

(2)按照调制方式分类

根据调制方式不同,轨道电路分为调幅轨道电路和调频轨道电路两种。调幅轨道电路主要对应于模拟轨道电路。

(3)按照分隔方式分类

按分隔方式分类,轨道电路可分为有绝缘轨道电路和无绝缘轨道电路。有绝缘轨道电路用钢轨绝缘将轨道电路与相邻的轨道电路进行分隔,即所谓的机械绝缘。有绝缘轨道电路中的钢轨绝缘容易受到列车运行带来的冲力和剪切力,使轨道电路的故障率较高。钢轨绝缘的安装也比较麻烦,有时需要锯轨,降低了线路的质量。另外,在电气化铁路段,为了使牵引回流能绕过钢轨绝缘,还必须安装扼流变压器。有绝缘轨道电路目前已被逐渐淘汰。

无绝缘轨道电路在轨道电路的分界处不设钢轨绝缘,而是采用各种分隔方式对相邻的轨道电路进行分隔。按分隔原理可分为三种:谐振式、自然衰耗式和强制衰耗式。

(4)按轨道电路所处的位置进行分类

按照轨道电路所处的位置,轨道电路分为区间轨道电路和站内轨道电路。

区间轨道电路主要用于自动闭塞区段,不仅可以监督轨道区段是否被占用,还可以向列车传送信息。一般来说,区间轨道电路传输的距离较长,轨道电路的构成比较复杂。

站内轨道电路用于站内区段,一般只有监督本区段是否被占用的功能,不能发送其他信息。为了使机车信号在站内能够连续显示,需要对站内轨道电路实现电码化,即在列车占用本区段或占用前一区段时用切换方式或叠加方式转为能发码的轨道电路。站内轨道电路除了股道外,一般传输距离不长。

(5)按有无道岔进行分类

按照轨道电路内是否包含道岔,站内轨道电路可分为无岔区段轨道电路和道岔区段轨道电路。

无岔区段轨道电路构成比较简单,一般用于股道、尽头调车信号机前方接近区段、进站信号机内方和两差置信号机之间。

对于道岔区段轨道电路,由于轨道线路有分支,构成相对比较复杂。在道岔处的钢轨和杆件要增加绝缘,还要增加道岔连接线和道岔跳线。当分支超过一定长度时,还必须设多个受电端。

(6)按照所传送的电流特性分类

按照轨道电路中所传送的电流类型,轨道电路可分为连续式、脉冲式、计数电码式、移频轨道电路和数字编码轨道电路。

连续式轨道电路传送连续的直流或交流电流。这种轨道电路的唯一功能是监督轨道是否被占用,不能传送更多的信息。

脉冲轨道电路是一种传送断续电流脉冲的轨道电路。发送端是发码器,发送脉冲电流至钢轨,受电端通过译码器解码,使轨道继电器吸起。我国铁路上曾经使用的极性脉冲轨道电路和不对称脉冲轨道电路就属于此类。

计数电码式轨道电路传送断续的电流,即由不同长度脉冲和间隔组合成电码。电码由发码器产生,同时只能发一种电码。受电端的译码器对电码进行译码,使轨道继电器动作。国内铁路使用的交流计数电码轨道电路属于此类。此类轨道电路可传送行车信息,即地面向列车发送信息。

移频轨道电路在钢轨中传送移频电流。在发送端用低频(几赫兹到几十赫兹)作为行车信息去调制载频(几百赫兹到几千赫兹),使移频频率随低频作周期性变化。在受电端将低频解调出来,使轨道继电器动作。这种轨道电路可向列车传送多种地面信息。

数字编码轨道电路,简称数字轨道电路,也采用调频方式,但采用的不是单一低频调制频率,而是有若干个比特的一群调制频率。数字轨道电路可以向列车传送更多的地面信息。

第 2 节　工频交流连续式轨道电路

工频交流连续式轨道电路采用 50Hz 交流电源,属于交流轨道电路,轨道继电器采用 JZXC-480 型轨道整流式继电器,钢轨中传输的是交流电。该轨道电路又称为 JZXC-480 型轨道电路。

工频交流连续式轨道电路由于结构简单,曾在铁路上被广泛使用。目前,城市轨道交通的车辆段仍然使用工频交流连续式轨道电路。

1. 工频交流连续式轨道电路的组成

工频交流连续式轨道电路由送电端、受电端、钢轨绝缘、钢轨引接线、钢轨接续线和钢轨组成,如图 3-3 所示。

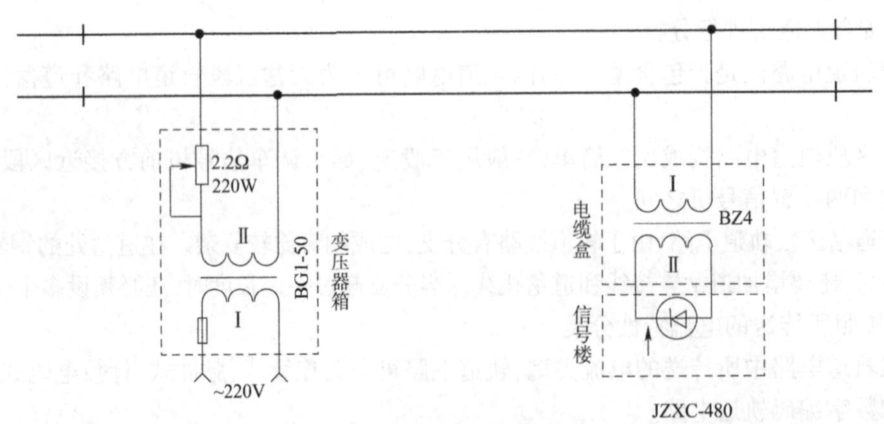

图 3-3　工频交流连续式轨道电路

送电端包括 BG1-50 型轨道变压器、R-2.2Ω/220W 变阻器,安装在室外的变压器箱内部,电源由室内用电缆送至送电端。受电端包括 BZ4 型中继变压器及 JZXC-480 型轨道继电器。

BZ4 型中继变压器安装在室外的电缆盒内，轨道继电器安装在信号楼内的继电器组合架上。

变压器箱和电缆盒用钢轨引接线接向钢轨，钢轨接续线用来连接相邻的钢轨（图中未标出），以减少钢轨间的接触电阻，钢轨绝缘设置在轨道电路的分界处，用来隔离相邻的轨道电路。

轨道变压器主要用于向轨道电路供电。中继变压器 BZ4 用于轨道电路受电端，BZ4 与 JZXC-480 型轨道继电器配合使用，可使钢轨阻抗与轨道变压器阻抗相匹配。变阻器为 R-2.2Ω/220W型变阻器，其阻值为 2.2Ω，功率为 220W，容许电流为 10A，容许温升 105℃。钢轨绝缘安装在轨道电路的分界处，以保证相邻轨道电路之间的可靠的电气绝缘，使它们互不影响。轨道电路连接线包括引接线、钢轨接续线和道岔跳线。

2. 工作原理

调整状态：当轨道电路完整且无车占用时，交流电源由送电端经钢轨传输至受电端，轨道继电器吸起，表示轨道电路空闲。此时，继电器的交流端电压在 10.5～16V 之间，高于轨道继电器的工作值(9.2V)15%，保证轨道继电器可靠吸起。

分路状态：当轨道电路有列车占用时，交流电源被轮轨分路，使轨道继电器两端的交流电压低于释放值，轨道继电器落下，标明轨道电路被占用。此时，轨道继电器的交流电压不得大于 2.7V（继电器的释放值 4.6V），以低于释放值的 40% 的安全系数，保证轨道继电器可靠释放。

断轨状态：当轨道电路内的钢轨在某处折断时，轨道电路构不成回路，此时轨道继电器两端没有电压或有很小的电压（通过大地构成回路），继电器落下，表明轨道断轨。

3. 极性交叉

(1)极性交叉

有钢轨绝缘的轨道电路，为了对钢轨绝缘破损的防护，要使绝缘节两侧的轨面电压具有不同的极性或相反的相位即为轨道电路的极性交叉，如图 3-4 所示。

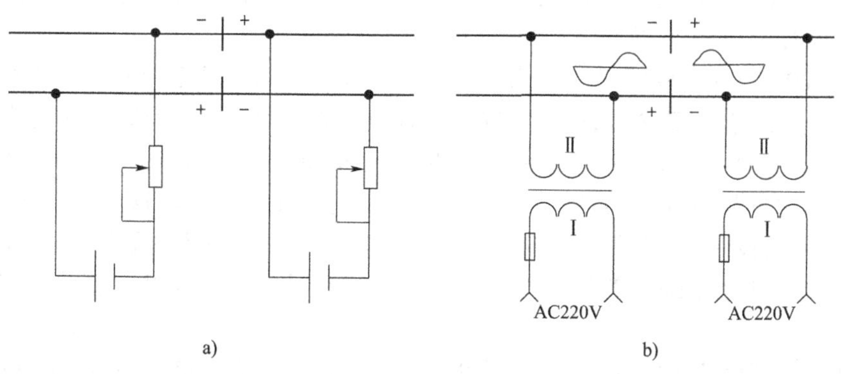

图 3-4　极性交叉

(2)极性交叉的作用

极性交叉的作用主要是防护钢轨绝缘节破损时引起的继电器错误的动作。图 3-5 中的 1G 和 3G 是两个相邻的轨道电路,它们之间没有实现极性交叉。

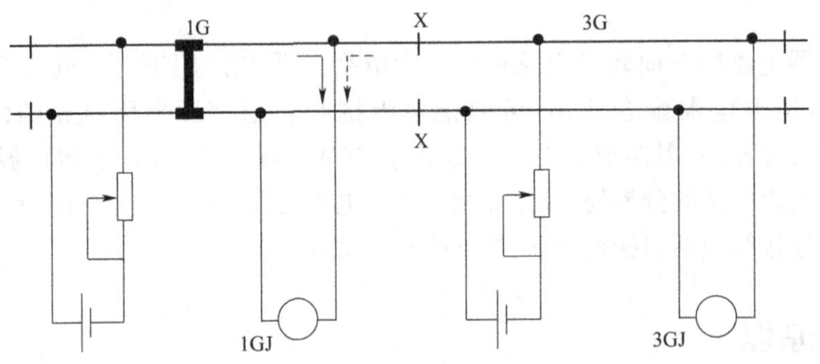

图 3-5 极性交叉作用分析

当 1G 被占用,若钢轨绝缘 X 破损,则流经继电器 1GJ 的电流为两个轨道电路的电源所供电流,继电器 1GJ 有可能保持吸起,极大影响了行车安全。若按照极性交叉进行配置,则当 1G 被占用,绝缘节破损时,流经继电器 1GJ 的电流是两者之差,只要调整得当,1GJ 和 3GJ 都会落下,从而保证行车安全。

对于交流供电来说,只要相邻轨道电路的电流相位相反,它们的瞬间极性也相反,就得到极性交叉的结果。

(3)极性交叉的配置

在无分支线路上,即没有道岔的线路上,极性配置相对比较容易,只要依次变换轨道电路电源的极性即可。而在有道岔的轨道电路上,极性交叉配置相对复杂一点。

4. 道岔区段的轨道电路

道岔是轨道交通运输系统中将车辆从一个股道导向另一个股道的设备。为了安全起见,只要道岔任何一部分被占用就表示该道岔被占用。因此,在道岔区段设置轨道电路时,需要增加道岔绝缘、道岔跳线和考虑一送多受问题。道岔区段除各种杆件、转辙机安装装置等需要加装绝缘外,还要加装切割绝缘,称为道岔绝缘,以防止辙叉将轨道电路短路。道岔绝缘根据需要可安装在直股上,也可安装在道岔侧股钢轨上。

道岔区段的轨道电路可采取串联和并联两种方式。串联式轨道电路如图 3-6a)所示,轨道电路中的电流要流经整个道岔,可以安全检查道岔的各个部分以及跳线的完整性,比较安全。但是结构比较复杂,增加一组道岔绝缘和两根连接线,给维护带来不便,并未被广泛使用。

并联式轨道电路如图 3-6b)所示,与串联式轨道电路相比较,电路相对比较简单,但是弯股只有电压检测,没有电流检测。当跳线或连接线折断时,列车进入弯股后,GJ 继电器仍然吸起,可采用双跳线进行保护。当弯股折断时,列车占用弯股后,继电器也不会落下,会影响到列车的运行安全。

为解决并联式轨道电路存在的安全隐患,可考虑采用"一送多受",如图 3-7 所示。在一送多受轨道电路中,设置一个送电端,在道岔的每个分支均设一个受电端,每个分支的轨道继电器的接点串联到主轨道继电器的线圈电路中,如图中的 GJ_1 的接点串联到 GJ 线圈电路中。当侧股被列车占用时,GJ_1 继电器落下,导致 GJ 继电器也落下,标明该道岔轨道电路区段被占用。一送多受轨道电路可实现对整个轨道电路的空闲与否进行检查。

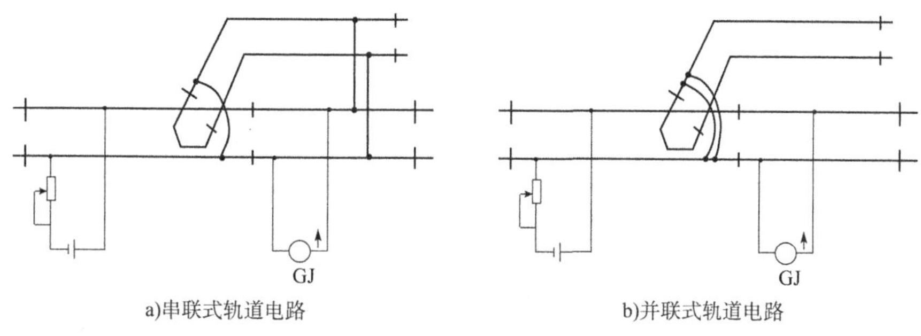

a)串联式轨道电路　　b)并联式轨道电路

图 3-6　道岔轨道电路

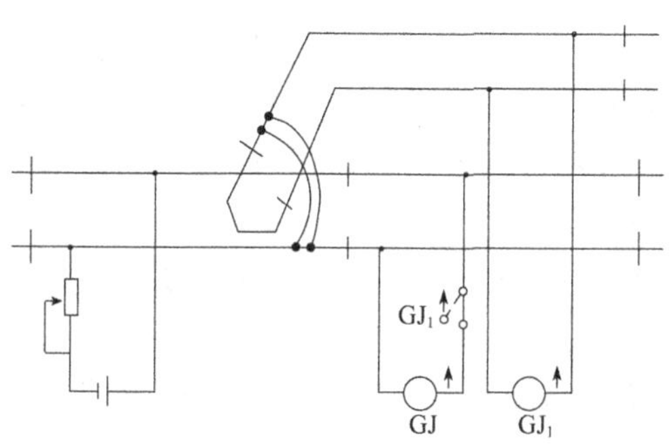

图 3-7　一送多受轨道电路

第 3 节　音频无绝缘轨道电路

工频交流连续式轨道电路中传送的是50Hz 的工频交流电流,其唯一的功能是监督轨道区段是否被占用,不能传送更多的信息。随着列车速度的提高和行车密度的加大,仅具有监督功能的工频交流轨道电路不利于提高运输效率。另外,工频交流连续式轨道电路采用钢轨绝缘,不利于长钢轨线路的使用。目前,城市轨道交通的正线多采用音频无绝缘轨道电路。

音频无绝缘轨道电路在相邻轨道电路的分界处不设钢轨绝缘,而是采用电气分隔的方法对轨道电路进行分隔。电气分隔的方法有两种:谐振式和叠加式。谐振式电气分隔法具有信号外串相对比较小的优点,隔离性能要优于叠加式的。城市轨道电路多采用谐振式电气分隔法。

1. 早期的音频无绝缘轨道电路

短路连接音频无绝缘轨道电路是在轨道电路分界处,采用电容和钢轨构成的电感组成谐振回路,相邻轨道电路采用不同频率的信号电流,使谐振回路对不同频率信号呈现不同的阻抗,实现对轨道电路的电气隔离。其原理如图 3-8 所示。

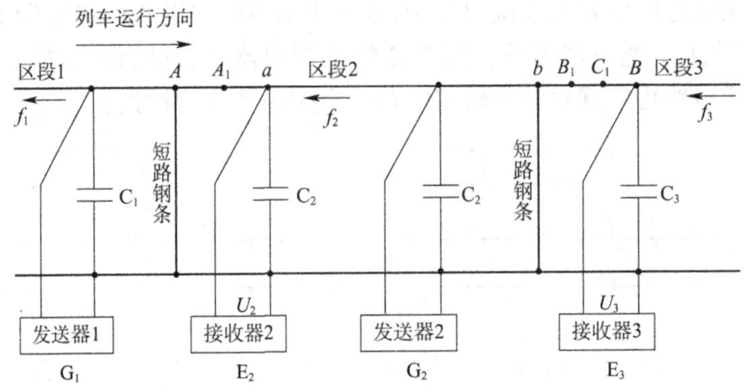

图 3-8　短路连接音频无绝缘轨道电路示意图

在每个轨道电路的发送端,采用由电容 C 和两端钢轨组成的 LC 谐振电路;在每个轨道电路的接收端,同样采用电容 C 和两条钢轨组成的 LC 谐振电路。每个轨道电路区段的电容 C 具有相同的参数,相邻的轨道电路区段的电容 C 取不同的参数。由于相邻的轨道电路区段采用的 LC 谐振电路具有不同的谐振频率,这样可使得相邻的轨道电路中传输不同频率的信号,同样保证本区段内传输的信号不会影响相邻轨道电路的正常工作。因而,短路钢条、电容 C 和两端钢轨形成了所谓的“电气绝缘节”。

当列车迎着信号传输的方向驶过区段 2、3 时,列车的第一个轮轨到达 A 点时,接收器 E_2 的端电压 U_2 开始下降,列车到达 A_1 点时,接收器 E_2 的端电压 U_2 小于股道继电器的释放电压,轨道继电器落下,标明区段 2 被占用。当列车驶离 b 点时,接收器 E_2 的端电压 U_2 开始上升,到达 B_1 点时,接收器 E_2 的端电压 U_2 大于轨道继电器的吸起值,继电器吸起,表明区段 2 空闲。同理,接收器 E_3 的端电压的变化遵循相同规律,如图 3-9 所示。

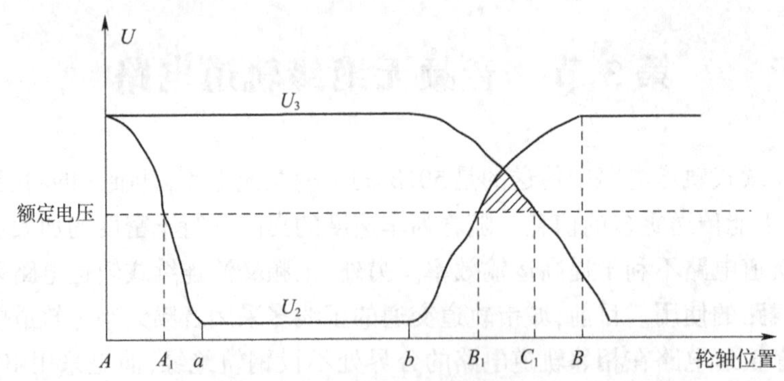

图 3-9　接收器端电压的变化规律

从接收器 E_2 和接收器 E_3 的端电压变化规律可以看出,在 B_1 和 C_1 段存在一个盲区(图中阴影部分)。在 B_1C_1 段内,即使有列车存在,接收器 E_2 和接收器 E_3 的端电压均大于轨道继电器的吸起值,继电器处于吸起状态,表明区段 2 和区段 3 空闲,将会导致致命的危险。

2. 音频无绝缘轨道电路

为克服早期音频无绝缘轨道电路的致命缺陷,目前的音频无绝缘轨道电路用 S 棒(S Bond)

代替短路钢条,称为S型连接式音频无绝缘轨道电路,如图3-10所示。

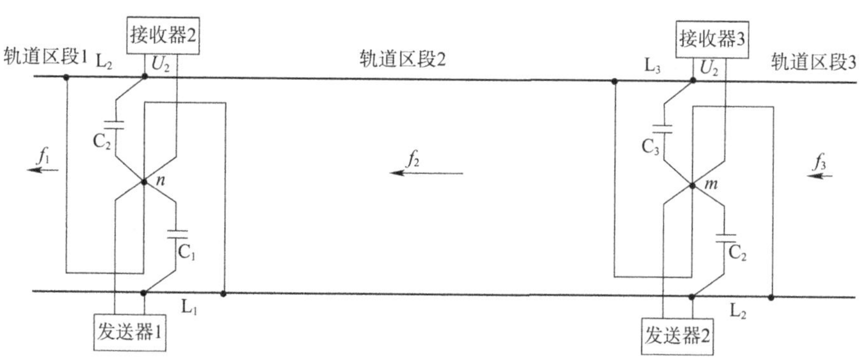

图3-10 S型连接式音频无绝缘轨道电路

两钢轨间的S棒是用来保证相邻轨道电路之间互不干扰,并使两条钢轨中的牵引电流平衡。从图3-10中可看出,电容C_2与钢轨L_2组成了轨道电路区段2的并联谐振电路,电容C_3与钢轨L_3组成了轨道电路区段3(简称轨道区段3,余类同)的并联谐振电路。电容、钢轨、S棒、发送器和接收器合称为阻抗连接器。

当列车驶入轨道区段2时,接收器2的端电压U_2开始下降,当下降到低于轨道继电器的释放值时,轨道区段2的继电器落下,表明区段2被列车占用。当列车行驶到轨道区段3时,接收器3的端电压U_3开始下降,端电压小于继电器的释放值时,轨道区段3的继电器落下,表明轨道区段3被列车占用。此时接收器2的端电压U_2仍然小于继电器的释放值。当列车行驶到m点时,接收器2的端电压U_2开始上升,而接收器3的端电压U_3降低到最小值。列车行驶过程中的接收器2和接收器3的端电压变化过程如图3-11所示。

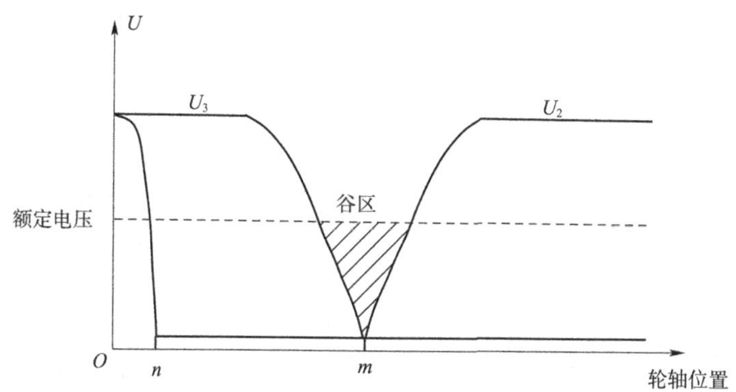

图3-11 S型连接式音频无绝缘轨道电路

在S型连接式音频无绝缘轨道电路中,列车的轮轨行驶至m点时,接收器2的端电压才开始上升,同时接收器3的端电压降至最小,此时轨道区段2的继电器和轨道区段3的继电器均处于落下状态,表明轨道区段2和轨道区段3同时被列车占用。这样的谷区(图中的阴影部分)是安全的。

由于S型连接式音频无绝缘轨道电路符合信号安全原则,因此得到广泛应用。图3-12为S型音频无绝缘轨道电路的简易表示方式以及在工程图、示意图中常用的一些符号。

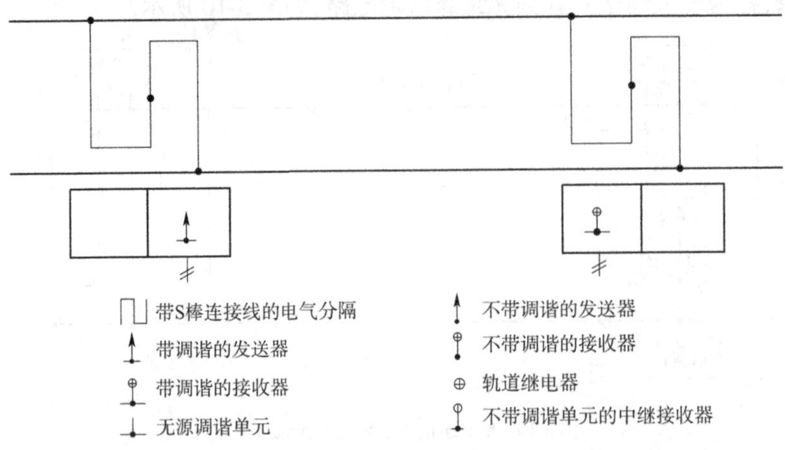

图 3-12 S 型音频无绝缘轨道电路简易表达方式及符号表示

3. 音频无绝缘轨道电路的频率配置

在轨道电路区段空闲的情况下，即没有被列车占用时，阻抗连接器的发送器发送的是检测列车的检测模拟信号，以检测该轨道区段是否空闲。当检测到列车占用该轨道区段时，该轨道区段发送端的阻抗连接器将速度命令耦合至轨道，迎着列车的方向，向列车发送速度命令信息。音频无绝缘轨道电路的频率配置如图 3-13 所示。

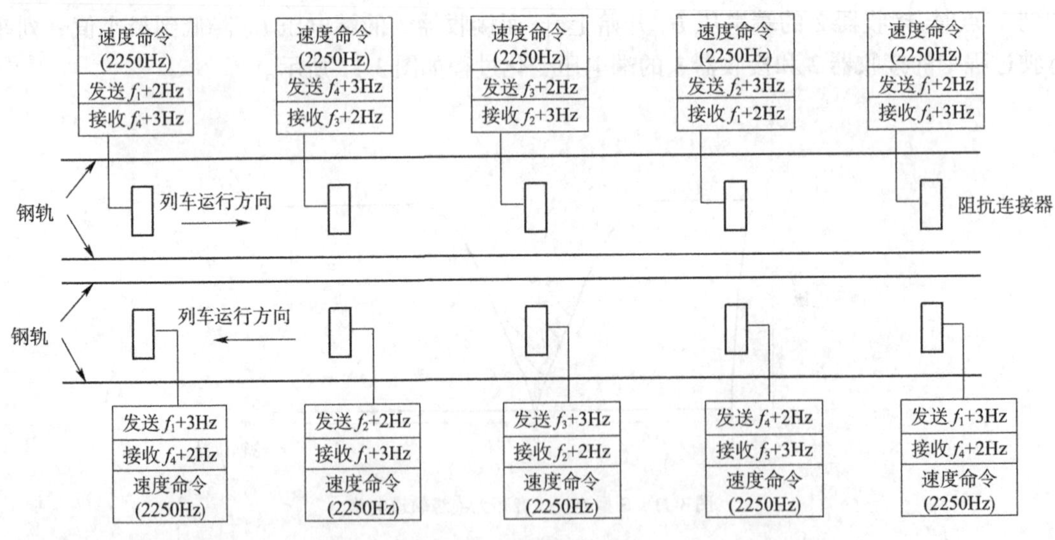

图 3-13 音频无绝缘轨道电路频率配置图

相邻轨道电路使用不同的列车检测载频频率和不同的调制频率，4 种不同的载频(2625Hz、2925Hz、3375Hz 和 5275Hz)交替配置，而且相邻轨道电路的调制频率(2Hz、3Hz)也不相同。这样可以有 8 种组合,以防止相邻轨道电路之间的信号干扰。

当列车占用轨道电路时,列车检测载频频率信号被分路,此时,轨道电路的发送端开始增发速度命令信息(也可在列车到达接近区段时,提前增发)。速度命令的载频频率为 2250Hz,调制频率根据该线路的运行等级而定,一般为 5 挡或 8 挡速度,分别对应不同的调制频率。

由于音频无绝缘轨道电路中传输的是模拟信号,因此,音频无绝缘轨道电路又称为模拟音频轨道电路。

第 4 节 FTGS 无绝缘数字轨道电路

1. FTGS 无绝缘数字轨道电路概述

FTGS 无绝缘数字轨道电路是由西门子公司设计的轨道电路。

FTGS 型轨道电路用于检测轨道电路的占用状态,并发送 ATP 报文。当区段空闲时,由室内发送设备传来频移键控信号,经过信号鉴别(幅值计算、调制检验、编码检验),完成轨道区段的空闲检测。当接收器计算出接收的轨道电压的幅值足够高,并且解调器鉴别到发送的编码调制正确时,接收器产生一个"轨道空闲"状态信息,此时轨道继电器吸起表示"轨道空闲"。列车占用时,由于列车车轮分路,降低了终端接收电压,以致接收器不再响应,轨道继电器达不到相应的响应值而落下,发出一个"轨道占用"状态信息。当轨道区段被占用时,发送器将 ATP 报文馈入轨道,供列车接收。

ATP 报文从 ATP 轨旁设备向 ATP 车载设备的传输速率为 200Bd。电码有效长度 136 位,包括车站停车点、下一轨道电路的制动曲线、运行方向、开门、入口速度、允许速度、紧急停车、限速区段速度、目标速度、目标距离、当前轨道电路识别、下一轨道电路识别、轨道电路长度、下一轨道电路坡度、下一轨道电路的频率等信息。

为提高对牵引回流的抗干扰能力,FTGS 轨道电路采用 FSK 调制方式。载频频率有 12 个,分配给两种型号的 FTGS,即 FTGS46 和 FTGS917。

FTGS46 的载频频率为 4.75kHz、5.25kHz、5.75kHz 和 6.25kHZ。

FTGS917 的载频频率为 9.5kHz、10.5kHz、11.5kHz、12.5kHz、13.5kHz、14.5kHz、15.5kHz 和 16.5kHz。

在检测轨道区段是否空闲时,位模式发生器采用 15 种不同的位模式对载频进行调制,偏频 ±64Hz。所谓位模式是数码组合,以 15ms 为一位,+64 表示"1",-64 表示"0"。15 种位模式分别为 2.2、2.3、2.4、2.5、2.6、3.2、3.3、3.4、3.5、4.2、4.3、4.4、5.2、5.3 和 6.2。例如,2.3位模式即每个周期共 5 位,连续 2 位为 1,另外 3 位为 0,如图 3-14 所示。

相邻的轨道电路采用不同的频率和位模式。接收端的位模式校核模块检验接收到的信号是否是本区段的频率和位模式,只有收到与本区段相同的频率和位模式的信号,才会向联锁设备发送轨道空闲或轨道占用的信息。

FTGS 型轨道电路发送的 ATP 报文,每个电码有 127 位有用的信息被传输。

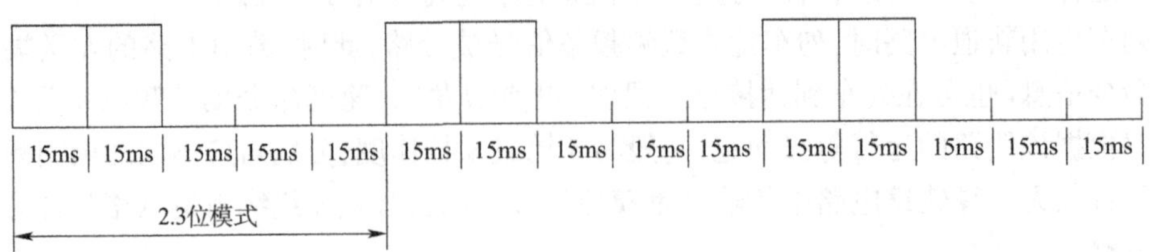

图 3-14　2.3 位模式

FTGS 型轨道电路为兼有选频和数字编码的混合方式,采用选频和数码双重安全措施。

2. FTGS 轨道电路的组成

FTGS 轨道电路由室内设备和室外设备两部分组成,如图 3-15 所示。

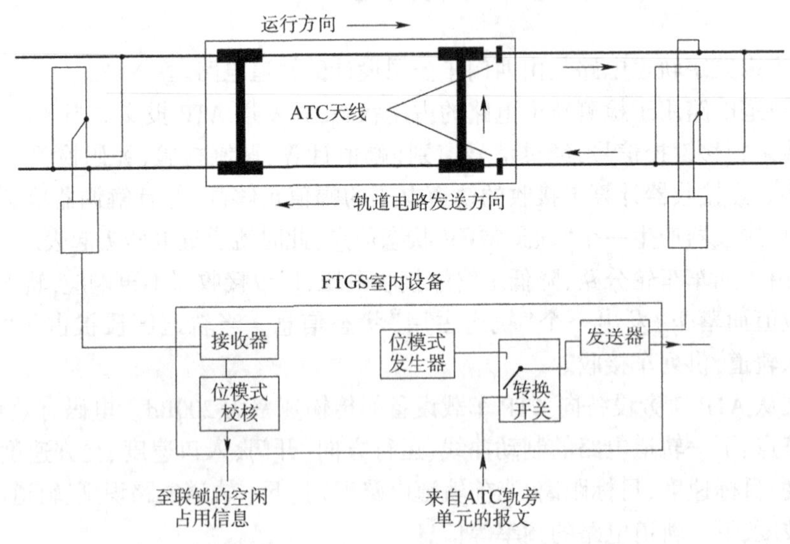

图 3-15　FTGS 轨道电路组成框图

室内设备主要是发送器和接收器,室外设备主要为耦合单元和 S 棒。发送器和接收器集中安装在控制室内,从控制室到轨道区段的最大距离可达 6km。室内、室外设备分别通过电缆连接。

(1)室内设备

FTGS 的所有电子组件都安装在车站的机械室内。组匣安装在轨道电路组合架上,每个组合架分为 A、B、C、D、E、F、G、H、J、K、L、M、N 共 13 层。其中,A 层为电源层及熔断层;B 层为电缆补偿电阻设置层;C 层为信息输入、信息输出及方向转换层;D ~ N 层为轨道电路标准层。每层为一个轨道电路组匣,一个轨道电路需要一个组匣,即 1 个轨道电路架可安装 10 套 FTGS 轨道电路。轨道电路的发送器、接收器和轨道电路组件设计成即插即用单元,方便维护维修。同时在组匣上有大量的运行状态指示灯,方便迅速定位故障。

在轨道上不需要安装任何电子组件,只在轨旁盒内安装免维修的调谐单元,以获得高可靠性和高可用性。

(2)室外设备

室外设备有电气绝缘节和轨旁盒。

电气绝缘节由 S 棒和轨旁盒内的调谐单元组成,是划分 FTGS 轨道区段的重要设备。FTGS 型轨道电路除了道岔绝缘为机械绝缘节外,其他部分都采用电气绝缘节。

轨旁盒用于连接电气绝缘节与室内设备的中间设备。每个轨旁盒内一般可分为两部分,对称布置。一部分作为一个轨道电路区段的发送端时,另一部分作为相邻轨道电路区段的接收端。每个部分由一个调谐单元和一个转换单元组成。调谐单元连接电气绝缘节,转换单元连接室内设备。轨旁盒有两种结构,一种是 S 棒结构,另一种是双轨条牵引回流区段的终端棒结构,分别如图 3-16a)、b)所示。

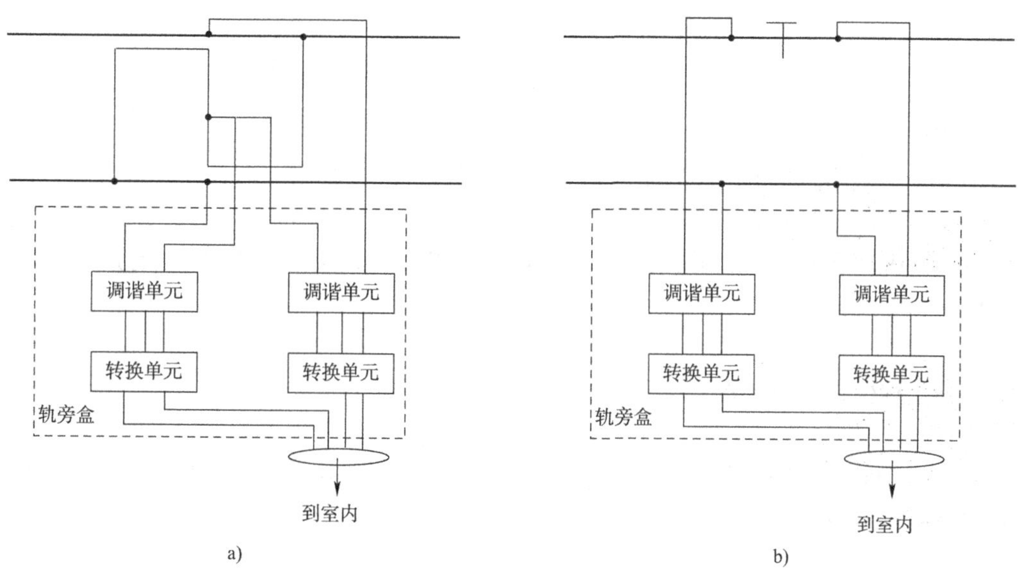

图 3-16 轨旁盒结构图

3. FTGS 型轨道电路特点

FTGS 型轨道电路具有以下特点:

(1)可用于无岔区段和道岔区段,并针对轨道电路的不同位置,分别采用不同类型的电气绝缘节。在站间、道岔区段、站台区段、轨道终端分别采用 S 棒、终端棒、改进型短路棒和短路棒。

(2)可根据列车运行方向,自动转换轨道电路的发送端和接收端。

(3)列车占用某轨道区段时,其发送设备转发用于控制列车运行的报文。

(4)有电缆混线监督功能。

(5)安全、可靠性高,在接收设备中采用了双通道结构,以保护系统免遭潜在的元件故障而导致系统瘫痪。

(6)室外设备采用电气隔离。

(7)有较多的故障显示,方便维护维修。

(8)每个区段单独供电,确保整个系统的高可用性。

(9)标准化电路板的使用可将备件量降至最低。

(10)设置大量的运行状态指示灯,方便迅速定位故障并立即替换故障功能单元,易于维修。

FTGS 型轨道电路抗干扰性能高,能有效防止牵引回流的影响。它能与精确停车设备、车—地通信设备在同一个轨道区段使用。采用较高程度的模块化设计,设备安装、维护容易,可靠性较高。

FTGS 型轨道电路的不足之处是设备投资和维护成本较高,对使用环境要求也较高,例如,要求轨面光洁,一般需将轨面打磨后才能正常使用该轨道电路。

第 5 节　DTC921 型数字轨道电路

DTC921 型数字轨道电路是阿尔斯通公司研发的产品,在我国上海地铁 3 号线得到应用。该型号轨道电路以频率划分各轨道电路,其工作频率分别为 9.5kHz、11.1kHz、12.7kHz、14.3kHz、15.9kHz、17.5kHz、19.1kHz 和 20.7kHz。调制方式采用最小频移键控,频偏 ±100Hz,调制速率 400bit/s。

1. 轨道电路的构成

DTC921 型轨道电路由室内处理单元、室外调谐单元、S 棒、连接电缆以及钢轨构成,如图 3-17所示。

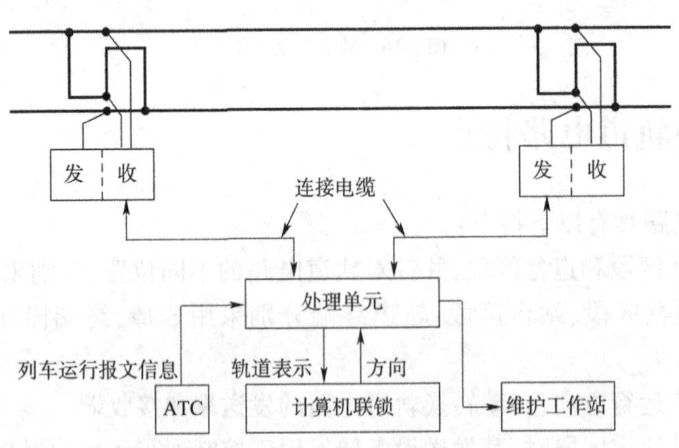

图 3-17　DTC921 型轨道电路结构框图

处理单元位于车站信号室内,用于发送、接收及处理信号;两个调谐单元谐振于本段轨道电路工作频率;S 棒和调谐单元共同把发送信号耦合到钢轨上。处理单元具有与 ATC 设备、计算机联锁设备的接口,ATC 设备提供轨道电路发送给列车的列车运行报文信息;另外还提供维护用的接口。

2. 处理单元工作原理

处理单元的功能原理框图如图 3-18 所示。

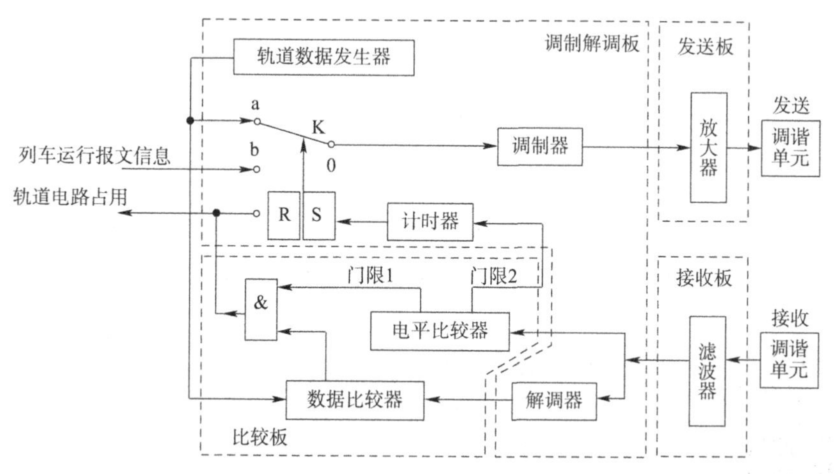

图 3-18 处理单元功能原理框图

按照处理单元每一部分的功能,处理单元可划分为发送板、接收板、调制解调板、比较板四大功能区。

本轨道区段空闲时,轨道数据发生器输出的数据经过开关 K 传输给调制器,调制器以分配给本段的载频,用 MSK 调制方式并将调制后的载频发送给钢轨。轨道电路的接收端在接收到数据后,数据经滤波后传输给解调器和电平比较器。数据比较器将解调后的数据和调制时的轨道数据进行比较,如果一致就表示轨道数据收悉;电平比较器检测接收信号的电平,如果接收信号的电平高于门限 1 的电平,而解调后的数据又与本段轨道电路数据一致,则与门输出"1",开关 K 置于"a"位置,继续向轨道电路发送轨道数据,并向联锁设备发送轨道电路空闲信号(+24V)。

如果轨道被列车占用,列车轮轴分路轨道信号,信号接收电平低于门限 1,则与门输出"0",开关置于"b"位置,列车运行报文信息被调制,调制速率为 500bit/s,并将调制后的数据传输到列车,用于列车自动控制。

当列车出清本区段轨道电路时,电平比较器得到高于门限 1 的电平,但是开关 K 置于"b",所收到的数据与轨道数据不一致,不能立即发送空闲信号。当电平高于门限 2 的电平时,触发计时器,计时结束后开关 K 置于"a"位置。解调器收到轨道数据,当数据比较一致并满足电平要求后,向联锁设备发送空闲信号。

3. S 棒及调谐单元工作原理

S 棒与调谐单元、钢轨以及连接电缆并联谐振于所处轨道的载频,用于选频及滤波。一个调谐单元由两个对称部分组成,分别用于前个轨道电路的接收和相邻下一个轨道电路的发送。调谐单元含有可调电感,用于调整谐振频率。S 棒及调谐单元原理如图 3-19 所示。

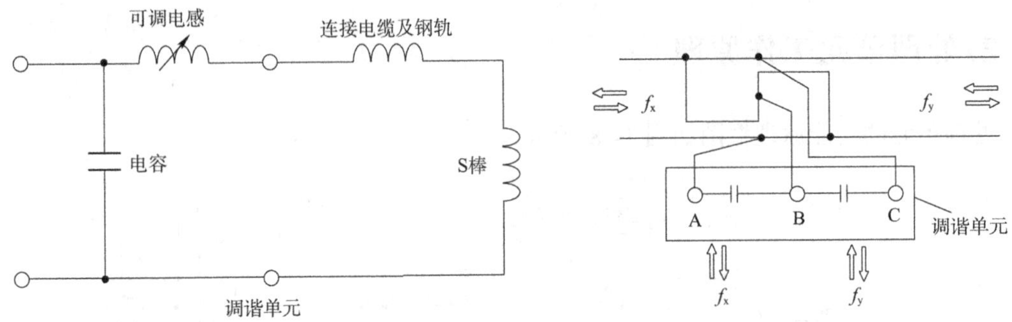

图 3-19　S 棒及调谐单元原理图

一个调谐单元由两个对称部分组成，分别用于前个轨道电路的接收和后一个轨道电路的发送。f_x 是左边轨道电路的载频频率，f_y 是右边轨道电路的载频频率。

4. 轨道电路频率划分及方向性

DTC921 型轨道电路没有机械绝缘节，为了避免干扰，频率按照一定的规律配置，如图 3-20 所示。

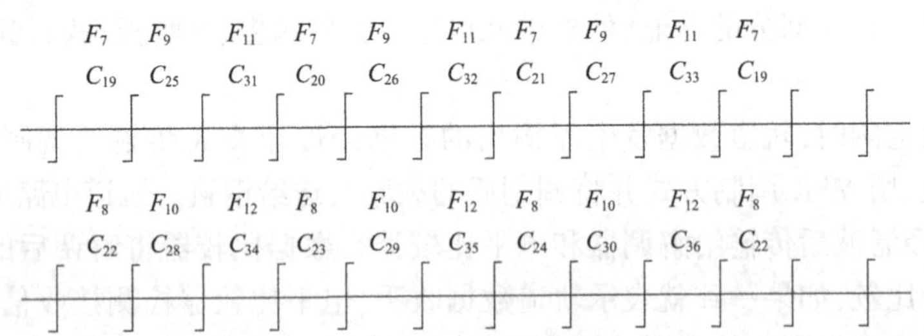

图 3-20　S 棒及调谐单元原理图

DTC921 型轨道电路提供 8 个频率，F_7、F_9 和 F_{11} 依次用于下行线，F_8、F_{10} 和 F_{12} 用于上行线。F_{13} 和 F_{14} 用于特殊地区。各个频率以 400bit/s 的速率调制不同的轨道数据，每个频率分配 3 个轨道数据，如 F_7 分配的 3 个轨道数据为 C_{19}、C_{20} 和 C_{21}。轨道数据是一系列二进制码。

按照频率和轨道数据的组合方式，经过 8 个轨道电路才会出现载频频率和轨道数据都相同的情况。

当轨道电路空闲时，各个载频频率调制轨道数据。一旦被占用，则轨道电路调制 500bit/s 的 SACEM 报文。

无论轨道数据还是 SACEM 报文都是迎着列车运行的方向发送。联锁设备 VPI 向轨道电路发送倒换方向命令，用于列车反方向运行。通过处理单元中的继电器可以倒换发送方向。

5. 道岔区段的应用

在道岔区段，DTC921 型轨道电路在道岔的侧股采用环线方式发送列车运行报文。环线的发送频率与直股不同（直股车载信号频率与本轨道电路区段的载频相同），侧股的列车运行报文通过环线调谐单元发送给环线，并且信号的发送是实时发送（直股在轨道电路占用时才开始发送列车运行报文）。

道岔区段采用统一的轨道载频和轨道数据来实现列车占用检测和断轨检测。图3-21所示为一个一送三受轨道电路。如果列车运行方向是自右向左，则最左边的S棒是发送端，其他三个为接收端。如果列车运行方向是自左向右，则联锁设备发送倒换方向命令，则最右边的S棒为发送端。

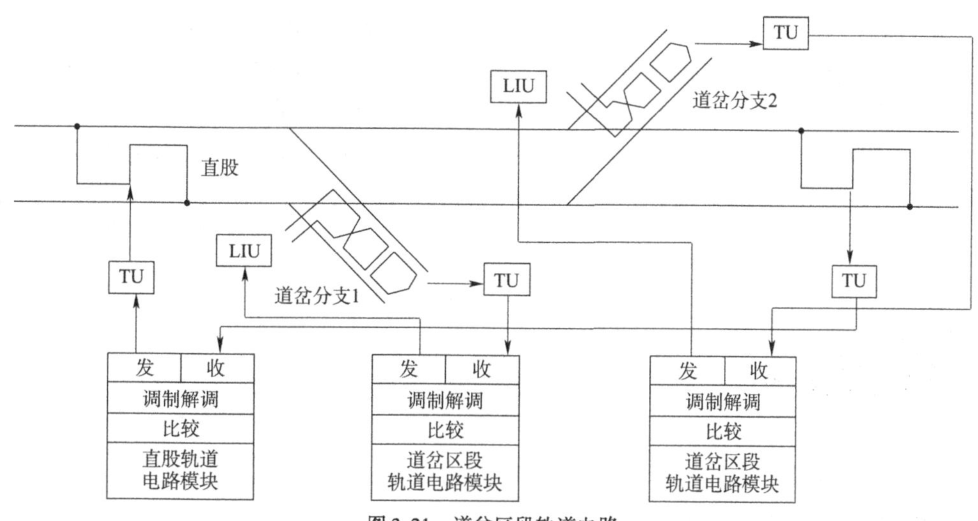

图3-21 道岔区段轨道电路

本章习题

1. 阐述直流轨道电路的工作原理，并说明采用轨道继电器吸起状态表示轨道电路区段空闲的原因。

2. 为什么工频交流连续式轨道电路只能监督轨道电路区段被列车占用情况？

3. 试述音频无绝缘轨道电路的工作原理。

4. 在配置有绝缘的轨道电路时，相邻轨道电路为什么要进行极性交叉？

5. 填空题：

(1)轨道电路的三种工作状态是______、______和______。

(2)按照分隔方式对轨道电路进行分类，轨道电路可分为______和______两类。

(3)在有道岔区段配置轨道电路时，需要增加______和______，并且要考虑______问题。

(4)FTGS型轨道电路的电码有效长度为______位，可有效传输的位数是______位。

6. 判断题：

(1)音频无绝缘轨道电路是迎着列车的运行方向发送速度命令信息。 (　　)

(2)工频交流连续式轨道电路可以向列车传输多种信息。 (　　)

(3)任何轨道电路都可以实现对列车位置的检测和向列车传输信息。 (　　)

(4)模拟音频无绝缘轨道电路中传输的是数字信号。 (　　)

第4章　车站联锁系统

车站是列车进行交会和避让的场所，在铁路中，车站内有许多线路，线路之间用道岔相连。城市轨道交通中有许多折返站，折返站中存在折返线，线路之间也用道岔相连。与传统铁路的车站一样，城市轨道交通的车辆段也存在许多线路，线路之间同样也用道岔相连。根据道岔位置的不同形成不同的进路，进路用信号机来防护。为了保证列车在车站内的安全运行，必须使信号机、进路和道岔三者之间有一定相互联系、相互制约的关系，这种关系称为联锁。

车站联锁系统是对车站内的信号机、道岔、进路和轨道电路等基本信号设备按照规定的要求进行实时控制，保证列车在车站内安全运行的设备。车站联锁系统设备属于安全设备。

第1节　基本概念

1. 进路定义

所谓进路是列车或调车车列在站内运行时所通过的进路。为保证列车在进路上运行的安全，每条进路的始端必须设置信号机。列车或调车车列能否进入信号机所防护的进路由信号机显示的信号确定。

如图4-1所示，下行列车进站停留在IG股道时，需要经过IAG无岔区段、5号道岔、3号道岔、9号道岔、15号道岔、17号道岔、23号道岔，最后到达下行出站信号机 X_1 的前方，所经过的路径就是一条进路。防护该进路的信号机是下行进站信号机X。

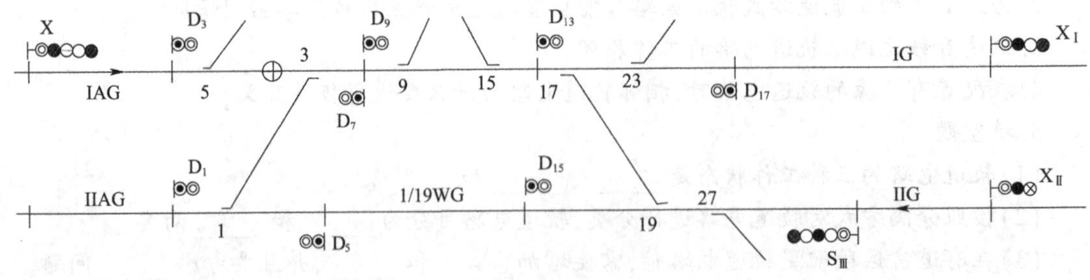

图4-1　进路示意图

2. 进路的划分

每条进路都有运行方向和范围，即每条进路都有一个确定的始端和一个确定的终端。进路的范围明确，信号机所防护的范围就明确。进路的始端应设置信号机加以防护，进路的终端也多以同方向、同性质的信号机为界。若在进路的终端没有信号机时,以车挡、站界标或警冲标为界。对于进路的划分,一般遵循以下几点:

①进路的起点设置信号机;

②进路范围内包含道岔;

③几条不同的进路可以用同一架信号机进行防护;

④进路的终端可以是信号机,也可以是站界标、警冲标。

例如,在图 4-2 中,到ⅠG 的下行接车进路的始端为下行进站信号机 X,终端为下行发车信号机 $X_Ⅰ$,防护信号机为 X;到ⅠG 的上行接车进路的始端为上行进站信号机 S,终端为上行发车信号机 $S_Ⅰ$。

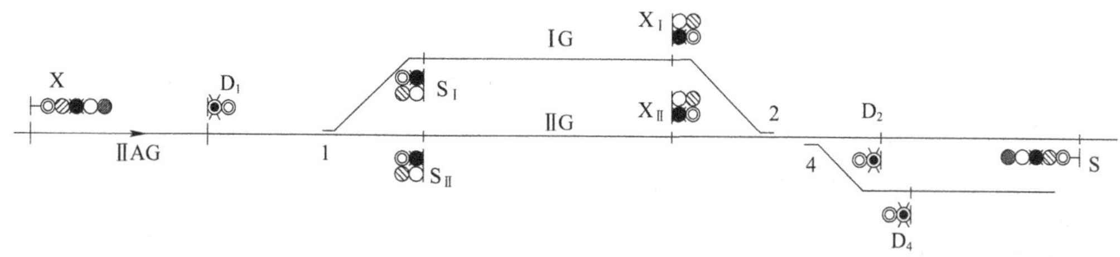

图 4-2　列车进路示意图

3. 进路的分类和状态

(1)进路的分类

①列车进路和调车进路

按进路的性质划分,进路可分为列车进路和调车进路。列车在站内运行时所经过的径路称为列车进路。列车或单机、机车车辆在车站内运行时所经过的进路称为调车进路。对列车进路而言,其作业是接、发列车,列车进路必须由列车信号机来防护;对调车进路而言,其作业是进行站内的调车作业,进路作业一般在站内,不出车站,调车进路由调车信号机防护。

列车进路又分为接车进路、发车进路、通过进路和转场进路。列车由区间进入车站所经过的径路称为接车进路(图 4-2 X→ⅠG、S→ⅡG 进路),列车由车站进入区间所经过的径路称为发车进路(图 4-2 $X_Ⅰ$→S、$S_Ⅱ$→X),列车通过车站所经过的正线接车进路和正线发车进路所组合成的进路称为通过进路(图 4-2 X→ⅡG 和 $X_Ⅱ$→S 两条进路的组合),当列车由一个场进入另一个场时所经过的径路称为转场进路。

调车进路按照其作用不同,可以分为牵出进路和折返进路。例如,图 4-2 中,若将位于ⅠG 股道上的机车调到ⅡG 股道上,可以先办理 $S_Ⅰ$→X 之间的调车进路(X 为进站信号机兼调车信号机),$S_Ⅰ$ 显示月白色后,机车被牵出到ⅡAG 上,然后办理 D_1 到 $X_Ⅱ$ 之间的进路($X_Ⅱ$ 为出站信号机兼作调车信号机)。D_1 显示容许信号后,机车折返到ⅡG 股道上。其中 S_1→X 为牵出进路,D_1→$X_Ⅱ$ 的进路称为折返进路。

②单列车进路和多列车进路

在城市轨道交通中,由于列车运行间隔小,车流密度大,列车的运行安全由 ATP 系统保护,所以在一条进路中可能出现多列列车在运行。允许多列车运行的进路称为多列车进路,否则称为单列车进路。

在铁路上，信号机开放必须检查所防护进路的所有区段是否空闲，而在装备移动闭塞的城市轨道交通中，开放信号机前不必检查全部区段，只要检查部分区段，这些被检查的部分区段称为联锁监控区。监控区一般为信号机内方的两个区段。如果监控区有道岔，则监控区为最后一个道岔区段后加一个区段作为监控区。监控区的长度应满足驾驶模式转换的需要。

在图 4-3 中，$S_1 \rightarrow S_2$ 进路为多列车进路，只要监控区空闲，以 S_1 为始端的进路可以排出。对于多列车进路，当第 1 列车离开始端信号机后的监控区，可以排列第 2 条相同终端的进路。

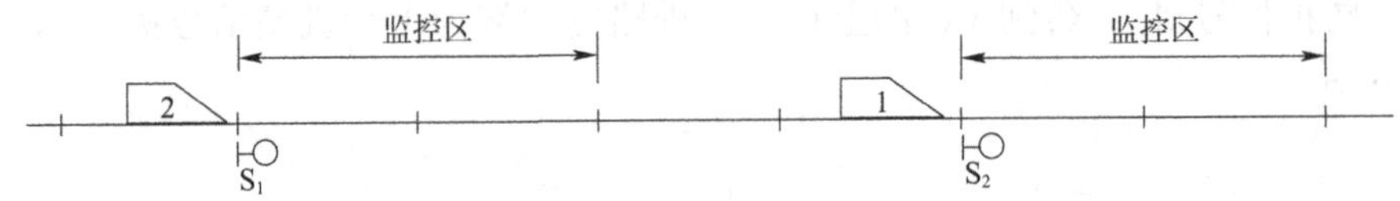

图 4-3　多列车进路示意图

(2) 进路的状态

依据进路是否建立，可以将进路状态分为锁闭状态和解锁状态。通常所说建立了进路，是指利用该路径排列了进路，此时进路处于锁闭状态。没有建立进路，是指没有利用该路径排列进路，此时进路处于解锁状态。

进路处于锁闭状态时，进路内的所有道岔被锁闭在规定的位置，不能进行转换。进路处于锁闭状态时，才能开放防护信号灯，允许列车在该进路上运行。

进路处于解锁状态时，进路内的所有道岔没有被锁闭在规定的位置，道岔位置可以被转换。处于解锁状态的进路，不能开放防护信号机，不允许列车在该进路上运行。

4. 保护区段和侧面防护

保护区段是指终端信号机后方的 1 个或 2 个轨道区段，其目的是为了避免列车由于某种原因不能在信号机前方停车而导致危及列车安全事故发生，类似于铁路的延续进路。

在排进路时，可以带保护区段也可以不带保护区段。若进路比较短，排列进路时可以带保护区段；多列车进路无保护区段时，进路防护信号机可以开放。

当排列进路后，为了防止其他列车进入该进路，联锁系统设置了侧面防护（简称侧防）。进路可能有多个防护点，侧防目的就是切断所有通向已排进路的路径。

5. 敌对进路

敌对进路是指相互敌对、从安全角度考虑不能同时建立的进路。以下进路规定为敌对进路：

(1) 同一咽喉区对向重叠的列车进路构成敌对进路。

例如，图 4-4 中的 S3F→X 进路、SⅠF→X 进路为 X→3G 进路的两条敌对进路。S3F→X 进路、SⅠF→X 进路均为 X→3G 进路的对向进路（运行方向不同），且位于下行咽喉区。他们之间有重叠部分。

(2) 同一咽喉区对向重叠或顺向重叠的列车进路与调车进路构成敌对。

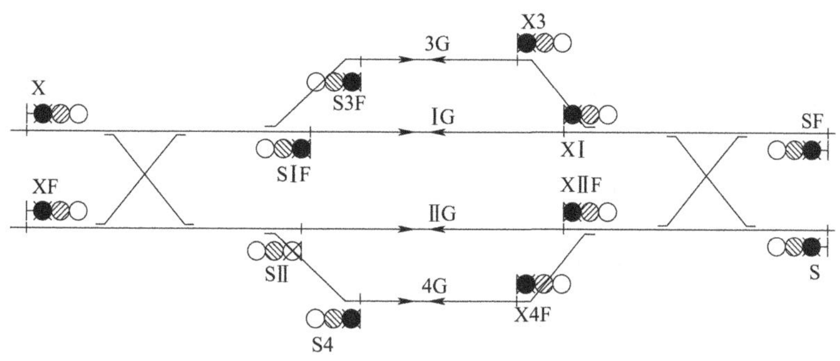

图4-4　进路示意图

例如,图4-2中的X→ⅠG的列车进路与$S_{\text{Ⅰ}}$→X的调车进路有对向重叠部分,该两条进路为敌对进路。X→ⅠG的列车进路与D_1→$X_{\text{Ⅱ}}$的调车进路有顺向重叠部分,该两条进路为敌对进路。

(3)同一咽喉区对向重叠的调车进路构成敌对。

(4)同一到发线上对向的列车进路与列车进路构成敌对。

例如,图4-4中的X→3G的列车进路与SF→3G的列车进路,它们是对向进路,但是共用一个到发线3G,因此该两条进路是敌对进路。

(5)同一到发线上的列车进路与调车进路构成敌对。

(6)列车进站信号机外方列车制动距离内接车方向为超过0.6%的下坡道,而在下坡道方向的接车线末端未设置线路隔开设备时,该下坡道方向的接车进路与对向咽喉区的接车进路、非同一到发线上顺向的发车进路以及对向咽喉的调车进路构成敌对。

(7)防护进路的信号机设置在超限绝缘节处,禁止同时开通的进路构成敌对进路。

超限绝缘是指钢轨绝缘的设置位置距离警冲标不足3.5m的绝缘。例如,图4-5中,调车信号机D_5设置在超限绝缘处。在5DG上停留车辆时,D_3→D_7的进路将不允许建立,否则,会发生列车侧撞事故。因此,D_1→D_5的调车进路与D_3→D_7的调车进路为敌对进路。

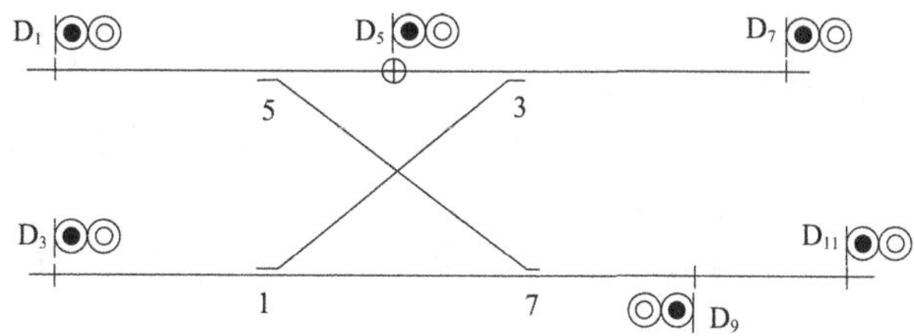

图4-5　超限绝缘处敌对进路示意图

6. 联锁

为保证行车安全,在进路、信号机、道岔和轨道区段之间建立的一种相互制约的关系,称为联锁。联锁的基本条件包括:

①进路上各区段空闲时才能开放信号,这是联锁最基本的技术条件之一。

②进路上有关道岔在规定位置才能开放信号,这是联锁最基本的条件之二。

③一旦信号开放,防护进路上的有关道岔必须被锁闭在规定位置,不能转动。联锁基本条件之三。

④敌对信号未关闭时,防护该进路的信号机不能开放,这是联锁最基本的技术条件之四。

(1)进路和道岔之间的联锁关系

①道岔是进路方向的约束条件;

②道岔位置正确,进路才能锁闭;

③进路锁闭后,道岔位置不能转换;

④进路解锁后,道岔才能改变其位置。

(2)进路与信号机之间的联锁关系

①进路由信号机防护,进路空闲且锁闭后,防护该进路的信号机才能开放;

②信号机开放后,如果进路占用或锁闭的条件不满足,信号机必须立即关闭;

③如果要解锁进路,则必须首先关闭其防护信号机;

④如果进路的敌对信号机开放,则该进路不能建立。

(3)进路与轨道区段之间的联锁关系

①进路是由多个轨道区段相互连接构成的一条路径,只有当进路所包含的全部轨道区段、侵限相邻区段空闲时,进路才能建立;

②进路建立、信号机开放后,如果进路中的轨道区段故障或占用,则应立即关闭信号机,进路仍应处于锁闭状态;

③进路建立、信号机开放后,如果列车或调车车列顺序正常通过进路,则进路中的轨道区段可顺序逐段解锁;

④进路总取消解锁或人工延时解锁后,进路中的轨道区段随之解锁。

(4)进路与进路之间的关系

一条进路的敌对进路锁闭时,不能办理该进路。

7. 进路的建立过程

进路建立过程可分解成以下 5 个阶段:

①操作阶段。在办理进路时,操作人员按压进路的始、终端按钮以确定进路的范围、方向和性质(确定是列车进路,还是调车进路)。

②选路(岔)阶段。根据进路范围,自动选出与进路有关的道岔,并确定它们符合进路的开通位置。

③道岔转换阶段。根据进路的方向,将选出的道岔转到所需的位置。

④进路锁闭阶段。道岔转换完毕后,将进路上道岔和敌对进路(包括迎面敌对进路)予以锁闭。

⑤开放信号阶段。进路锁闭后,信号开放(给出允许显示),指示列车或车列可驶入进路。

8. 进路的解锁过程

进路锁闭和进路解锁是一个问题的两个方面,二者比较起来,进路解锁尤为重要。进路因故不锁闭，信号不会开放，这是安全的。被锁闭的进路一旦错误解锁，意味着进路上的道岔可以转换，敌对进路可以建立，这会危及列车安全。因此，进路解锁的重点是防止错误解锁。

根据解锁的条件和解锁的时机，进行解锁有5种方式：自动解锁、调车中途折返解锁、取消进路、人工解锁、故障解锁。

（1）列车或车列未驶入进路的解锁方式

①取消进路。进路锁闭后，信号由于某种原因没有开放，或者信号开放而列车或车列尚未驶入接近区段时，操作人员采用办理取消进路手续来解锁进路。

②人工解锁进路。信号开放，列车或车列已经驶入接近区段，根据需要允许操作人员办理人工解锁手续来解锁进路。但必须从关闭信号时刻起，延迟一定时间后才能解锁进路。

延迟时间是指司机看到禁止信号后采取制动措施能够使车停下来的时间，只有停车后再解锁进路才是安全的。

延迟时间：对于接车进路和正线发车进路规定延迟3min；对于侧线发车进路和调车进路规定延迟30s。

（2）列车或车列驶入进路的解锁方式

①正常解锁。是指列车或车列通过进路中的道岔区段后，进路自动解锁。正常解锁分为一次解锁和逐段解锁两种方式。

一次解锁是指列车或车列出清了进路中的所有道岔区段，各个道岔区段同时解锁的形式。

逐段解锁是指列车或车列每驶过一段道岔区段，该道岔区段逐段自动解锁的形式。逐段解锁有利于提高线路的利用率。

在逐段解锁时，一般采取记录相邻三段轨道电路的顺序动作，作为一区段解锁的条件（即三点检查法）。

②调车中途折返解锁。

其是调车进路的一种自动解锁方式。调车时，调车车列在牵出进路行驶过程中，可以按照正常解锁进行。但是调车车列在折返进路上的运行方向相反，无法按照正常解锁进行。此时，需要按照调车中途折返解锁方式进行解锁。调车中途折返解锁自动进行，无需人工参与。

（3）故障解锁

随着列车或车列通过进路，各道岔区段应按正常解锁方式自动解锁，由于轨道电路故障，破坏了三点检查自动解锁条件，而使进路因故障不能自动解锁，此时须操作人员介入使进路解锁。以道岔区段为单位实施故障解锁。

9. 车站联锁表

车站联锁表是说明车站信号设备联锁的图表，表示了整个车站内的进路、道岔和信号机之间的基本联锁内容。联锁表既是设计信号电路的主要依据，也是设备开通试验时的主要依据。联锁表的编制工作是一项非常重要的工作。

图4-6是一个简单的站场示意图，其对应的进路联锁表见表4-1。

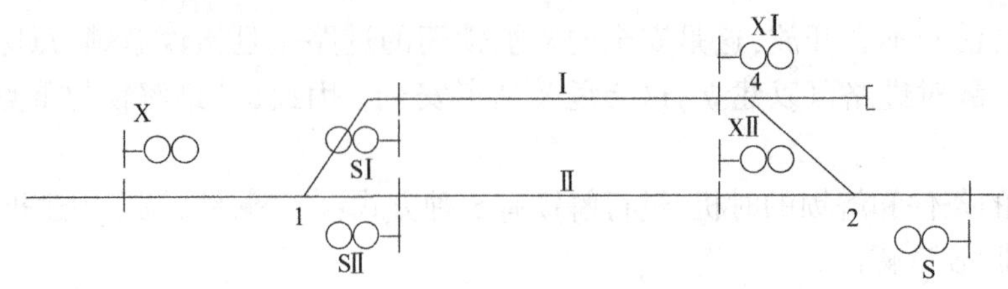

图 4-6　站场示意图

进 路 联 锁 表　　表 4-1

进路方向		进　　路	进路编号	信号机	道岔	敌 对 进 路	轨 道 电 路
下行方向	接车	至Ⅰ股道	1	X	1	2、5、7、8	1DG、ⅠG
		至Ⅱ股道	2	X	(1)	1、5、7、8	1DG、ⅡG
	发车	从Ⅰ股道	3	XⅠ	(4)(2)	4、5、6	2DG
		从Ⅱ股道	4	XⅡ	2	3、5、6	2DG
上行方向	接车	至Ⅰ股道	5	S	(4)(2)	1、3、4、6	2DG
		至Ⅱ股道	6	S	2	2、3、4、5、7、8	2DG
	发车	从Ⅰ股道	7	SⅠ	1	1、2、8	1DG、ⅠG
		从Ⅱ股道	8	SⅡ	(2)	1、2	1DG、ⅡG

联锁表说明以下问题：

(1)联锁表描述了车站所有的进路，以及每条进路的名称；

(2)每条进路与信号机的关系，即指出防护该进路的信号机的名称；

(3)进路与道岔的关系，即指出进路包含哪些道岔以及道岔应开通的位置；

(4)进路与进路的关系，即指出该进路的所有敌对进路；

(5)进路与无岔轨道区段的关系，即指出该进路包含的无岔轨道区段。

第 2 节　联锁系统的结构和联锁设备功能

1. 联锁系统的结构

为保证行车安全，必须制定一系列联锁规则以制约信号的开放与关闭、道岔转动和进路建立的过程。联锁系统以电气设备或电子设备来实现对联锁规则的检查，以信号机、转辙机和轨道电路（或室外采用的其他轨旁设备）作为控制对象来体现联锁功能。

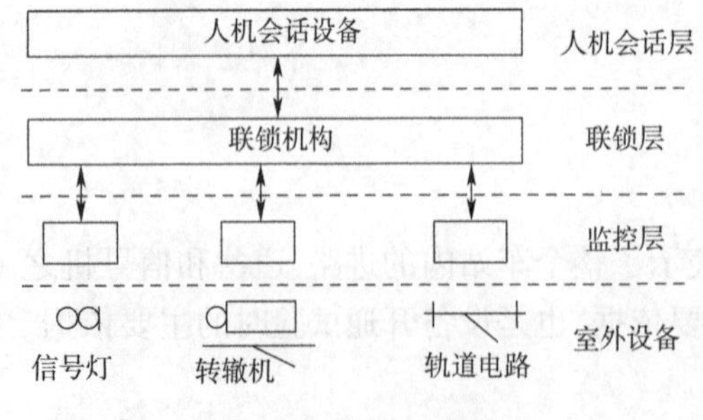

图 4-7　联锁系统层次结构图

目前，国内使用的联锁系统具有多种型号。尽管不同型号不同厂家的联锁系统在结构上有所不同，但都具有联锁层、监控层和人机会话层三个层次，如图 4-7 所示。

联锁机构和监控层都必须符合“故障—安全”原则，其设备设在车站信号楼的机械室内，人机会话层是联锁系统提供给操作人员的接口，设在车站值班室内。

联锁机构是联锁系统的核心，可以接收来自人机会话层的操作信息，同时接收来自监控层所反映的室外信号机、转辙机和轨道电路状态的信息，并根据联锁条件，对这些控制信息和状态信息进行处理，产生相应的信号控制命令和道岔控制命令。

监控层主要接收联锁机构的命令，通过信号控制电路来改变信号机显示，驱动道岔转换，同时向联锁机构反馈信号机状态、道岔状态和轨道电路的状态信息。

2. 联锁设备的功能

(1) 轨道电路的处理功能

接收和处理轨道区段的“占用”“空闲”状态信息，并把该状态信息转发给其他相关设备。

(2) 进路控制功能

进路控制功能是指建立和解锁进路。建立进路的过程就是从开始办理进路到防护该进路的信号机开放的过程；解锁进路的过程就是从列车驶入进路到越过进路中全部轨道区段的过程，或者是操作人员解除已建立的进路的过程。

(3) 道岔控制功能

道岔控制功能是指监控道岔和锁闭道岔。监控道岔是指监控所有道岔的状态，并反馈到人机会话层。如果发生挤岔等不正常情况，给出声光报警。锁闭道岔功能是指接收到控制中心送来的锁定道岔指令，对道岔进行锁闭操作，并返回一个锁闭成功或锁闭失败的状态信息给控制中心。

(4) 信号控制功能

信号控制功能负责监视轨旁信号状态，并依据进路、轨道区段、道岔和其他轨旁信号状态信息对其进行自动控制。

(5) 进路自动设置功能

正常情况下，城市轨道交通的车站只需要开通某一固定进路。根据列车的目的地和进路触发条件，进路自动设置功能在适当时间自动请求进路。进路自动设置功能有两种模式：根据列车时刻表自动设置进路、根据列车识别号自动设置进路。

根据列车时刻表自动设置进路：根据当前列车识别号和列车位置，由当前时刻表设置进路。此时，必须考虑时刻表定义的时间顺序，当进路或轨道电路发生变化时，此功能将检查等待列表，并发送一个请求信息。

根据列车识别号自动设置进路：在某些降级模式下，列车时刻表无效，但自动进路设置功能仍可根据列车识别号来确保，实际列车识别通过位于每个站台和正线车辆上的 PTI 环线或应答器来定义进路控制，设置适当的进路。

第 3 节　电气集中联锁系统

联锁设备按照所采取的技术方法来划分，经历了机械联锁、电机联锁、继电联锁、电子联锁和计算机联锁。目前,城市轨道交通系统使用计算机联锁。

6502 电气集中联锁是通过信号继电器及其电路来实现车站联锁逻辑控制功能的控制系统,又称为继电集中联锁系统。6502 电气集中联锁系统由室内设备和室外设备两部分构成,如图 4-8所示。

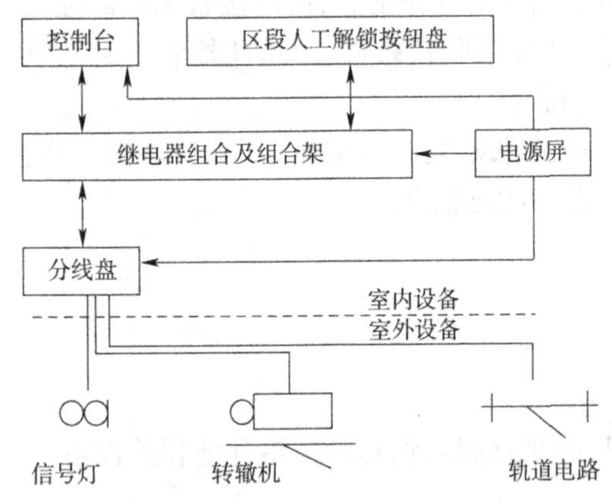

图 4-8　6502 电气集中联锁系统组成

室内设备主要包括控制台、电源屏、区段人工解锁按钮盘、继电器组合及组合架。控制台和区段故障解锁按钮盘设置在车站值班室内,供值班员操纵和监督用。继电器组合及组合架、电源屏和分线盘设置在机械室内。室外设备主要是信号机、转辙机和轨道电路,属于联锁系统所控制的对象。

控制台的盘面按照车站站场的实际情况布置,盘面上的模拟站场线路、接发车进路方向、信号机和道岔位置与站场实际位置相对应。6502 电气集中控制台由各种标准模块拼装而成,简称单元控制台。控制台上设置有各种用途的按钮和表示灯,是车站值班人员控制室外设备、办理进路、指挥列车运行和调车作业的控制设备。国内铁路行业生产的电气集中控制台主要有两种类型:一类是西安信号工厂生产的 TD5 型控制台,另一类是沈阳信号工厂生产的 TD4 型控制台。

在区段人工解锁按钮盘上,对每个道岔区段或有列车经过的无岔区段均设置一个带铅封的按钮,一般称为故障按钮。当区段因故障不能按照进路方式解锁时,可用区段人工解锁按钮盘进行故障解锁。用取消进路方法不能关闭信号时,也可用它实现紧急关闭信号。使用区段人工解锁按钮盘时,必须双人进行办理。

电气集中联锁需要使用大量的信号继电器,将具有相同控制对象的继电器按照定型电路环节组合在一起,称为继电器组合。6502 电气集中联锁定型组合共有 12 种类型的定型组合,每个组合包括的继电器数量不超过 10 个。组合架用于放置各种继电器组合,组合分为 11 层,1 至 10 层安装继电器组合,每层安装一个继电器组合。第 11 层称为零层,安装各种电源端子板和零层端子板,共 11 块。

电源屏为系统提供各种类型的电源,由两路工业电网分别作为主、副总电源。主、副电源必须能够自动或手工切换,转换过程的时间不得超过 0.15s。

电气集中联锁的室内与室外设备之间的导线都必须经过分线盘。分线盘位于室外内设备电缆汇接处。

第 4 节　计算机联锁系统

计算机联锁(也称微机联锁)是以计算机技术为核心,综合采用通信、控制、容错、故障—安全等技术对进路操作命令、现场设备状态及表示信息进行联锁逻辑运算,从而对进路、信号机及道岔等设备进行集中控制的车站联锁设备。

1. 计算机联锁系统结构

计算机联锁系统由硬件设备和软件设备组成。硬件设备包括人机会话计算机、联锁计算机、彩色监视器、微型集中操纵台、安全继电器输入输出柜、计算机联锁专用电源屏以及现场信号机、转辙机和轨道电路等组成。软件设备是实现进路、信号机和道岔联锁逻辑的核心部分，由两部分组成：一是参与联锁逻辑运算的车站数据库；二是进行联锁逻辑运算，完成联锁功能的应用程序。

计算机联锁系统硬件一般采用分层结构形式，分为人机会话层、联锁运算层、执行表示层，如图 4-9 所示。

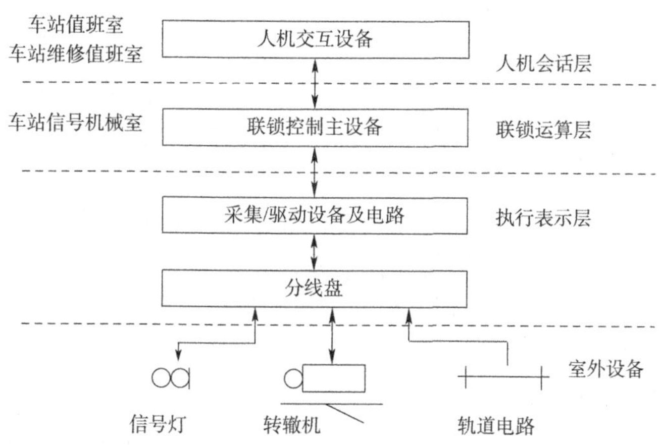

图 4-9　计算机联锁层次结构

(1)人机会话层

人机会话层的主要功能是接收车站值班人员下达的进路操作命令，并将命令传送到联锁运算层，接收联锁运算层反馈的信号设备工作状态和行车作业情况信息，进行车站站场的动态实时显示。

此外，对车站联锁设备的运行情况和故障情况进行显示、记录和回放，以便车站维修人员根据设备故障对设备进行及时维修。

(2)联锁运算层

联锁运算层是系统的核心，主要功能是实现联锁逻辑控制功能。联锁运算层接收来自人机会话层下达的操作命令，依据从执行表示层接收到的室外信号机、道岔和轨道电路实时状态的信息，以实现联锁逻辑控制功能。

(3)执行表示层

执行表示层是联锁逻辑层和室外设备层的中间，在二者之间起信息交互、硬件电路的转换等作用，同时在硬件上进行隔离，以保证室内设备的安全性。

(4)室外设备

室外设备包括室外的信号机、转辙机和轨道电路等设备及其相应的动作电路，用于驱动室外信号设备的直接动作。

2. 计算机联锁系统冗余方式

冗余技术是提高计算机系统的可靠性和安全性的最有效方法之一，是计算机系统可靠性和安全性设计中常用的技术。目前，出于对计算机联锁系统可靠性和安全性的考虑，均采用了冗余技术，以保证行车安全。冗余技术主要包括双机热备冗余、三取二冗余（也称为三模冗余）和二乘二取二冗余等。

（1）双机热备冗余

如图 4-10 所示，由 2 台计算机同时进行逻辑运算，仅有一台能向输出电路输出控制命令。

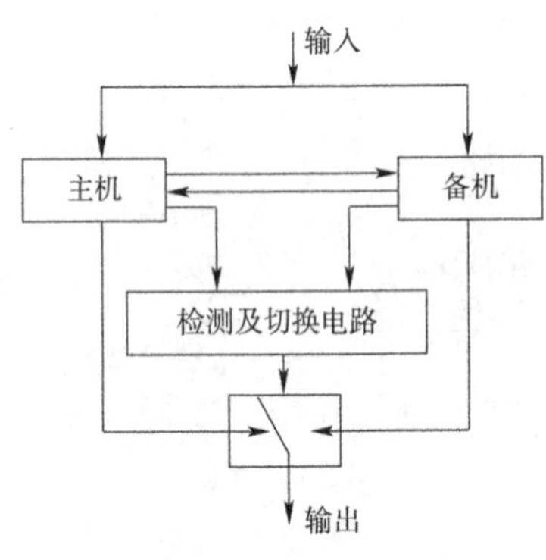

图 4-10　双机热备冗余

双机热备系统中，一台为主机，另一台为备机。平时主机工作，备机处于待机状态，主机执行故障检测、逻辑运算和系统的输出。当主机故障时，通过人工或自动方式将备机升为主机，主机转为备机，继续执行故障检查、逻辑运算并进行输出。

双机热备冗余结构简单，使用和维护都比较方便。数据分别存储在两个主机中，即使主机出现故障，数据也不会丢失。主机和备机都有硬件和软件的自检功能。双机热备冗余结构能保证系统的不间断运行，有助于提高系统的可靠性，但主机必须频繁进行故障检测，尤其要检测自身是否出现故障。

（2）三取二冗余（三模冗余）

三取二冗余结构是最常见的一种冗余模式，由 3 台计算机同时工作，各台计算机同时执行相同的联锁软件，并对结果进行多数表决，即三台计算机中只要任何两台计算机的运算结果一致，则认为联锁系统的工作是正常的。如果有一台计算机输出错误，只要另外两台输出正确，则系统就可以屏蔽掉错误输出。三取二冗余结构如图 4-11 所示。

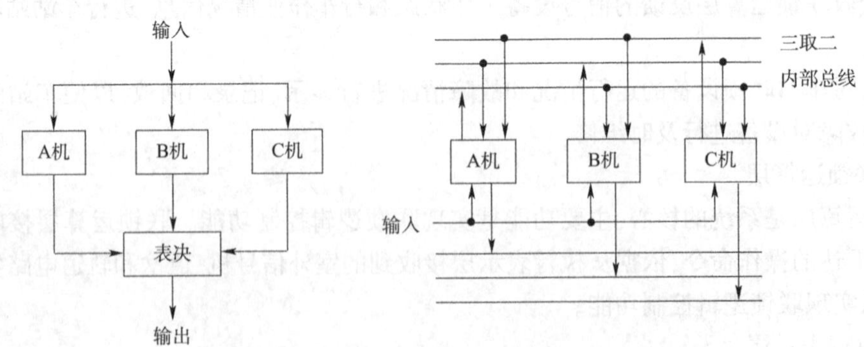

图 4-11　三取二冗余结构

（3）二乘二取二冗余结构

二乘二取二冗余结构由 4 台计算机 A_1、A_2、B_1、B_2 组成，其中 A_1 和 A_2 相结合组成Ⅰ系，B_1 和 B_2 相结合组成Ⅱ系，构成 2 套硬件相同的结构。每套结构中的 2 台计算机分别执行联锁软件，并对联锁运算结果进行比较以完成故障检测任务，这样的结构称为二取二冗余结构。

二乘二取二联锁系统是由两套二取二子系统组成的双系热备系统。当处于主用地位的子系统发生故障时，备用的子系统自动顶替故障的子系统。二乘二取二冗余结构如图 4-12 所示。

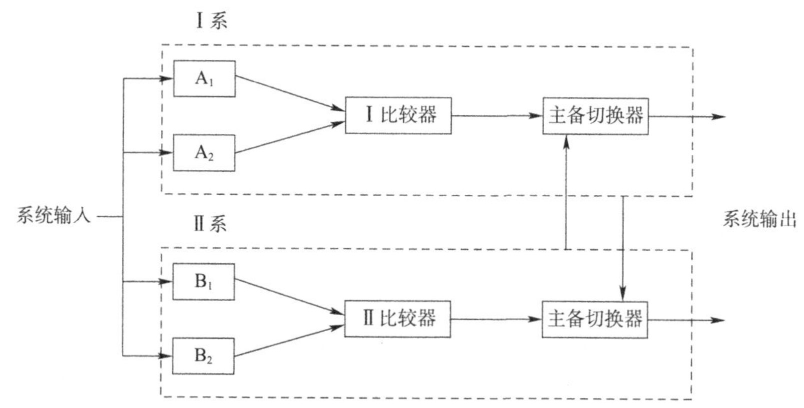

图 4-12　二乘二取二冗余结构

无论哪个系作为主系，四台主机都要正常接收数据，并时刻检测接收数据的通信端口是否正常工作。一旦检测出通信端口故障，无论主系还是备系都要进行故障报警。

当一个系的比较器接收到故障报警时，比较器不对运算结果进行比较，直接报告主备切换器视情况进行切换。当没有故障时，比较器对系内的两台主机的运算结果进行比较。当两台主机的运算结果一致时，比较器分别输出有效信号给两系的主备切换器；当两台主机的运算结果不一致时，分别输出故障信息给两系的主备切换器。

主备切换器通过两系的比较器的比较结果等信息判断哪一系为主系，哪一系为备系，并将主系的运算结果做出系统输出。

第 5 节　SICAS 型计算机联锁

西门子辅助计算机信号 SICAS(Siemens Computer Aided Signalling)型计算机联锁是西门子公司研制的。SICAS 可监督和控制道岔、轨道区段、信号机和包括进路单独操作或进路设置的其他室外设备部件，与 LZB700M 连续式列车自动控制系统相结合。

1. SICAS 型计算机联锁的构成

与图 4-9 描述的计算机联锁的层次结构类似，SICAS 型计算机联锁的系统构成分为 5 层，如图 4-13 所示。其中图 4-13a)为计算机联锁的通用层次结构，图 4-13b)为计算机联锁的 SICAS 层次结构。

现场工作站 LOW、联锁主机 SICAS、STEKOP 和 DSTT 分别对应计算机联锁通用结构的人机会话层、联锁运算层和执行表示层。

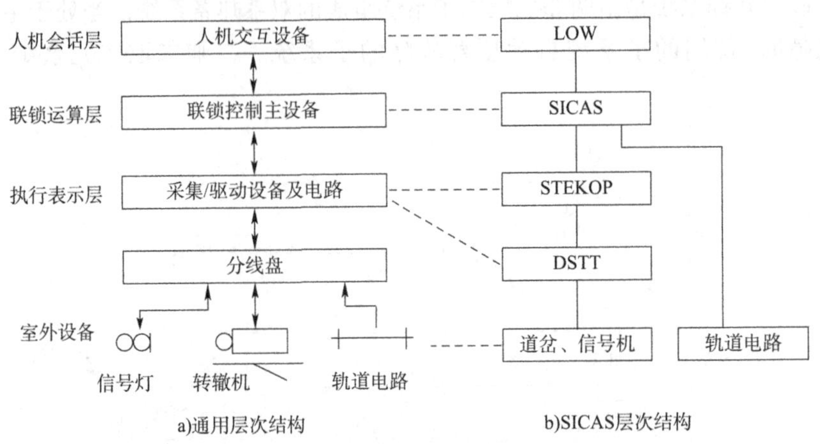

图4-13 SICAS型计算机联锁系统层次结构

(1)人机会话层LOW

人机会话层也称为操作显示层。SICAS型计算机联锁的操作和显示功能是通过具有VICOS OC 101操作控制系统的人机接口来完成的。操作和显示的部件与联锁逻辑之间的通信经由一个统一的数据处理接口进行。

(2)联锁逻辑层SICAS

联锁逻辑层的SICAS是SICAS型计算机联锁的主机,主要功能是进行逻辑运算,完成操作员具体的命令,实现进路的排列、锁闭、监督和解锁,防止同时排列敌对进路。从执行表示层发出的命令通过数据处理接口传输到联锁逻辑层,由其完成处理,所产生的结果状态和故障信息传输到操作显示层。

(3)执行表示层STEKOP

SICAS型计算机联锁将计算机联锁的执行表示层分为两层,将设备驱动单独作为一层。SICAS型计算机联锁的执行表示层STEKOP的主要作用是负责控制、监视室外设备,并记录室外设备的状态和故障信息。

(4)设备驱动层DSTT

设备驱动层DSTT的主要功能是经由统一的数据处理接口连接到相应的系统中,完成列车自动选路、列车自动追踪、列车指示等功能。

SICAS型计算机联锁的联锁逻辑层和执行表示层有三种基本配置(图4-14)。图4-14a)是带DSTT的系统,SICAS直接经DSTT与现场设备相连接;图4-14b)是带DSTT和STEKOP的系统,SICAS经STEKOP和DSTT与现场设备相连接;图4-14c)是带ESTT的系统,SICAS直接经ESTT与现场设备相连接。

2.联锁主机的结构

目前,SICAS计算机联锁主机主要采用二取二热备方式或三取二方式(多采用三取二方式),用于保证设备安全和提高设备的可用性。

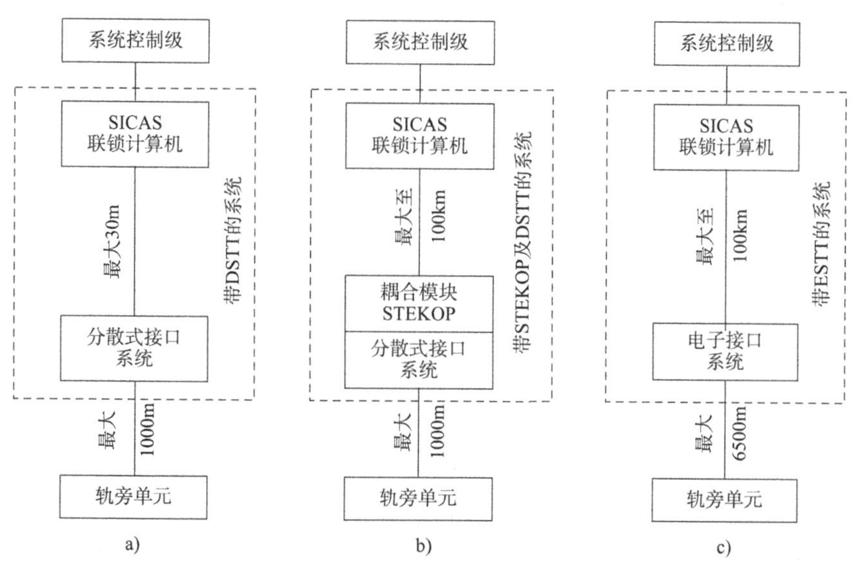

图 4-14　SICAS 型计算机联锁 3 种配置示意图

注:DSTT-接口控制模块;STEKOP-现场接口计算机;ESTT-电子元件接口模块

(1)二取二故障—安全系统

SICAS 的二取二系统由两个各自独立、相同的、对命令同步工作的计算机通道 1 和通道 2 组成,如图 4-15 所示。

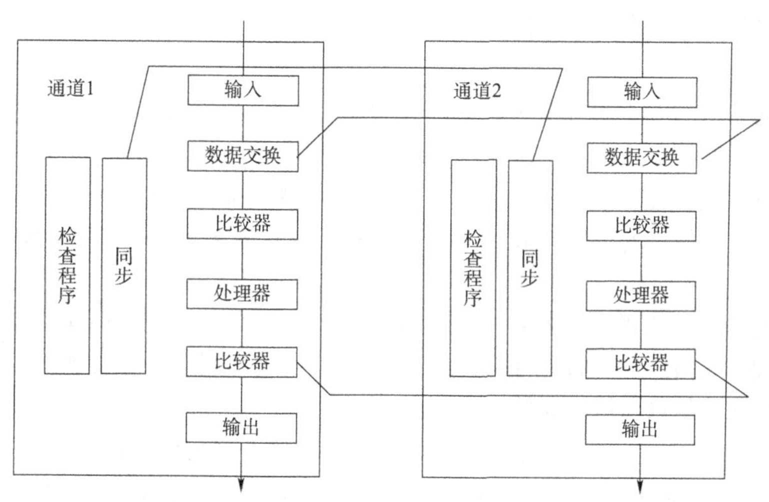

图 4-15　二取二故障—安全系统

过程数据由两个通道输入、比较和同步进行处理。只有当两个通道的计算结果相同时,才会输出计算结果。

独立于数据流的在线计算机功能检测可确保偶然故障的及时检出。一旦检测出第一个故障,系统将停止工作,避免由连续出现的故障所引起的危害。

(2)三取二故障—安全系统

至少由 3 个相互独立的、相同的、对命令同步工作的计算机(通道 1、通道 2 和通道 3)组成,如图 4-16 所示。

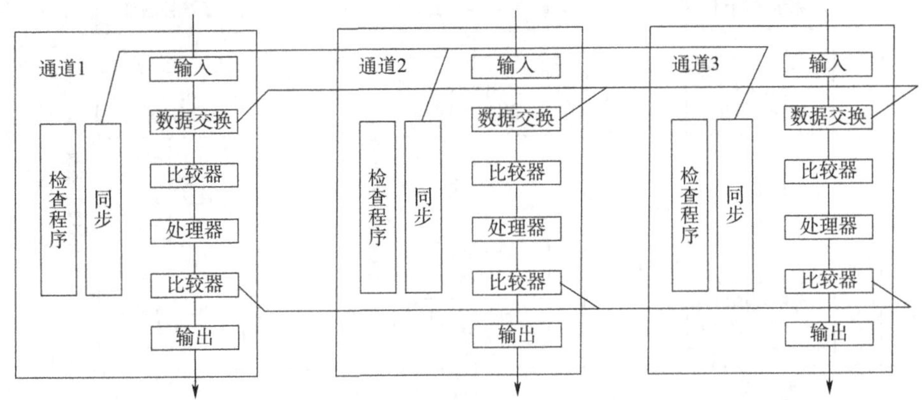

图 4-16　三取二故障—安全系统

过程数据由 3 个通道输入、比较和同步计算。只有当 2 个或 3 个通道的处理结果相同时,结果才会输出。如果其中 1 个通道故障,另外 2 个通道会继续工作。一旦检查出 1 个故障,相关故障的通道会被切除,联锁计算机将按照二取二系统方式工作。只有当 2 个及 2 个以上的通道同时故障时,系统才会停止工作。

主要功能检测内容有:通道同步;两个通道的程序和工作现场数据的连续比较;输入和输出数据的比较;计算机硬件的周期测试。

3. 现场接口计算机 STEKOP

STEKOP 保证元件接口模块和 SICAS 计算机联锁的连接。标准元件接口模块控制轨旁元件,如信号机、转辙机等,接口板使得其他系统的元件接口模块连接到 ESTT 成为可能。

1 个 STEKOP 能控制 1 个道岔元件接口模块 DEWEMO,或 2 个信号机元件接口模块 DESIMO,或多达 12 位的数码安全输入和 12 位数码安全输出,或多达 24 位的数码输入和 24 位数码输出。

STEKOP 允许对所有的元件接口模块进行连接。此外,还能完成如下功能:读入轨道电路空闲表示;读入开关信息;控制转换设备;控制显示单元;输出联锁计算机到所连接的接口模块的控制命令;将开关信息回传给联锁计算机。

STEKOP 本身就是一个二取二的计算机,是一个故障—安全计算机,实现联锁计算机与接口控制模块 DSTT 之间的连接,根据联锁计算机给出的命令和接口模块的结构,分解命令,用数字形式将它们输出;同时读入设备状态并将这些状态传输给 SICAS 联锁计算机。当故障—安全计算机的一个通道检测出故障时,将自动关闭 STEKOP 的外设,即切断 SICAS 与 DSTT 的连接。

4. 现场控制单元 DSTT

DSTT 为分散式元件接口模块,不含任何微机系统,经并行连接线与 STEKOP 相连或直接连接到联锁主机。DSTT 根据 SICAS 的命令控制现场设备，如转辙机、信号机或轨道空闲检测系统。

分散式元件接口模块系统包括元件接口模块和机柜，每个元件接口模块被安装在机架内，机架通过导轨安装在元件接口模块机柜内。元件接口模块还可在分散式分布下安装在受控的轨旁元件附近的控制箱中。

从联锁计算机或接口板到 DSTT 连接的最大距离是 30m。通过接口板 STEKOP 连接，连接距离可以达到 100km，控制距离可以达到 1km。

(1)元件接口模块柜

元件接口模块柜配有接口板和分散式元件接口模块，可以安装多达 8 个接口板 STEKOP，或多达 12 个道岔接口模块 DEWEMO，或多达 32 个信号机元件接口模块 DESIMO，或多达 24 个信号机元件接口模块 DESIMO 和 16 个闪光元件接口模块 DEBLIMO，或混合装配。

(2)元件接口模块

DSTT 系统可以连接的功能单元包括道岔元件接口模块 DEWEMO、信号机元件接口模块 DESIMO，闪光元件接口模块 DEBLIMO。

①道岔接口模块

道岔接口模块用于控制和监督单相和三相交流转辙机，通过另外的元件接口模块控制交流转辙机，利用接通/切断控制电流的接点来连接外部电流接触器。

道岔元件接口模块通过室外配线能够实现各种控制和监督电路，并且通过转辙机内部电机的接点连接监督电路，实现对道岔的终端位置和挤岔的连续监督，检查受控转辙机线路的内部短路和对地漏电流。

②信号机元件接口模块

信号机元件接口模块用于控制和监督信号机，有两种类型：控制和监督直流信号机、控制和监督交流信号机。

信号机元件接口模块的具体作用包括：信号机元件接口模块控制和稳定灯光的信号显示（直接供电给信号机，或通过变压器给信号机供电）；信号机灯泡的双灯丝控制；用附加的闪光模块，实现信号灯闪光显示；日/夜点灯电压切换，以延长灯光寿命。

每个信号机元件控制模块最多控制两架信号机。通过几个信号机元件接口模块互相连接，可扩展信号机到任意灯位数。

③闪光元件接口模块 DEBLIMO

闪光元件接口模块用于产生闪光信号显示，可直接给信号机供电或通过变压器进行供电，来实现闪光和稳定灯光的交替控制；通过信号机元件接口模块监督闪光和稳定灯光的控制；由计算机通过并行控制，以同一闪光频率使几个灯闪光。

每个闪光元件接口模块最多可以控制两个单独的信号灯闪光。

5. 电子元件接口模块 ESTT

ESTT 包括带安装架的机柜和各自的元件接口模块，用于联锁计算机与轨旁设备之间的连接。元件接口模块安装在元件接口模块轨中。ESTT 至联锁计算机的距离可达 100km。

每种类型的轨旁元件都有一个电子元件接口模块,除了特殊元件驱动电路外,大部分元件接口模块包含一个故障—安全微机系统现场总线接口板 FEMES,每个元件接口模块都有完整的硬件和所需轨旁元件的软件。

每个轨旁元件(如转辙机、信号机和速度监督)使用相应的功能单元与联锁主机连接。

电子元件接口模块包括:电源模块 SV 2602、道岔接口模块 WESTE、保安板 SIWE、信号机元件接口模块 LISTE、保安板 SISIG、速度监督元件接口模块 GVSTE、列车制元件接口模块。

6. 现场操作工作站 LOW

SICAS 系统使用操作和联锁所需的所有功能单元都集中在操作控制台中,除了非安全功能单元外,与安全相关的功能单元均集成在操作和显示系统中。

SICAS 联锁系统的本地操作和表示是通过 LOW(现场操作工作站)——VICOS OC101 的人机接口系统来实现。根据联锁操作和形式的不同,可分为 VICOS OC 101 WS 和 VICOS OC 111 WS 两种。除常规操作外,如果要执行辅助操作,则 VICOS OC 111 可作为一种带有程序保护的操作和显示的操作控制台。

操作和显示系统也包含一个完善的服务和诊断系统。所用的服务和诊断系统 VICOS OC 100 S&D 诊断联锁故障,并且给维修提供提示。

LOW 由一台主机、一台彩色显示器(最多可连 4 台彩色显示器)、一台记录打印机、一个键盘、一只鼠标和一对音响组成。设备和行车状况(轨道占用、道岔位置、信号显示和锁闭等)在彩色显示器上显示,通过操作键盘和鼠标,通过命令对话窗口可实现常规和安全相关的联锁命令操作。所有安全相关命令操作、操作员登录/退出操作、设备故障报警将被记录存档。

现场操作工作站 LOW 的屏幕显示可以分为 3 个部分,自上而下依次为:基本窗口(包括基本菜单)、主窗口和对话窗口。

SICAS 联锁根据对象将联锁命令分为以下六类。

(1)联锁区对话:全部信号机处于自动排列进路状态、全部信号机处于人工排列进路状态、全部信号机取消处于自动排列进路状态、全部信号机取消联锁自动排列进路状态、关闭联锁区全部信号机并封闭、向 OCC 交出控制权、从 OCC 接收控制权、强行从 OCC 取得控制权。

(2)轨道对话:禁止通过该区段排列进路、允许通过该区段排列进路、解锁进路中的该区段、把区段设为逻辑空闲、设置轨道区段的限速、取消轨道区段的限速指示、ATP/ATO 进行列车的牵出折返作业指示、ATP/ATO 将列车的驾驶端由上行端转为下行端指示、ATP/ATO 将列车的驾驶端由下行端转为上行端、取消运营停车点。

(3)道岔对话:锁定单个道岔以阻止转换、取消对单个道岔的锁定以转换、道岔轨道区段占用时强行转换道岔、禁止通过道岔排列进路、允许通过道岔排列进路、解锁进路中的道岔、把道岔区段设置为逻辑空闲、对道岔区段设置限速、取消对道岔区段的限速、取消挤岔逻辑标记。

(4)信号机对话:开放引导信号灯、设置信号灯为关闭状态、封锁在关闭状态下的信号机、设置信号机为开放状态、取消对关闭状态下的信号机的封锁、设置单架信号机为自动排列进路状态、设置单架信号机为人工排列进路状态、单架信号机由联锁自动排列进路、单架信号机取消由联锁自动排列进路。

(5)进路对话:排列进路、取消进路。

(6)车站对话:关闭车站所有信号灯并封锁。

7. 与有关设备的接口

(1)与车辆段联锁的接口

该接口类似铁路的场间联系,通过继电器接口电路实现,主要实现以下联锁关系:

①不能同时向对方联锁区排列进路,并将本方排列进路的信息传送给对方;

②如果本方的轨道电路作为另一方联锁区的进路的一部分,则必须传送给对方,以进行进路检查;

③如果本方进路包含另一方联锁区的轨道电路,则必须将本方进路的信息传给另一方,并要求另一方排列出另一部分;

④为了减少对咽喉区的影响,列车入段时,必须先排列车辆段接车进路,然后才能排列入段进路。

(2)与洗车机的接口

车辆段的联锁系统通常与洗车机存在接口,其接口关系是,只有当洗车机给出同意洗车信号时,才有可能排列进入洗车线的进路。否则,不能排列进路。

(3)与防淹门的接口

SICAS 联锁与防淹门实现 4 种信息的传递:防淹门的开门状态、防淹门的非开状态、防淹门的请求关门信息和信号设备给出的关门允许信息。

它们之间的联锁关系如下:

①进路的排列应检查防淹门的状态,只有当防淹门在开门状态并且没有请求关门的情况下才能排列进路,否则不能排列进路。

②根据计算的 ATP 保护区段的长度与防淹门的位置关系,如果防淹门在计算的保护区段内,则只有当防淹门在开门状态且没有请求关门的情况下,提供的保护区段才是有效的,列车才能进入站台停车。如果防淹门在保护区段的外部,则保护区段无须考虑防淹门的状态。

③信号机开放信号后,收到了防淹门非开信号,信号机立即关闭并封锁信号。

④信号机开放信号后,接收到了来自防淹门的“请求关门”请求,联锁按照以下步骤自动处理:

a. 首先关闭并封锁始端信号机。

b. 如果接近区段无车,则立即取消进路;否则,延迟 30s 取消进路。

c. 检查隧道区域轨道电路是否有红光带,如果没有红光带则立即给出“关门允许”信号;否则,联锁不给出“关门允许”信号,需要防淹门操作人员人工确认列车运行情况并依据有关操作规定人工关门。

(4)与 ATC 系统的接口

SICAS 与连续式列车自动控制系统 ATC 的连接是通过逻辑的连接来实现的。联锁系统与 ATP/ATO 室内设备之间的传输通过一对 2 ×2 光缆实现(含后备模式)。故障—安全数据传输通过一个信息缓冲器协议来保证。

(5)与相邻联锁系统的接口

SICAS联锁系统之间的连接是经由联锁总线(故障—安全配置的标准现场总线PROFIBUS)通过连接中央逻辑层而实现的。

一条在不同SICAS联锁区域内具有始端信号和终端的运行进路,其一部分在第一个SICAS联锁所控制的区域内,另一部分在第二个SICAS联锁区域内。进路两部分之间的相互作用,由对此进路两部分的配合来实现。运行进路由始端信号机所在的联锁来设定。运行进路包括带有自身联锁内运行进路部分和相邻联锁内运行进路部分的联结点。联锁边界处的每个设备均以其进路特征反应至相邻联锁。

本章习题

1. 什么是进路?

2. 什么是联锁?

3. 简述计算机联锁的层次结构。

4. 简述双机热备技术、三取二冗余技术和二乘二取二冗余技术。

5. 填空题:

(1)进路按照进路的性质进行分类,可分为________和________。

(2)进路必须具有明确的始端和终端,始端一般为________,终端可以为________、________、________。

(3)办理进路的过程依次为________、________、________、________、________。

(4)按照进路解锁的时刻不同,进路解锁的5种方法分别为:________、________、________、________、________。

(5)进路的两种状态是________和________。

(6)联锁是指________、________、________和________之间的相互制约的关系。

(7)为了保证列车在车站内的安全运行,就必须使________、________、________和________之间有着一定相互联系相互制约的关系,这种关系称为联锁。

6. 判断题:

(1)每条进路必须设置一台防护该进路的信号机。 ( )

(2)每条进路的终端一定是信号机。 ( )

(3)在办理进路时,只要进路的每个区段空闲就可开放信号灯。 ( )

(4)进路解锁的重点在于防止错误解锁。 ( )

(5)在解锁进路时,可以将进路中的道岔解锁后再关闭信号灯。 ( )

第5章　区间闭塞

轨道交通的线路基础设施主要包括车站(包含车辆段、铁路的编组站等)内部的线路和区间线路(相邻两车站间的线路)。出于成本考虑和运输需求,区间线路有单线(两方向的列车共用一条线路)、复线(两方向的列车在各自的轨道上运行)和多线3种形式。为提高区间线路的利用率,如何在保证安全的前提下安排列车在区间线路上运行一直是轨道交通运输的核心问题。

第1节　区间闭塞概述

区间线路是指相邻两个车站之间的线路,可分为单线区间、双线区间和多线区间。列车在区间运行具有速度快、制动距离长、无法避让等特点。为保证列车在区间的行车安全,列车由车站向区间发车时,必须确认区间(闭塞分区)内没有列车,并遵循一定的规律组织行车,以免发生列车正面冲突或追尾事故。这种按照一定规律组织列车在区间内行车的方法,叫作行车闭塞法,简称闭塞。实现闭塞方式的设备叫作闭塞设备。

闭塞的基本原则:在同一区间(闭塞分区)任何时刻只允许一列列车运行,一旦列车占用区间(闭塞分区),即实行闭塞。

实现区间闭塞的基本方法有时间间隔法和空间间隔法两种类型。时间间隔法是当先行列车出发后,隔一定时间再发出同方向的后续列车,以实现同方向相邻列车间的追踪间隔,如图5-1所示。

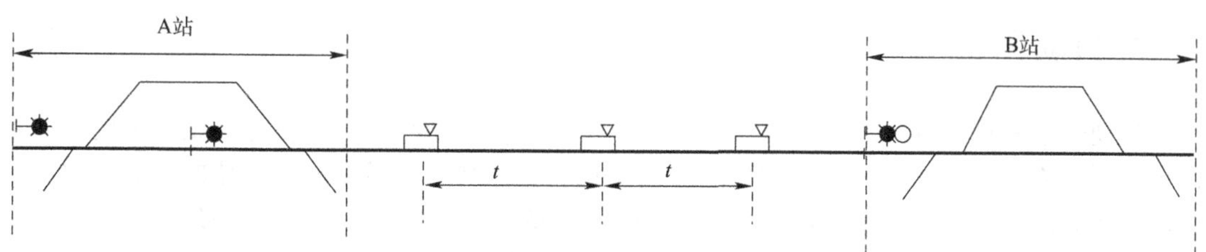

图5-1　时间间隔发示意图

由于先行列车在出发后极有可能发生晚点、故障或中途停车,有可能发生后续列车撞上先行列车的追尾事故,时间间隔法存在重大的安全隐患。

空间间隔法是先行列车驶出一定安全距离后,再发出同方向的后续列车,同时保证同方向相邻列车在区间的追踪间隔。空间间隔法能够较好保证列车在区间的行车安全而得到广泛应用,逐步形成了区间列车运行的闭塞制度。

自铁路出现以来,区间闭塞经历了人工闭塞、半自动闭塞、自动闭塞三个阶段。城市轨道交通出现的相对比较晚,区间闭塞方式直接采用自动闭塞。无论哪一种区间闭塞方式,为保证列车在区间内行车安全,列车由车站驶入区间时,必须验证区间空闲、有进入区间的凭证、实行区间闭塞。

1. 人工闭塞

人工闭塞是铁路运输早期采取的一种区间闭塞方式,主要包括电话/电报闭塞、电气路签(牌)闭塞。

电话/电报闭塞:区间两端车站值班员通过电话或电报办理行车联络手续,由发车站填制路票,交付给司机作为列车占用区间凭证,确保区间只有一辆列车运行。

电气路签(牌)闭塞:路签或路牌作为列车占用区间凭证的行车闭塞法,在早期的单线铁路使用。区间两端的车站各设置一台同型号的闭塞机,彼此之间有电气锁闭关系(称为一组)。当一组闭塞机中的路签或路牌之和为偶数时,经双方值班员协同操作,发车站值班人员可从闭塞机中取出一枚路签或路牌,交给列车司机作为列车占用区间的凭证。在列车到达前,这一组闭塞机中不能再取出第二枚路签或路牌。当列车到达车站后,车站值班人员将该路签或路牌放入闭塞机中,闭塞机中的路签或路牌之和变为偶数。

2. 半自动闭塞

半自动闭塞是采用人工办理闭塞手续,列车凭出站信号机或线路所的通过信号机的信号显示,作为占用区间的凭证,从而实现闭塞的一种方式。区间两段车站各设置一台具有相互电气锁闭关系的半自动闭塞机,车站进站信号机的内侧设置一小段专用轨道电路,它和闭塞机、出站信号机间同样具有电气锁闭关系。只有当区间空闲,人工办理手续后,出站信号机才可开放。

半自动闭塞办理手续简便、效率高,可提高区间通过能力,降低劳动强度。但是到达列车的完整性需由人工进行检查。半自动闭塞在我国单线区间仍在使用,闭塞设备为64D型半自动闭塞机。

3. 自动闭塞

自动闭塞是根据列车运行及有关闭塞分区的状态,直接变换通过信号机显示,司机凭信号行车的闭塞方法。自动闭塞整个过程是在列车运行过程中自动完成的,不需要人工干预。自动闭塞有固定闭塞(Fixed Moving Block)、准移动闭塞(Semi Moving Block)和移动闭塞(Moving Block)三种方式,是目前轨道交通区间闭塞的主要方式。

第2节 固定闭塞

1. 固定闭塞基本概念

固定闭塞是通过采用轨道电路或计轴器等列车检测设备将线路分隔成若干个固定长度的

闭塞分区,闭塞分区的长度主要取决于列车的制动性能。固定闭塞示意如图5-2所示。

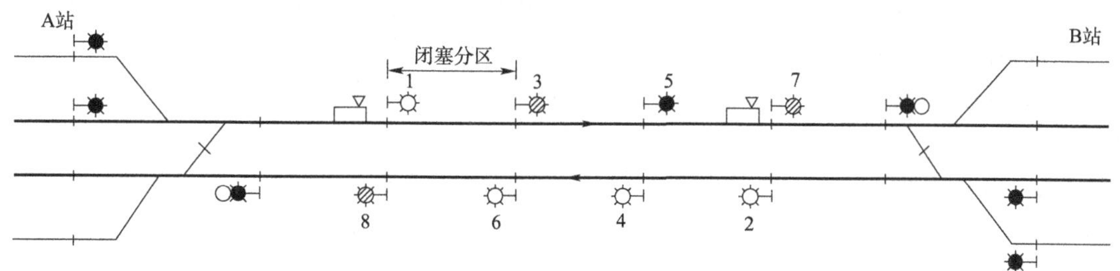

图5-2 固定闭塞示意图

注:1、3、5、7和2、4、6、8均为区间通过信号机,余图类同

固定闭塞将一个区间划分为若干个小段,即闭塞分区,在每个闭塞分区的起点装设通过信号机,用以防护该闭塞分区。通常,每个闭塞分区装设轨道电路(或计轴器),通过轨道电路将列车和通过信号机的显示联系起来。

2. 固定闭塞的基本原理

固定闭塞通过轨道电路(或计轴器等列车检测设备)自动检查闭塞分区的占用和空闲状态,并自动变换通过信号机的显示,给列车提供行驶凭证。

图5-3是三显示自动闭塞原理图。三显示自动闭塞共显示红、黄、绿三种颜色,其显示意义如下。

绿:准许列车按照规定速度运行,运行前方至少两个闭塞分区空闲。

黄:要求列车注意运行,运行前方只有一个闭塞分区空闲。

红:列车应在该信号机前停车,运行前方闭塞分区占用。

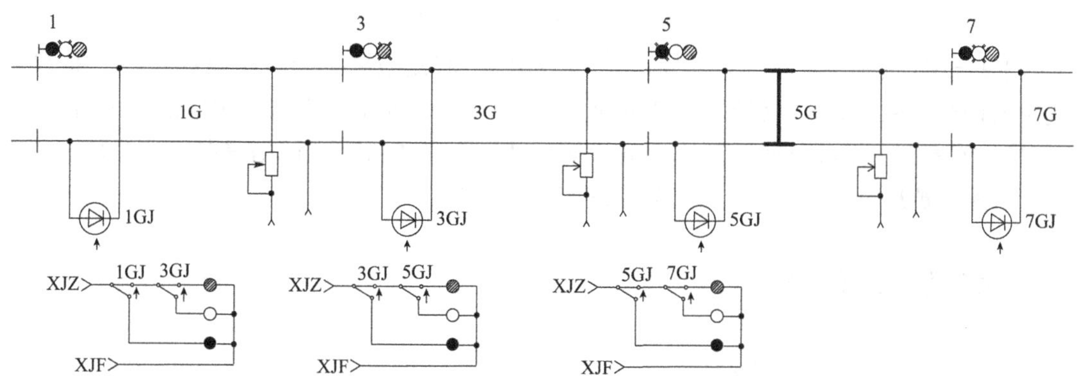

图5-3 三显示自动闭塞基本原理

当列车越过3号通过信号机进入3G闭塞分区时,3G闭塞分区轨道电路被轮轨短路,导致轨道继电器断电3GJ落下,此时3号通过信号机的红灯被点亮,表明3G闭塞分区处于占用状态。同时,轨道继电器断电3GJ落下点亮2号通过信号灯的黄灯,告知后行列车前方只有一个空闲的闭塞分区。

当列车越过5号通过信号机进入5G闭塞分区时,5G闭塞分区轨道电路被轮轨短路,导致轨道继电器断电5GJ落下,同时轨道继电器3GJ吸起。此时5号通过信号机的红灯被点亮,告知后行列车5G闭塞分区处于占用状态。轨道继电器3GJ吸起和轨道继电器5GJ落下点亮3号通过信号灯的黄灯,告知后行列车前方只有一个空闲的闭塞分区。

由此可见,固定闭塞分区的通过信号灯的显示颜色是随着列车位置的改变而发生变化的,无需人工干预。

城市轨道交通采用小编组、高密度运行,并且主要对旅客提供服务。为提高列车运行的安全性,城市轨道交通中的固定闭塞一般采用双红灯,如图5-4所示。

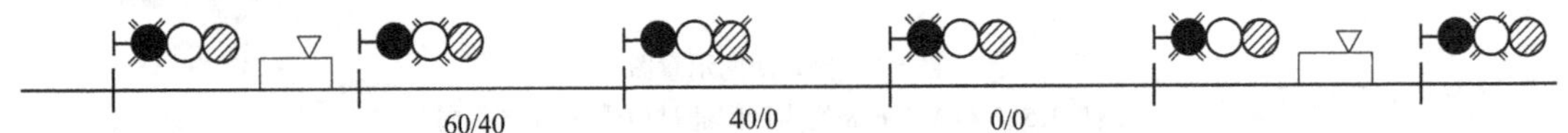

图5-4 城市轨道交通固定闭塞示意图

注:60/40表示闭塞分区的入口速度和出口速度,单位:km/h

固定闭塞分区的长度是由在线路上运行的所有列车中最长制动距离决定的。运行速度低、制动距离短的列车要求追踪间隔短,闭塞分区越短越好,而运行速度高、制动距离长的列车则要求闭塞分区的长度不能太短。三显示固定闭塞是无法解决这个矛盾,为了提高区间的通过能力,可采用四显示固定闭塞,如图5-5所示。

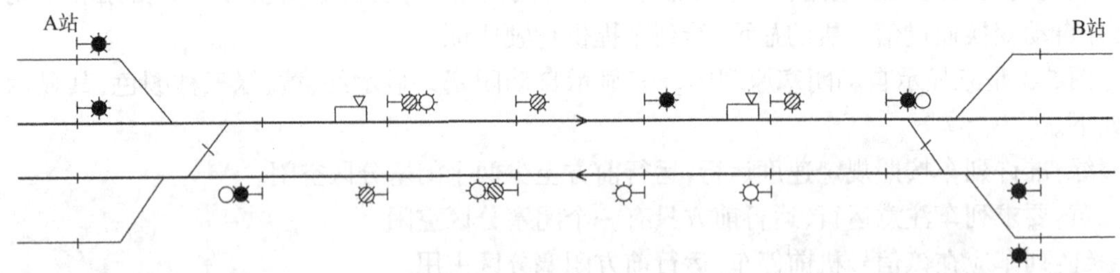

图5-5 四显示固定闭塞示意图

四显示固定闭塞增加了“绿黄”颜色。当速度高、制动距离长的列车遇见“绿黄”信号时(前方有两个空闲的分区)必须要注意减速,在遇到黄灯时列车速度降到规定的速度,保证在红灯信号前停车。而对于速度低、制动距离短的列车的在遇到“绿黄”信号时可按照规定的速度行驶,遇到黄灯时必须将速度降至规定的速度。

3.固定闭塞的特点

(1)采用轨道电路对列车进行定位。

列车的定位方式采用轨道电路方式,只能确定列车在那个分区,但是无法确定列车在分区的具体位置。

(2)列车加速和制动点在闭塞分区的分界点。

固定闭塞采用轨道电路对列车进行定位,只能确定列车在那个分区,但是无法只确定列车在分区内的具体位置。因此,列车在分区内运行时只能按照预先规定的速度行驶,只有在分区的分解处才采取加速或制动。

(3)固定闭塞传递的信息有限。

固定闭塞的轨道电路一般采用模拟音频轨道电路,利用钢轨进行信息的传递,传递的信息量有限。

(4)最小列车追踪间隔距离至少一个闭塞分区长度。

(5)列车的速度呈现阶跃式特性。

第3节 准移动闭塞

1. 准移动闭塞基本概念

准移动闭塞采用数字编码轨道电路将区间分为若干个闭塞分区。准移动闭塞的前行列车采用轨道电路定位的方式,后行列车采取连续定位的方式且以前行列车所在的轨道电路分区的起始点为停车点,并保留一定的安全距离,这种闭塞方式称为准移动闭塞,如图5-6所示。

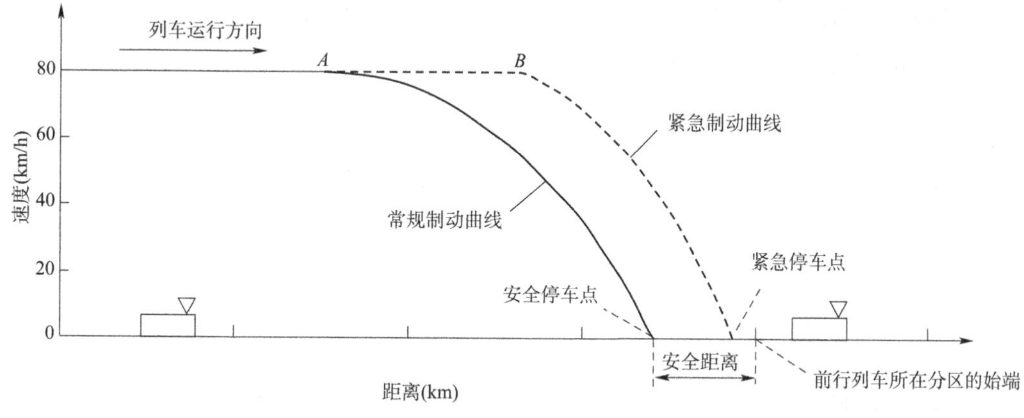

图5-6 准移动闭塞原理图

2. 准移动闭塞的基本原理

准移动闭塞对于前行列车的定位采取轨道电路的定位方式,即确定前行列车所在的分区。对于后行列车,准移动闭塞采取连续定位的方式,即确定后行列车所在的分区以及后行列车所在分区的具体位置。

前行列车所在分区的始端位置可通过数字编码轨道电路或无线通信的方式传输给后行列车,后行列车可根据目标距离、目标速度、列车本身的速度、性能和线路参数确定列车制动曲线。在常规制动下,保证列车在安全停车点停车。准移动闭塞不设定每个闭塞分区速度等级,采用一次制动方式。

若后行列车在常规制动的起始点(图5-6中的A点)没有开始制动或者失控加速,当行驶到B点开始紧急制动,则紧急制动停车点必须位于安全距离内,保证相邻列车的安全。

3. 准移动闭塞的特点

(1)列车定位方式。

先行列车采用轨道电路的定位方位,后行列车采取连续定位的方式,没有突破轨道电路的局限性。

(2)列车采取一次制动的方式。

后行列车可根据目标距离、目标速度、列车本身速度和性能计算出列车的运行曲线,采取一次制动,可提高旅客乘车的舒适性。

(3)列车的加速和制动起始点不再局限于闭塞分区的分界点。

与固定闭塞不同,列车得到的信息是距离追踪目标的距离,可根据目标距、目标速度、列车速度和性能计算列车制动和加速的起始点。

(4)最小列车追踪间隔距离不超过一个闭塞分区长度。

从图 5-6 可知,最小列车追踪间隔距离小于一个闭塞分区长度。在最不利的情况下,即前行列车刚出清所在的闭塞分区进入下一个闭塞分区,最小列车追踪间隔距离为一个闭塞分区的长度。显然,准移动闭塞的最小列车追踪间隔距离小于固定闭塞的最小列车追踪间隔距离。

(5)列车的速度同时具有连续特性和阶跃特性。

第 4 节　移动闭塞

1. 移动闭塞基本概念

移动闭塞是相对于固定闭塞而言的,它是一种区间不分隔、连续检测列车位置和速度、并通过轨旁设备车—地之间的双向数据通信进行列车间隔控制、确保后续列车不会与先行列车发生冲突、能够安全行车的闭塞方式,如图 5-7 所示。

移动闭塞中的后行列车以前行列车的尾部为追踪目标点,且两车之间的追踪间隔随着列车的运行不断移动和长度不断发生变化,故称为移动闭塞。

2. 移动闭塞的基本原理

在列车的运行过程中,移动闭塞对列车的定位采取连续定位的定位方式,即确定列车在线路上的准确位置。每列列车将本身的位置和速度实时传输到轨旁设备,由轨旁设备计算同向相邻列车之间的距离。轨旁设备实时将列车之间的距离和目标速度传输给后行列车。

后行列车在接收到轨旁设备传递来的信息后,根据列车本身的速度和性能,由车载设备计算出列车的速度曲线,保证在常规制动下列车可以在安全停车点停车。移动闭塞根据目标距离采用一次制动方式。

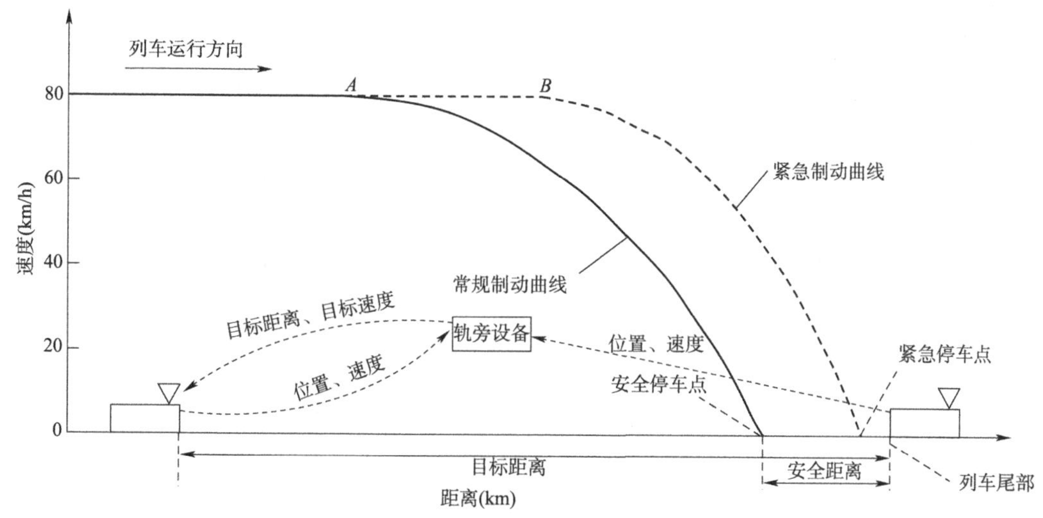

图5-7 移动闭塞示意图

若后行列车在常规制动的起始点(图5-7中的A点)没有开始制动,继续以当前速度行驶到B点开始紧急制动,则紧急制动停车点必须位于安全距离内,保证相邻列车的安全。

3. 移动闭塞的特点

(1)列车采用连续定位的方式。

移动闭塞中的所有列车均采取连续定位的方式对列车进行定位。

(2)列车采取一次制动的方式。

后行列车可根据目标距离、目标速度、列车本身速度和性能计算出列车的运行曲线,采取一次制动,可提高旅客乘车的舒适性。

(3)移动闭塞突破了轨道电路的限制。

(4)列车的速度呈现连续特性,有利于提高列车运行的稳定性和乘坐的舒适性。

本章习题

1. 简述固定闭塞、准移动闭塞和移动闭塞三种闭塞技术的本质区别。

2. 根据电子技术、控制技术和通信技术的发展趋势思考闭塞技术的发展趋势。

3. 填空题:

(1)城市轨道交通通常采用的三种闭塞制式是:________、________和________。

(2)列车在采用固定闭塞制式的区间运行时,后行列车的追踪目标点为________;在采用准移动闭塞制式的区间运行时,后行列车的追踪目标点为________;在采用移动闭塞制式的区间运行时,后行列车的追踪目标点为________。

4. 判断题：

(1)列车在采用固定闭塞制式的区间运行时，列车的加速和制动点在闭塞分区的分界点，因此，列车的速度曲线呈现阶梯形状。 (　　)

(2)列车在采用准移动闭塞制式的区间运行时，列车的加速和制动点是不固定的，因此，列车的速度曲线也是不固定的。 (　　)

(3)列车在采用准移动闭塞制式的区间运行时，后行列车时时刻刻受到前行列车的影响。 (　　)

(4)列车在移动闭塞制式的区间运行时，后行列车每时每刻受到前行列车的影响。 (　　)

第6章　城市轨道交通 ATC 系统

列车自动控制 ATC(Automatic Train Control)系统是城市轨道交通系统的重要基础设施，具有实现对列车的指挥和列车运行自动化，最大限度提高列车运行安全和运输效率，降低运营人员的劳动强度，充分发挥城市轨道交通运输在城市公共交通的作用。

第1节　ATC 系统的组成和功能

城市轨道交通信号系统由正线 ATC 系统和车辆段信号系统组成，如图 1-1 所示。正线 ATC 系统包括自动列车防护 ATP、自动列车驾驶 ATO 和列车运行监督 ATS 三部分，具有 5 个原理功能。

(1)ATS 功能

自动或人工设定进路，对线路上的列车进行调度指挥，向行车调度员和司机发布调度命令，与外部系统进行信息交互。ATS 功能由位于运营控制中心 OCC 的 ATS 设备实现。

(2)联锁功能

在保证安全的前提下，控制车站的进路、道岔和信号灯，检测进路、信号灯、轨道电路和道岔的状态，传输给 ATS，同时接收 ATS 的命令并响应。联锁功能由安装在车站的联锁设备实现。

(3)列车的检测功能

检测列车所在的位置和速度，一般由轨道电路、计轴器、车上的测速设备或 GPS 设备等实现。

(4)ATC 功能

根据 ATS 的命令，实现对列车运行的控制。ATC 功能主要包括：列车追踪间隔的确定、车—地之间的通信和列车自动驾驶。

(5)PTI(Position Train Identification)功能

用来将列车数据从车辆传输到控制中心。由 PTI 传输的列车数据包括：车次号码、列车车号、驶往的目的地(终点站名称)、司机号码、车门状态和列车状态(停车或运行)等。

第2节　ATC 系统的基本原理

1. ATC 系统的工作原理

城市轨道交通 ATC 系统本质上是一个典型的分布式控制系统。宏观方面，ATC 系统是对列车群运行过程的控制,即控制列车按图运行;微观方面,ATC 系统是对列车速度的控制和对进路的控制等。ATC 系统框架如图 6-1 所示。

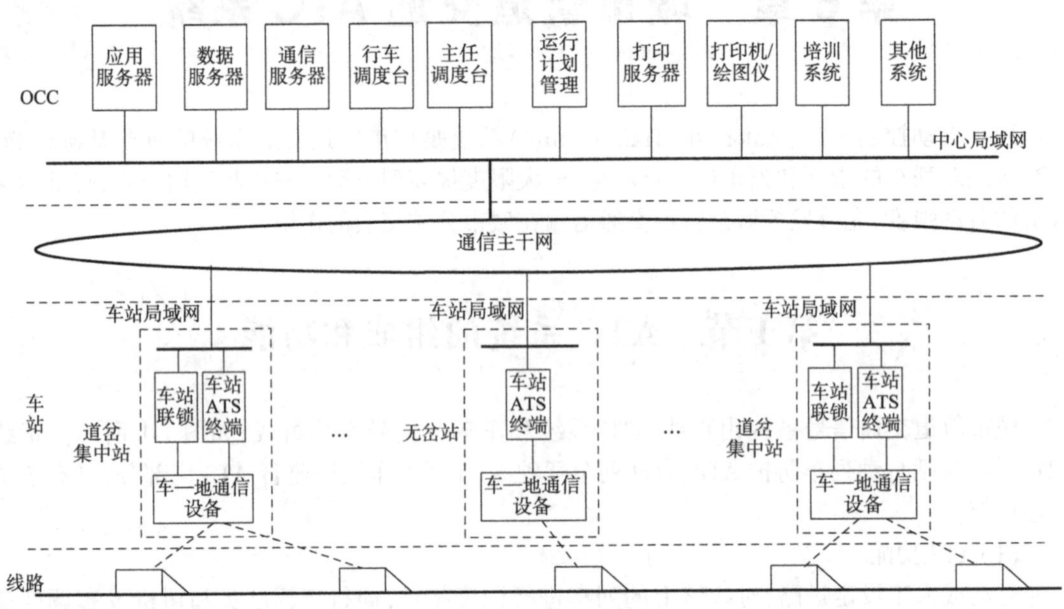

图 6-1 ATC 系统框架

ATC 系统主要由分布在运营控制中心的 ATS 设备、车站的联锁设备、车站 ATS 终端设备、列车上的车载设备和分布在线路旁的设备(也称为轨旁设备,如车—地通信设备)组成。不同类型的 ATC 系统的实现尽管不同(如,列车定位方式、车—地之间的通信方式等),但基本上都具有相同的物理结构。

在开始运营之前,运营人员运用运行计划管理系统根据客流需求制定列车运行计划即时刻表,之后将列车运行计划下发至各车站及车辆段。车辆段在接收到列车运行计划之后,按需派出列车和司机,列车开始运行。

在列车运行的过程中,列车实时通过车—地通信设备将自身的位置、速度等信息传输给车站 ATS 终端设备(或通过联锁设备传递给 ATS 终端设备),ATS 车站终端设备将车辆的动态信息传递给控制中心,以便控制中心系统对列车运行过程进行监督。

车站的联锁设备根据列车运行情况、时刻表或者 ATS 的命令办理进路,保证列车运行路径的正确和安全。当列车进站和出站时,ATS 车站终端设备确定列车在本车站的到发时刻,并将其传输给运营控制中心的行车调度台。

运营调度中的行车调度台将列车的实际到发时刻和列车运行计划中规定的时刻相比较,确定列车是否晚点。若列车晚点,则做出相应的调整,并将调整计划下发到车站和车辆段。

若在列车的运行过程中发生异常情况,如车辆出现故障,行车调度台给相关部门下发相应的调度命令,及时恢复列车的运行秩序。

当完成一天的运输任务后,即运行结束,ATS 设备对运输任务的执行情况进行统计并打印,如统计正点率,打印列车实绩运行图,安排和制定第二天的运输任务。

2. ATC 系统的水平等级

根据国内外的运营经验,一般最大通过能力小于 30 对/h 的线路宜采用 ATS 和 ATP 系统,实现行车指挥自动化及列车的速度防护。在最大通过能力较低的线路,行车指挥调度可采用以人工控制为主的 CTC(调度集中)系统。最大通过能力大于 30 对/h 的线路,应采用完整的 ATC 系统,实现行车指挥和列车运行自动化。

ATO 系统对节能、规范运行秩序、实现运行调整、提高运行效率和减轻司机劳动强度等具有重要作用,不同的信号系统设或不设 ATO 系统费用相差比较大。对于通过能力不足 30 对/h 的线路,有条件时也可选用 ATO 系统。

对于城市轨道交通,通过能力的发挥往往受制于折返能力,而折返能力与线路条件、车辆状态和信号系统等因素相关。因此,通过能力要求比较高时,折返能力需与之相对应,必须对上述因素进行综合研究和设计。

第 3 节　ATC 系统的类型

从不同的角度,ATC 系统有不同的分类。按照闭塞制式,ATC 系统可分为固定闭塞式 ATC、准移动闭塞式 ATC 系统和移动闭塞式 ATC 系统;按照车—地之间信息传输的连续性,ATC 系统可分为点式 ATC 系统和连续式 ATC 系统;按照车—地信息传输方式,ATC 系统可分为基于轨道电路的 ATC 系统和基于 CBTC 的 ATC 系统。

1. 点式 ATC 系统

点式 ATC 系统的主要功能是实现列车速度防护,所以又称为点式 ATP 系统。它通过应答器实现车—地之间的信息传输,车载设备进行信息处理。地面应答器主要安装在信号机旁(有源应答器)或者线路中(无源应答器)固定位置。位于信号机旁的应答器通过轨旁电子单元 LEU 与信号机相连,应答器所存储的部分数据受信号显示的控制,向列车传递信号显示信息。线路中固定位置的应答器通常不与任何设备相连,所存放的数据是固定的。由于只有列车通过应答器时才能向列车传输地面信息,故称为点式 ATC 系统,结构示意图如图 6-2 所示。

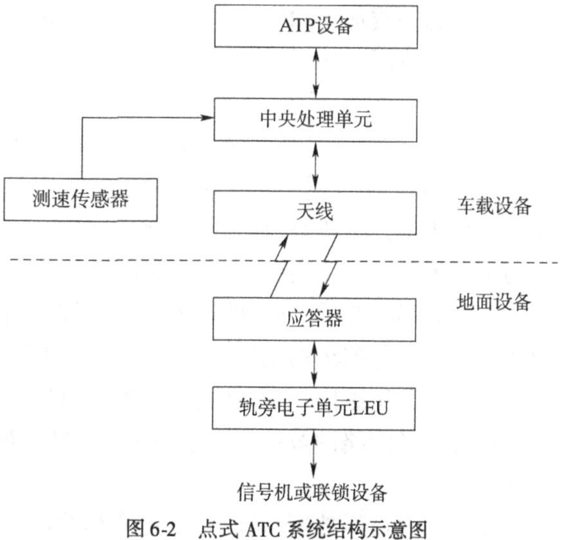

图 6-2　点式 ATC 系统结构示意图

当列车驶过地面应答器时,地面应答器向列车传输每一个信号点的允许速度、目标

速度、目标距离以及前方线路信息等。车载设备根据应答器传输的信息计算两个信号点之间的速度监控曲线,控制列车运行。

点式 ATC 系统具有结构简单、地面应答器无源等特点,但是由于信息传输不具有实时性,难以胜任高密度列车运行的情况。例如,后行列车驶过应答器时,因前方区段有车,车载设备计算出一条制动曲线,列车开始制动减速。这时尽管前行列车可能已经驶离前方区段,但由于后行列车已经驶过地面应答器,得不到前行列车的新的信息而只能保持减速运行,直到抵达运行前方的下一个应答器才能加速运行。

2. 连续 ATC 系统

车—地之间实现连续传递信息的 ATC 系统,称为连续式 ATC 系统。根据所采用的通信介质的不同,连续 ATC 系统又分为基于轨道电路的 ATC 系统(Track-circuit Based Train Control, TBTC)和基于通信的 ATC 系统(Communication Based Train Control, CBTC)。

(1)基于轨道电路的 ATC 系统(TBTC)

根据所采用的轨道电路的不同,TBTC 系统又分为速度码系统(Speed Code System)和距离码系统(Distance Code System)。不论速度码系统还是距离码系统,轨道电路起两种作用:当轨道电路区段无车时,轨道电路发送的是轨道电路检测信息或检测码;当轨道电路区段有车时,轨道电路发送速度信号或有关数据电码。

①速度码系统

速度码系统通常采用工频轨道电路或移频轨道电路。工频轨道电路的速度码系统在轨道旁边设置通过信号机,采用轨旁信号对列车运行进行控制,即用不同的颜色信号代表不同的速度;移频轨道电路的速度码系统可采用轨旁信号或机车信号(地面信号传输到列车)对列车运行进行控制。速度码控制系统通常用在采用固定闭塞组织行车的线路上,因此速度码系统也经常称为固定闭塞 ATC 系统。

根据轨旁信号或机车信号和前方闭塞分区的允许速度,司机或控制系统在闭塞分区的分界处采取制动或加速动作,列车追踪间隔至少为一个闭塞分区的长度。速度码系统的列车速度曲线呈现阶跃形状,如图 6-3 所示。

②距离码 ATC 系统

距离码 ATC 系统采用数字编码轨道电路将区间线路划分为若干个闭塞分区。与速度码控制系统不同,距离码控制系统在轨道旁边不设置通过信号灯,地面信号采用报文格式传输给列车。采用报文格式可以向列车传输大量的信息,包括前方限速、线路坡度、曲线半径、追踪目标的距离等信息。距离码 ATC 系统如图 6-4 所示。

在距离码控制系统中,前行列车的定位采用轨道电路的定位方式,即确定前行列车在哪个闭塞分区。后行列车的定位采取连续定位的方式,即确定列车在哪个分区和在分区中的具体位置。通过数字编码轨道电路,后行列车可实时获得与前行列车所在闭塞分区始端的距离 L、限速信息以及线路的坡度、曲线半径等信息。根据这些信息,后行列车可一次性计算出速度曲线。

在距离速度码控制系统中,后行列车的运行速度不受前行列车在分区内运行情况的影响,并且后行列车的起始制动点 A 是列车的速度和距离 L 计算得出，列车的运行曲线呈现连续的特点。当前行列车出清所在的闭塞分区进入下一个分区，由于后行列车与前行列车所在分区始端的距离发生变化，后行列车重新计算速度曲线，此时列车速度会发生跳跃。因此，列车速度同时具有连续和阶跃的特点。基于轨道电路的距离速度码控制系统介于固定闭塞控制系统和移动闭塞控制系统之间，因此该类 ATC 系统又称为准移动闭塞 ATC 系统。

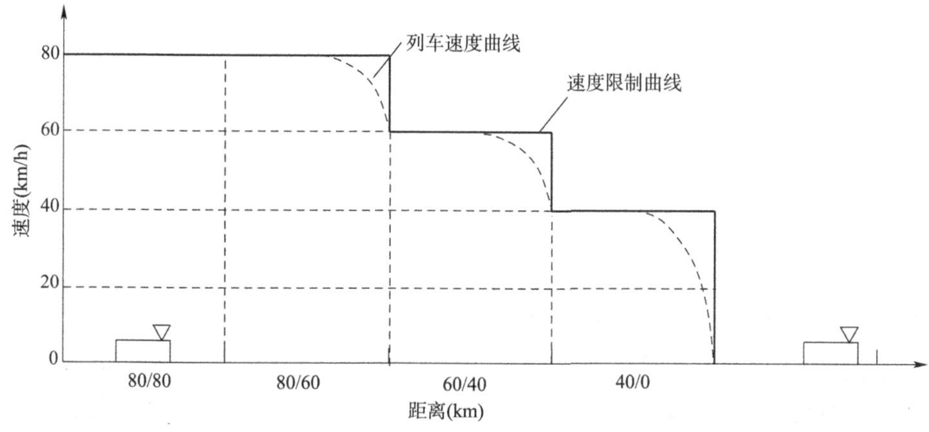

图 6-3　速度码 ATC 系统

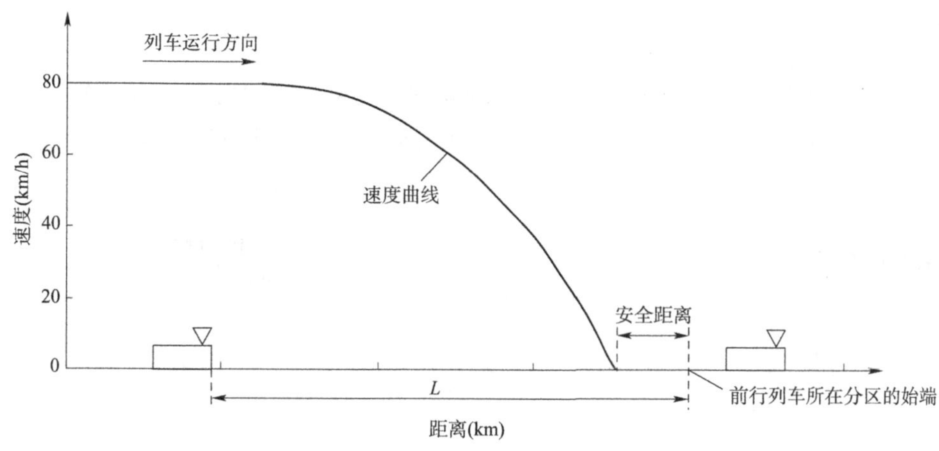

图 6-4　距离码 ATC 系统

（2）基于通信的 ATC 系统（CBTC）

1999 年 9 月，电气和电子工程师协会（IEEE）将 CBTC 定义为“利用高精度的列车定位（不依赖于轨道电路）、双向连续、大容量的车—地数据通信，车载、地面的安全功能处理器实现的一种连续自动列车控制系统”。目前，实现车—地之间的双向连续和大容量的通信方法有空间无线波、轨间电缆感应环线和裂缝波导管 3 种方式。

①轨间电缆感应环线通信

感应环线通信是基于数据的电磁传输，通常敷设于两钢轨之间，作为发送和接收天线使用，与相应的车载天线共同实现车载设备和轨旁设备之间的双向通信和数据交换。

一个环线区段的最小长度是40m,最大长度是350m,环线之间是相互分离的,仅在区域边界处相互邻接。为了抗轨道牵引电流的干扰和对列车进行定位,电缆大约每隔25m或50m进行交叉,车载设备在经过每个交叉时检测到信号相位的变化,以此进行列车的定位计算,也可作为列车与地面之间的双向数据通信媒体,如图6-5所示。

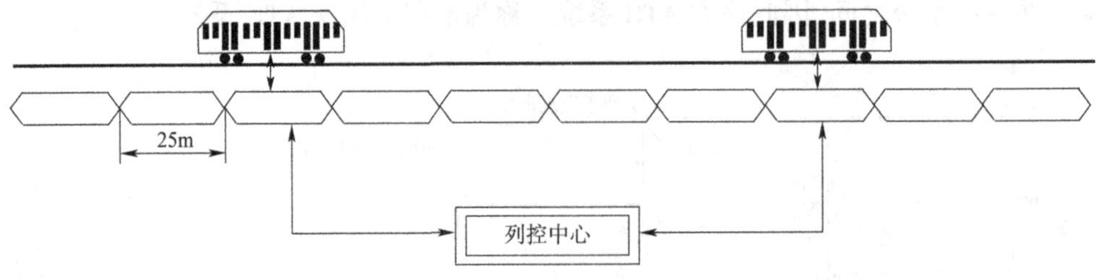

图6-5 基于感应环线通信的CBTC系统

采用感应环线的CBTC系统主要设备有列控中心设备、轨间感应环线和车载设备。列控中心存储有关线路的各种信息(线路坡度、曲线半径、道岔位置、线路限速及长度等)。此外,联锁系统通过轨间感应环线将列车的实时信息(车长、制动率、位置和实时速度等)传输给列控中心。列控中心的计算机计算出它所管辖范围内的列车最大允许速度,并通过感应环线将信息传输给列车,实现对列车的速度控制。另一种方法是控制中心设备和联锁系统将线路、目标速度等信息传输车载设备,由车载设备计算其允许速度,实现列车的速度控制。

②裂缝波导管通信

裂缝波导管是中空的铝质矩形管,上面等间距开有窄缝。无线载频信息沿着裂缝波导管传输时,会通过窄缝向外均匀辐射。设置在裂缝波导管附近的天线可以捕捉到漏泄磁场,通过处理可以得到信息。采用基于裂缝波导管的CBTC系统结构如图6-6所示。

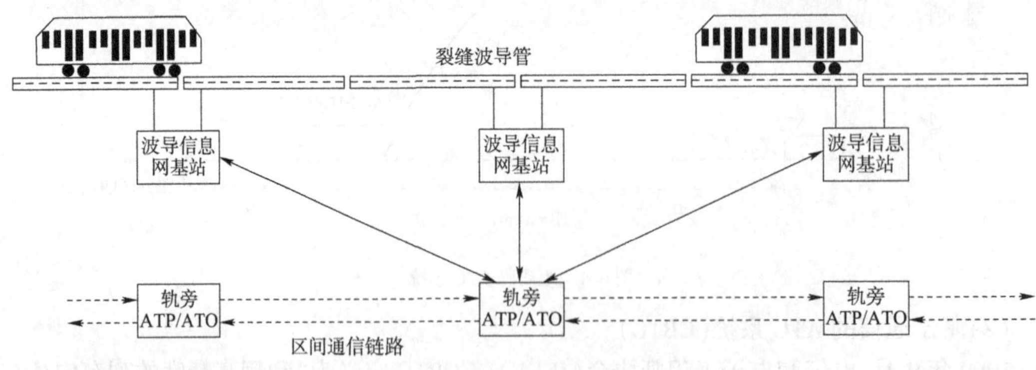

图6-6 基于裂缝波导管的CBTC系统结构

当地面控制中心发出的电磁波沿裂缝波导管传输时,电磁波从裂缝辐射到空中,在其外围产生漏泄电场,列车从中获取信息,从而实现与地面的通信。同理,列车发出的电磁波,在裂缝波导管外围产生漏泄电场,可以耦合到裂缝波导管中,实现与控制中心的通信。

③无线通信

无线通信通常有两种:一是采用移动通信GSM-R(GSM for Railway)作为车—地之间的通

信媒介;二是采用无线局域网(遵循 IEEE 802.11 系列标准)作为车—地之间的通信媒介。城市轨道交通的 CBTC 首选无线局域网,GSM-R 主要用于铁路运输。

如图 6-7 所示,基于无线通信的 ATC 系统沿线设置若干个无线接入点(Access Point,AP),并通过有线通信与位于车站的区域控制器(Zone Controller,ZC)进行通信。区域控制器通过骨干网与控制中心进行通信。

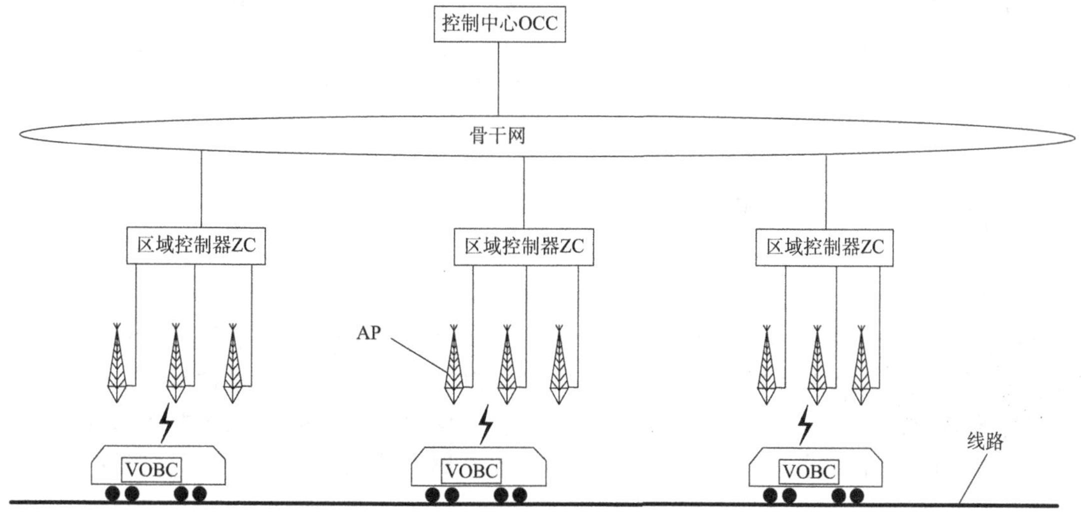

图 6-7　基于无线通信的 ATC 系统

列车通过车载天线、AP 实时与区域控制器进行双向实时通信。列车实时将列车速度和位置等信息传输给区域控制器,区域控制器将该信息通过骨干网传输给控制中心,实现控制中心对列车的监督。同时,区域控制器将前方列车的速度、移动授权(Moving Authority,MA)、限速信息和线路信息等传输给同方向后行列车,后行列车的车载设备控制器(Vehicle On-board Controller,VOBC)根据本身的速度、位置和接收到的信息计算列车速度曲线,实现对列车速度的控制。

基于通信的 ATC 系统主要在移动闭塞线路上使用,因此基于通信的 ATC 系统也称为移动闭塞 ATC 系统。

第 4 节　ATC 系统的后备模式

为保证城市轨道交通能高效、连续、有序地运行,ATC 系统一般设有后备模式,以便系统出现故障时能保证轨道交通的持续运行。

1. 固定闭塞 ATC 系统和准移动闭塞 ATC 系统的后备模式

固定闭塞 ATC 系统和准移动闭塞 ATC 系统均采用轨道电路实现车—地之间的通信,其列车定位方式都是通过车载定位设备(车轴上的测速电机、车载 ATP 计算机、车—地通信设备等)和地面定位设备(轨道电路、环线或应答器等),并结合车载线路数据库的方式来建立列车位置信息。因此当车载信号或地面 ATP 系统故障时,列车所占用的轨道区段仍能通过轨道电路反映在各车站的联锁系统中,因此列车的运行安全是有保证的。此时,根据不同的运营要求,可通过有关车站值班人员的办理,实现自动站间闭塞行车,也可采用由调度员指挥、车站值班员保证,使列车按站间闭塞运行。

固定闭塞和准移动闭塞制式的 ATC 系统可以不用增加设备作为后备模式。当轨道电路出现故障,列车定位无法实现时,可由调度员指挥、车站值班员保证,规定列车根据地面信号机显示按站间闭塞运行;也可增加相应的轨道区段检查设备(如计轴器等),来实现自动站间闭塞行车,保证列车运行的持续性。

2. 移动闭塞 ATC 系统的后备模式

移动闭塞 ATC 系统的列车定位方式是通过车载定位设备和地面辅助定位设备,并结合车载线路数据库的方式来建立列车位置信息。移动闭塞 ATC 系统由于没有预先设置的闭塞分区,不以固定闭塞分区为列车追踪的最小单元,而是以实际运行速度、制动曲线和进路上列车位置,动态计算出相邻列车之间的安全距离。因此,一旦设备出现故障,或未配备车载信号设备的列车(如工程车、救援车等)上线运行时,列车在线路上的位置将失去表示,列车的安全运行将无法得到保证。

为了安全起见,移动闭塞制式的 ATC 系统应采用另外一套的列车定位设备作为后备模式,以满足列车在线路上的位置检测要求。移动闭塞 ATC 系统一般有 3 种后备方案。

(1)具有点式列车速度自动控制功能和计轴站间闭塞的后备方案

当连续数据传输的车—地通信设备故障时,联锁设备可通过计轴器设备确定列车在线路上位置,车载系统能从线路上设置的有源点式应答器(或信标)设备获取列车的绝对位置信息和有关前方列车的占用情况(联锁设备提供),再结合已在车载计算机中存储好的线路地图,计算 ATP/ATO 防护曲线,司机仍可在 ATP 的保护下驾驶列车,仍由 ATP/ATO 保证列车运行的安全。

当车载设备完全故障时,可采用计轴器设备与车站联锁设备完成联锁和自动站间闭塞功能,联锁设备保证列车的运行安全,司机根据地面信号机的显示按站间闭塞方式驾驶列车运行。

(2)计轴站间闭塞的行车后备方案

采用计轴器设备与车站联锁设备完成联锁功能和自动站间闭塞功能,确保列车运行的安全。其设备配置比较简单,在信号机、车站进站口、道岔等关键位置设置计轴器设备,用来完成站间行车的功能,联锁设备保证在后备运营模式下对道岔的安全控制。列车运行在后备模式下,由司机根据地面信号机显示等手段保证列车运行的安全。

(3)基于轨道电路后备方案

此后备方案的列车检测系统是以无绝缘轨道电路为基础,在关键区域,如道岔、车站轨道区域等处安装,结合车站内联锁设备或采用一套与无绝缘轨道电路配套的 ATC 系统完成列车定位和运行控制。

第 5 节　ATC 系统的控制模式

1. ATC 系统的控制模式

ATC 系统的控制模式包括:控制中心自动控制模式、控制中心自动控制时的人工介入控制模式、车站自动控制模式和车站人工控制模式 4 种模式。每一个控制模式说明了对约定车站和列车运行所采取的控制等级,并且在同一时刻 ATC 系统只能处于一种模式。

各种控制模式应遵循一个原则:车站控制优先于控制中心的控制、人工控制优先于自动控制,即车站人工控制优先于控制中心的人工控制、控制中心的人工控制优先于控制中心自动控制和车站自动控制。

(1)控制中心自动控制模式(CA)

在各种信号设备运行良好的情况下,控制中心的 ATS 进路自动设定系统根据列车运行计划(时刻表)和列车运行调整计划自动发出,无需人工干预。控制中心调度员可以对时刻表进行调整,使列车按照调度员的意图运行。

(2)控制中心自动控制时的人工介入控制模式(CM)

在控制中心自动控制时,控制中心调度员可以关闭某个联锁区域或某一指定列车的自动进路设定,直接在控制中心的 ATS 工作站上对列车进路进行控制。

(3)车站自动控制模式

在控制中心设备或通信线路故障时,控制中心无法远程对联锁车站的远程终端进行控制,此时将自动进入列车自动监控后备模式。在该模式下,列车上的 PTI 系统发出带有去向的车次信息,通过远程控制终端 RTU 自动产生进路命令,由联锁设备自动设定进路,自动排列进路。

(4)车站人工控制模式

当 ATS 因故不能设置进路(无论人工方式,还是自动方式),或由于运营上的需要,可在现场操作台上人工排列进路。

车站自动控制模式和车站人工控制模式合称车站控制模式(LC)。当处于车站控制模式时,ATS 系统不能发布进路控制命令,但 ATS 可继续接收信息,更新显示信息。

2. 控制模式的转换

在正常情况下,ATC 系统处于控制中心自动控制模式。每天运营前,调用相应的基本运行图,必要时进行局部修改,作为当天的运行计划,自动控制列车运行。进路命令由 ATS 进路自动设定系统自动发出,控制中心调度员可根据列车的实际运行情况对列车运行计划做出调整。但是在某些情况下,如设备故障或为了处理临时出现的特殊情况,ATC 系统的控制模式会发生转换。

(1)从控制中心自动控制模式到控制中心人工介入控制模式的转换

在运营过程中,控制中心的调度人员可根据需要利用 ATS 设备进行人工控制,如,对全线的列车运行进行调整列车运行、人工进路控制、人工设定列车的识别号等人工干预等。系统会自动记录调度人员的操作。

(2)从控制中心控制模式到车站自动控制模式的转换

控制中心控制模式到车站自动控制模式有两种情况:①当通信系统发生故障时,车站与控制中心失去联系时,ATC 系统自动由控制中心控制模式转换为车站自动控制模式。此时,ATC 系统进入后备运行模式。列车 PTI 设备向远程终端设备 RTU(Remote Terminal Unit)传输列车的车次号、去向等信息,RTU 根据列车的运行情况向联锁设备发出进路命令。②系统正常的情况下,车站值班人员需要向控制中心提出申请,经控制中心同意后才可转换为车站自动控制模式。在该控制模式下,值班员可在车站的本地工作站上将控制区域内部分或全部信号机置于自动状态,车站联锁和 ATS 设备可根据运行图自动排列进路,而其他联锁操作则由值班员人工操作。

(3)从控制中心控制模式到车站控制模式的强制转换

在出现紧急情况时,控制中心控制模式可以强制转换到车站控制模式。此时,车站联锁的所有操作只能由车站值班人员进行操作。

(4)从车站控制模式到中心控制模式的转换

只有当车站值班人员释放权限,且经控制中心确认后,车站控制模式才可转换为控制中心控制模式。

第 6 节　列车驾驶模式及转换

1. 列车驾驶模式

为了保证行车安全和提高运输效率,城市轨道交通存在多种驾驶模式,主要包括列车自动驾驶模式(ATO 模式或 AM 模式)、ATP 监督下的人工驾驶模式(SM 模式或 CM 模式)、限制人工驾驶模式(RM)、非限制人工驾驶模式(关断模式或 URM 模式)和列车自动折返模式(AR 模式)。

(1)列车自动驾驶模式(ATO 模式或 AM 模式)

在 ATO 模式下,列车的运行安全是由 ATP 子系统保证的,列车在区间的运行是自动的,无需司机驾驶,司机只负责监视 ATO 显示。该模式是正线上列车运行的正常模式。列车的启动、加速、巡航、惰性、制动、列车的定点停车、车门、屏蔽门的开启由 ATO 子系统完成,无需司机参与。ATS 的调整命令直接由 ATO 子系统处理,代替司机完成 ATS 的运营调整要求、站台精确停车要求和车站停车管理要求(车门自动打开/关闭、停站时间过后列车出站等)驾驶列车,并确保平稳驾驶。司机只需随时观察 DMI 显示屏,及时处理意外情况。

在 ATO 模式下,ATO 根据 ATP 编码和列车位置生成列车运行的行驶曲线、完全自动驾驶列车;ATO 还能根据到停车点的距离计算出列车的到站停车曲线;ATO 的速度曲线可以由 ATS 的调整命令修改;ATP 系统控制列车的紧急制动。

(2)ATP 监督下的人工驾驶模式(SM 模式或 CM 模式)

SM 模式是一种受保护的人工驾驶模式,列车的运行安全由 ATP 子系统保证。在 SM 驾驶模式下,司机以不超过车载 DMI 显示的 ATP 最大允许速度(目标速度)人工驾驶列车,ATP 子系统实现列车自动防护的全部功能。列车的加速、制动以及开关车门和屏蔽门将在 ATP 的监督下由司机进行操作。ATP 连续监督人工驾驶的列车运行,如果列车超过允许速度将产生紧急制动。ATO 故障时,列车可用 SM 模式在 ATP 的保护下降级运行。

(3)限制人工驾驶模式(RM)

RM 模式时 ATP 限制允许速度的人工驾驶模式,是一种受约束的人工操作。在 RM 驾驶模式下,车载 ATP 限制列车在固定速度 25km/h 下运行,司机根据调度命令和地面信号显示驾驶列车。当列车速度超过 25km/h 时,车载 ATP 设备对列车实施紧急制动,强迫列车停车。列车的安全由 ATP 设备、联锁设备、行车调度和司机共同保证。

这种模式在以下情况下使用:①列车在车辆段范围(非 ATC 控制区域)内运行时;②正线运行中联锁设备或轨道电路或 ATP 轨旁设备或车—地之间通信故障时;③列车紧急制动后。

(4)非限制人工驾驶模式(关断模式或 URM 模式)

非限制人工驾驶模式为全人工驾驶模式,列车的运行安全完全由司机保证,一般在列车信号设备故障时使用。在关断模式下,司机根据调度命令和地面信号对列车进行驾驶,ATP 不参与速度监督。司机必须保证列车的运行速度不超过 25km/h,并监督列车所要通过的轨道、道岔和信号的状态。

(5)列车自动折返驾驶模式(AR 模式)

列车到达折返站时,选用此模式实现列车的自动折返。为使自动折返操作具有高度的灵活性,AR 模式有 ATO 无人驾驶自动折返模式和 ATP 监督人工驾驶折返模式。

折返命令是由 ATS 中心根据需要生成并传输至列车,或由设计固定的 ATP 区域(如终端站)的轨旁单元发出。ATP 车载设备通过接收轨旁报文而自动生成 AR 模式,并在显示设备上显示,司机必须按压“AR”按钮确认折返作业。

若采用无人驾驶折返模式,在司机按下按钮后,列车自动驶入折返轨、改变车头和轨道电路发送方向,并在折返轨至发车站台的进路排列完成后,再次按压 ATO 启动按钮,列车自动驶入发车站台。

若采用人工驾驶折返模式,ATP 将对列车速度、停车位置进行监督,并在列车驶入折返轨后自动改变车头和轨道电路发送方向。

2. 驾驶模式的转换

上述 5 种驾驶模式在满足一定的条件下可以相互转换,并且在转换时列车处于静止状态,否则会引起列车紧急制动。

(1)转换规定

①ATC 系统控制区域与非 ATC 系统控制区域分界处,需设置驾驶模式转换区(或称为转

换轨),转换区的信号设备应与正线信号设备一致。

②驾驶模式转换可采用人工或自动转换方式,并予以记录。采用人工转换方式时,转换区域的长度应大于列车的长度;采用自动转换方式时,应根据ATC系统的性能特点确定转换区域的设置方式。

③ATC系统应具有防止在列车驾驶模式转换区域,未将驾驶模式转换至列车自动驾驶(ATO)模式或列车SM模式,而错误进入ATC系统控制区域的能力。

④为保证行车安全,在ATC控制区域内使用限制模式或非限制模式时应有破铅封、记录或特殊控制指令授权等技术措施。

(2)驾驶模式的转换

①RM模式到SM模式

列车从非ATC控制区域进入ATC系统控制区域,需要从RM模式转换为SM模式。需要满足:列车经过了至少两个轨道电路的分界;报文传输无误;未设置PERM码位;ATP轨旁设备没有发出紧急制动信号;ATP车载设备的限速监控不会在RM模式启动紧急制动。

②SM模式到ATO模式

需要满足的条件:当前轨道区段没有停车点;所有车门都已关闭;驾驶/制动拉杆处于"0"位置;主钥匙开关处于向前位置。当司机按了ATO开始按钮后,ATO车载设备就从SM改变为ATO模式。

③ATO模式到SM模式

转换条件:如果司机把驾驶/制动杆拉离"0"位置,或把主钥匙开关调到非向前状态;ATO控制列车停靠车站的停车点,当列车在车站停稳后;如果列车停在区间,司机用车门许可控制按钮打开车门。

④ATO模式/SM模式切换到RM模式

如果ATP车载设备启动了紧急制动,无须操作就自动从SM模式/ATO模式改变为RM驾驶模式。如果司机还想继续前行,则必须在列车停稳后按RM按钮。

在车辆段的入口处,司机或ATO控制列车停靠在停车点上。如果满足以下条件:列车已停稳,已设置了结束点(END码位),驾驶室的显示屏上就会显示指示,司机可以按RM按钮,就可以从SM/ATO模式转换为RM模式。

⑤SM模式切换到AR模式

满足以下条件:ATP车载设备从ATP轨旁设备接收DTRO(Driverless Train Reverse Operation)状态的信息;ATP车载设备间的通信良好。

⑥AR模式切换到SM驾驶模式

满足以下条件:ATP车载设备间的列车监控的改变是成功的。

⑦AR驾驶模式切换到RM驾驶模式

如果车载设备启动了紧急制动,无须司机的操作,自动从AR模式切换到RM模式。如果司机想继续前行,需要等列车停稳后,司机按RM按钮。

⑧RM驾驶模式切换到关断模式

只有当ATP故障,才会降级到NRM驾驶模式,列车会自动停车。这种模式的转换将被车载计数器记录。

本章习题

1. 简述 ATC 系统的 5 个原理功能。
2. 简述 ATC 系统的结构以及工作原理。
3. 阐述速度码 ATC 系统与距离码 ATC 系统的区别。
4. 简述 ATC 系统的 4 种控制模式。
5. 简述列车的 5 种驾驶模式。
6. 简述移动闭塞下 ATC 系统的后备模式。

第7章　ATP子系统

ATP子系统是ATC系统的一个关键子系统,是通过控制列车的速度来保证列车按照空间间隔制运行的技术方法,承担列车安全运行的重要职责,完成与安全相关的各种任务。其主要功能包括:对列车运行超速的防护、列车的定位、保证列车间的运行间隔、车载信号的显示、故障报警以及与ATS、ATO、车辆系统之间的信息交换。速度控制模式和车—地之间的通信方式是评价ATP子系统的两个重要因素。

ATP子系统是ATC的基本环节,属于故障—安全系统,必须符合"故障—安全"的原则。

第1节　ATP的关键技术

1.列车定位技术

在目标距离模式中,列车位置对于安全性至关重要。如果无法掌握列车在线路中的准确位置,那么就无法保证在抵达障碍物或限制区前方减速或停车。因此,对列车进行定位或距离测量对信号系统来说是极其重要的。

(1)轨道电路定位技术

采用轨道电路对列车进行定位是一项成熟的技术,目前在轨道交通行业得到广泛应用。采用轨道电路将轨道分成若干个轨道区段,每个轨道区段由轨道继电器监督其占用状态。当无列车占用,轨道继电器处于吸起状态;当列车驶入轨道区段,由于轮轴的分流作用,轨道继电器落下。通过实时监督轨道区段是否空闲,可以确定列车是否在该轨道区段内。

采用轨道电路对列车进行定位,具有原理简单、安全性较高等特点,但是存在定位误差大(只能确定列车在轨道区段内,无法确定列车在区段内的具体位置)、后期维护量大等缺点。

(2)计轴器定位技术

计轴器定位技术是以计算机为核心,辅以外部设备,利用统计车辆轮轴数来检测相应轨道区段占用或空闲状态的技术。

计轴器安装在轨道一侧,通过分别检测驶入轨道区段和驶出轨道区段的列车轮轴数来判断轨道区段是否被占用。只要驶入区段和驶出区段的轮轴数量一致,认为列车出清,该区段空闲;否则认为该区段占用。

与采用轨道电路对列车进行定位类似,采用计轴器对列车进行定位同样具有定位误差大等缺点。

(3)应答器定位技术

应答器一般安装在线路上的某个固定处,其在线路中的绝对位置在设计时确定,该位置值可预先存储在地面应答器中。当列车通过地面应答器时,列车上的车载设备就可以得到列车的精确位置,实现列车的点式定位。

应答器定位技术的优点是定位精度较高,在复杂道路上可以正确区分列车的行驶股道,维修费用低、使用寿命长且能在恶劣条件下稳定工作。其缺点是只能给出点式定位信息。应答器定位技术往往作为其他定位技术的补充手段,如与测速设备配合,则用地面应答器来校准因测速设备产生的累积误差。

(4)GPS 定位

GPS 定位系统由卫星、地面监控系统和接收机三部分组成。24 颗(3 颗备用)GPS 卫星分布在 6 个轨道平面上,保证 GPS 接收机在地球表面上任意地点和任何时刻可以接收到 4 颗以上卫星发射的伪距信号。在列车的头部和尾部分别安装 GPS 接收机实现对列车的定位,已成为一项成熟的技术。

卫星发射出无线电信号包括载波信号和测距码。安装在列车两端的 GPS 接收机,可以同时接收 4 颗以上卫星的无线电信号。根据信号传播的单程时间延迟或相位延迟,确定从 GPS 接收机至 GPS 卫星间的距离,进而计算出列车位置。

采用 GPS 对列车定位的优点是可实现全天候连续实时导航与定位,操作简单,抗干扰性能好,设备简单、精度高、成本低、体积小、维护方便,但是其缺点也是明显的,不能区分两组并行的轨道,并且环境适应能力较差。在周围阻挡物多的地方,例如山区、隧道等,GPS 接收机接收不到 4 颗以上卫星的伪距信号,就会对定位的精度产生极大影响。此外,GPS 对卫星的故障十分敏感,一旦一颗卫星失效,就会出现性能恶化。因此必须结合其他定位方法来保证向列车控制中心提供精确、可靠的定位信息。

(5)多普勒雷达定位

采用多普勒雷达对列车进行定位需要在轨道沿线安装多普勒雷达。当列车在线路上运行时,雷达天线向列车发射超高频电磁波,超高频电磁波经车体反射后产生频率偏移(称为差频)并由同一天线接收。根据多普勒原理,差频与列车运行速度成正比。因此,通过多普勒雷达可测定列车运行速度,然后通过对速度的积分确定列车的位置。

采用多普勒雷达对列车进行测速和定位优点是克服了车轮磨损、空转或滑行等造成的误差,可以连续测速、测向和定位;缺点是多普勒雷达的抗干扰要求比较高,如多普勒雷达发射的 10 ~ 24GHz 信息不能受杂物遮挡,甚至空气中杂质的影响,并且安装工艺复杂。

(6)基于无线扩频通信的列车定位

无线扩频通信定位技术的基本原理是在地面沿线路设置无线基站,无线基站不断发射带有其位置信息的扩频信号。列车接收到由无线基站发送的扩频信息后,求解列车与信息之间的时钟差,并根据该时钟差求出与无线基站之间的距离,同时接收 3 个以上无线基站的信息就可以求出列车的即时位置。

2. 测速技术

列车运行速度的测量非常重要,列车实际运行速度是速度控制的依据,该速度值的精确度直接影响调速的效果。

对列车运行速度进行测量的方法可分为两类:车载设备自测和系统测量。车载设备自测所用设备有测速发电机、路程脉冲发生器、光电式传感器和霍尔脉冲转速传感器等,它们安装在动力车辆的轮轴上;系统测量是指单独的测速系统,如卫星测速系统和雷达测速系统等。

(1)测速发电机

测速发电机安装在轮轴上,它发出的电压与车辆的速度成正比。测速发电机简单,但在低速范围内精度较差,可靠性也不高。

(2)路程脉冲发生器

路程脉冲发生器的核心是一个16极的凸轮,随着车轮的转动,产生一系列脉冲,只要在一定时间内记录下脉冲的数量,即可换算成列车的实际速度。

(3)光电式传感器

光电式传感器有一个多列光盘圈。随着车轮的转动,光线不断通过和被阻挡,采用光电传感技术将光转换为电脉冲。光电传感器通过记录脉冲数量来测量车速。

(4)霍尔式脉冲转速传感器

当车轮转动时,霍尔式脉冲传感器会产生一个频率,该频率正比于车轮转速。霍尔式脉冲传感器需要采用两路测速,两套传感器分别安装在不同车轴和不同的侧面,以提高测量准确性和测量精度,并对车轮空转、打滑等引起的误差进行修正。

3. 车—地之间通信技术(TWC)

由于列车具有移动的特点,如何及时将列车上的信息发送到地面以及地面信息如何及时传输到列车一直是轨道交通信号控制系统中的核心问题,是信号系统中必须解决的问题。

(1)轨道电路技术

采用模拟音频轨道电路或数字编码轨道电路,可以向列车传输许多信息,如线路信息、前行列车所在位置以及限速信息等。但是,所传递的信息有限,并且传递是单方向的,只能地面向列车传输信息。

(2)应答器技术

采用应答器可以实现地面向列车传输信息,但是只有当列车通过地面应答器时才可实现信息的传递,无法做到信息的连续传输。

(3)轨间电缆感应环线技术

轨间电缆铺设在轨道中间,通过电磁感应原理实现车与地之间的双向连续通信。通过感应环线,地面可以连续向列车传输有关线路坡度、曲线半径、道岔位置、线路限速及长度等信息。此外,列车也可将实时信息,如车长、制动率、位置和实时速度等,传输给列控中心。

(4)裂缝波导管技术

裂缝波导管是中空的铝质矩形管,当无线载频信息沿着裂缝波导管传输时,会通过窄缝向外均匀辐射。当地面控制中心发出的电磁波沿裂缝波导管传输时,电磁波从裂缝辐射到空中,在其外围产生漏泄电场,列车从中获取信息,从而实现地面与列车之间的通信;同理,列车发出的电磁波,在裂缝波导管外围产生漏泄电场,可以耦合到裂缝波导管中,实现列车与地面的通信。

(5)无线通信技术

采用无线通信技术可以实现双向、大容量、连续的车与地之间的通信。目前,比较成熟的技术有两种:无线局域网技术(WLAN)和全球移动通信技术(GSM)。WLAN 技术标准遵循 IEEE802.11 国际标准,用于城市轨道交通。GSM 主要用于铁路,即通常所说的 GSM-R。通过 WLAN 技术,列车和地面之间可以实现双向大容量通信,列车可以实时向地面传输列车的实时信息,如列车的位置、列车的速度、列车的车次号等。地面也可以向列车传输诸如线路的坡度、曲线半径、距离追踪目标的距离、前行列车的速度、临时限速等信息。

第 2 节　ATP 的组成和基本原理

1. 点式 ATP 子系统的组成及基本原理

点式 ATP 子系统的设备主要由车载设备、车载应答器天线、地面应答器等设备组成。地面应答器主要安装在信号机旁(有源应答器)或者线路中(无源应答器)固定位置。位于信号机旁的应答器通过轨旁电子单元 LEU 与信号机相连。

如图 7-1 所示,当列车驶过地面应答器时,地面应答器向列车传输该信号点的允许速度、目标速度、目标距离以及前方线路信息等。车载设备根据应答器传输的信息计算两个信号点之间的速度监控曲线,控制列车运行。当列车在 A 点处的速度超过常规制动曲线规定的速度时,列车开始常规制动,保证在安全停车点处停车。若列车在 A 点的速度大于常规制动曲线规定的速度而没有采取常规制动时,则在 B 点列车开始紧急制动,保证列车在危险停车点处停车。

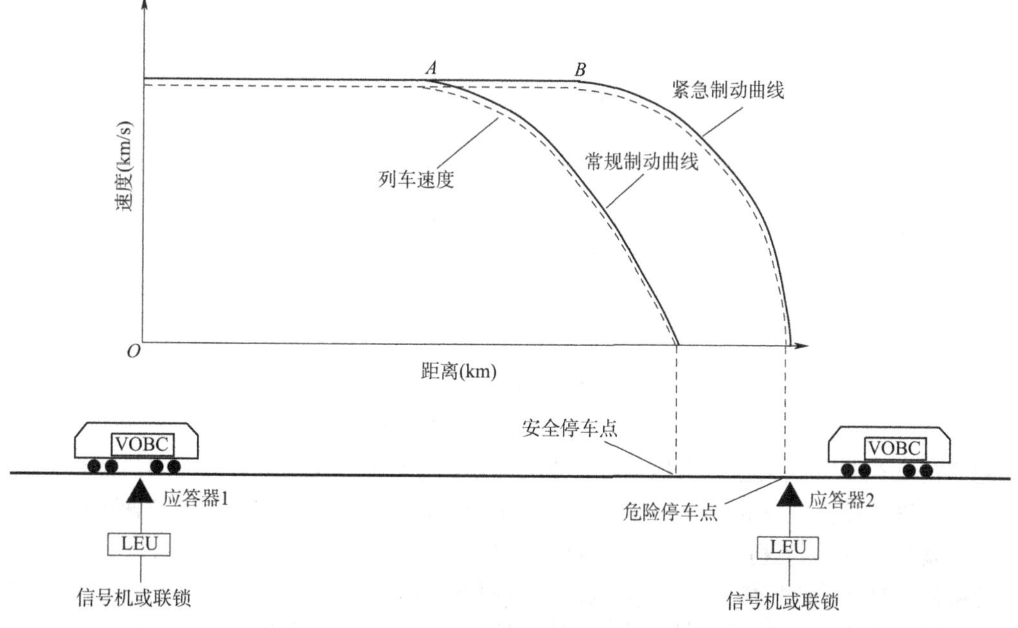

图 7-1　点式 ATP 基本原理

点式 ATP 子系统车—地之间的通信是通过铺设在轨道线路上的应答器和安装在列车底部的应答器天线进行通信的，只有列车通过应答器时才进行通信。

点式 ATP 子系统的速度控制模式采取一次性连续速度控制模式，只有当列车通过下一个应答器时，速度曲线才会改变。

2. 连续 ATP 子系统的组成和基本原理

连续 ATP 子系统有速度码 ATP 子系统和距离码 ATP 子系统两种形式。

(1) 速度码 ATP 子系统

速度码 ATP 子系统由车载设备、工频轨道电路或移频轨道电路、轨旁控制单元、与 ATS、ATO 以及联锁设备的接口设备等组成。

速度码 ATP 子系统一般采取工频轨道电路或移频轨道电路。轨道电路一方面通过检查轨道电路的状态实现对列车的定位，另一方面承担着将车—地之间通信的通道作用。

轨旁单元传输给列车的信息主要是速度等级信息（通过轨旁的信号灯或传输到列车上的机车信号），车载设备对列车速度的控制采取阶梯式速度控制方式，即以一个闭塞分区为单位，根据列车运行的速度等级对列车运行进行速度控制。阶梯式分级速度控制分为超前速度控制和滞后速度控制，如图 7-2 所示。

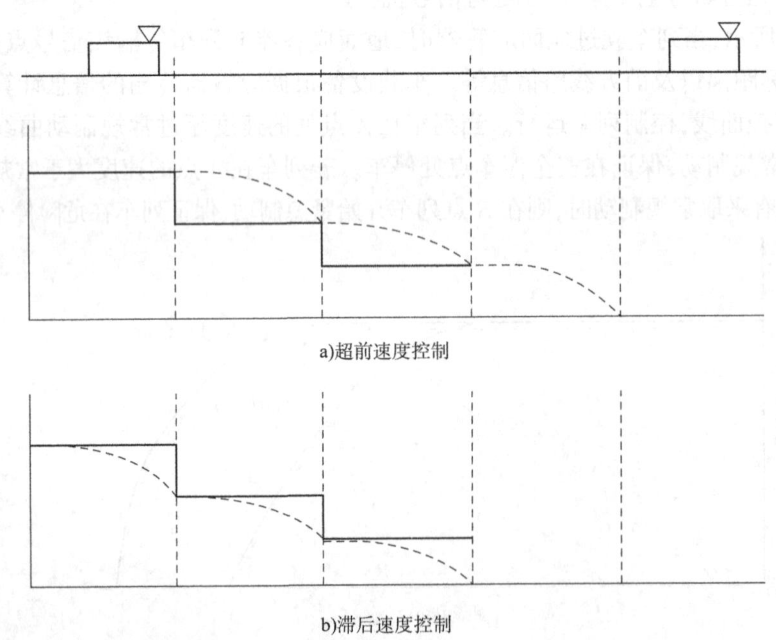

图 7-2　阶梯式分级速度控制

超前速度控制方式又称为出口速度控制方式，给出列车的在闭塞分区的出口速度值。

滞后速度控制方式又称为入口速度控制方式，给出列车在闭塞分区的入口速度值，监控列车在本闭塞分区的运行速度不超过给定的入口速度。

速度码 ATP 只是对每一个闭塞分区的入口速度或出口速度进行控制，对列车的速度控制是不连续的。速度码 ATP 子系统通常在以固定闭塞行车组织方式中使用。

(2)距离码 ATP 子系统的组成

根据车—地之间所采用的通信介质不同,距离码 ATP 又可分为基于轨道电路的 ATP 和基于通信的 ATP 两种。

基于轨道电路的 ATP 子系统设备主要由车载设备、数字编码轨道电路、轨旁单元、与其他子系统的接口设备等组成。

基于轨道电路的 ATP 采用数字编码轨道电路进行车—地之间的通信。数字编码轨道电路采用报文形式将地面信号(目标距离、线路信息、临时限速信息等)传输给列车车载设备,车载设备根据车辆的当前速度、列车的性能、接收到的信息生成一次性列车制动曲线。如图 7-3 所示。

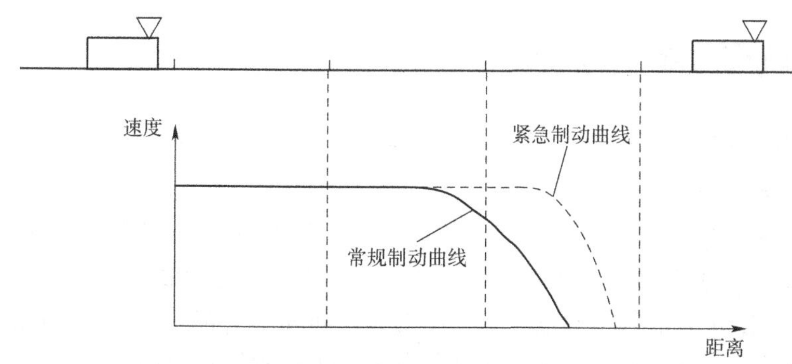

图 7-3　基于轨道电路的 ATP 速度控制曲线

基于数字编码轨道电路 ATP 通常在以准移动闭塞为行车组织方式的城市轨道交通系统中使用。

基于通信的 ATP 采用有线(感应环线、裂缝波导管等)或无线方式实现车—地之间的实时双向连续通信。

基于通信的 ATP 子系统主要设备由车载设备、轨旁设备(基于有线通信的轨旁设备为列控中心、基于无线通信的轨旁设备为区域控制器)和通信设备等组成。其中车载设备和轨旁设备硬件体系结构上采用三取二结构或二乘二取二结构。

在列车的运行过程中,车载设备通过通信介质将列车所在的位置、当前速度等动态信息实时传输给轨旁设备,轨旁设备在接收到管辖范围内列车的动态信息后,实时计算列车到追踪目标的距离,并将距离、追踪目标的允许速度等信息传输给列车。列车车载设备在接收到此信息后,根据列车的性能、速度实时计算出列车的速度监督曲线。基于通信的 ATP 速度控制如图 7-4 所示。

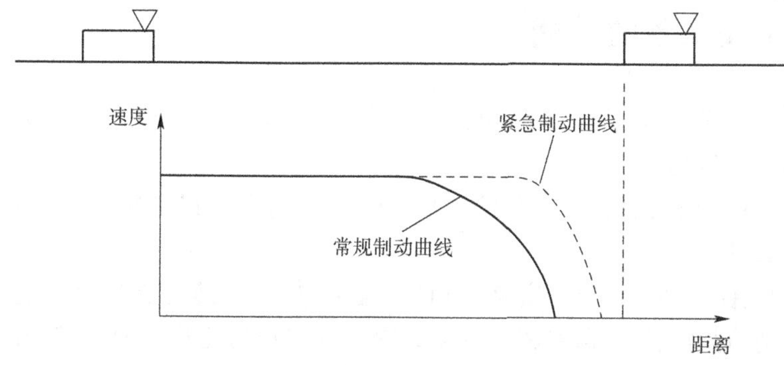

图 7-4　基于通信的 ATP 速度控制

基于通信的 ATP 子系统通常在以移动闭塞作为行车组织方式中的城市轨道交通系统中使用。

第 3 节　ATP 子系统的主要功能

ATP 子系统的主要功能包括:检测列车位置、停车点防护、列车的速度监督(超速防护)、列车运行追踪间隔控制、临时限速、测速测距、车门控制、记录司机操作等。

1. ATP 轨旁设备的功能

ATP 轨旁设备主要负责列车安全间隔和报文的生成,以及对列车发布移动授权许可。

(1)列车安全间隔功能

列车安全间隔功能负责保持列车之间的最小安全距离,还负责发出移动授权许可。

在采用工频轨道电路的固定闭塞 ATP 子系统中,列车之间的最小安全距离由轨道电路确定,移动授权许可由轨旁信号机通过显示不同的颜色向列车发布移动授权,即允许列车以规定的速度进入信号机所防护的闭塞分区;在采用数字编码音频轨道电路的准移动闭塞 ATP 子系统中,列车最小安全距离在设计时确定,移动授权通过数字编码轨道电路以报文的形式发送给列车;在基于通信的 ATP 子系统中,列车最小安全距离在设计时确定,移动授权许可通过车—地之间的通信设备传输给列车。

列车之间的最小安全距离提供了在安全停车点与危险停车点之间的最短距离,保证列车不会因为测量误差、计算误差等各种误差而导致列车越过危险停车点,从而保证列车的运行安全。

(2)报文生成

ATP 轨旁设备在收到各种数据后,完成整理数据、准备和格式化后传输到 ATP 车载设备。

在采用模拟轨道电路的 ATP 子系统中,轨道电路传输给列车的是频率信号,不存在报文的生成;在采用数字编码轨道电路的 ATP 子系统中,数字编码轨道电路中的调制模块生成 ATP 车载设备需要的格式报文,生成的报文总是与列车运行方向相反的方向馈入轨道电路;在 CBTC 系统中,报文的生成由区域控制器 ZC 或列控中心设备生成,并传输给列车。

2. ATP 车载设备的功能

车载设备负责列车安全运行,并提供信号系统和司机之间的接口,主要包括以下功能:

(1)ATP 命令解码功能

地面信号传输到车载设备时,车载设备要将报文进行解码,以实现 ATP 的各种功能。

(2)ATP 监督功能

ATP 监督功能保证列车运行的安全。ATP 监督功能包括:速度监督、方向监督、后退监督、车门监督、紧急制动监督、报文监督和设备监督等。各监督功能管理列车安全的一个方面,并在各自的权限内实施紧急制动,提供最大限度的列车安全防护。

①速度监督

速度监督功能是超速防护的基础,是最重要的功能。如果列车的实际速度超过允许速度加上一个速度偏差值时,列车实施紧急制动。该偏差值可以进行修改,并在系统设计时确定。

车载ATP的速度监督功能由7个速度监督子功能组成:停车点速度监督、最大列车允许速度监督、RM速度监督、线路允许速度监督、限制速度起始点的监督、进入速度监督和没有距离同步的监督。每个子功能选定一个专用的以速度为基准的安全标准。

a. 停车点速度监督。

停车点速度监督以保证列车停在停车点为目的。在SM驾驶模式、ATO驾驶模式和AR驾驶模式中,每当前方列车占用的轨道区段内有安全停车点或危险停车点,该监督都有效;在RM驾驶模式中,该监督无效。

b. 最大列车允许速度监督。

最大列车允许速度监督以限制列车实际运行速度不超过最大列车允许速度为目的。最大列车允许运行速度与车辆有关,存储在车载ATP车载单元中。

c. RM速度监督。

RM速度监督以列车实际运行速度不超过允许值为目的(如25km/h),该速度监督只在RM驾驶模式中有效。RM限制速度在系统设计时确定,并存储在车载ATP车载单元中。

d. 线路允许速度监督。

线路允许速度监督以列车实际运行速度不超过线路允许速度为目的。线路允许速度是随着列车的位置改变而改变的。

e. 限制速度起始点的监督。

限制速度起始点的监督用于保证列车在限制区段起始点就按照速度限制运行。在SM模式、ATO模式和AR模式中,当前行列车占用区段内的限制速度存在时,该监督有效。

f. 进入速度监督。

进入速度为列车进入前方下一轨道区段的最大允许速度,它考虑到下一轨道区段可能存在的任何停车点、可能存在的线路速度限制起始点、下个进入速度等。

进入速度监督用于保证列车速度同下一轨道区段的最大允许速度及以后的目标一致。该速度监督功能在RM模式中无效。

g. 没有距离同步的监督。

没有距离同步监督提供安全速度监督,这种监督是特殊情况下不能得到距离同步,而ATP车载设备准许在SM或ATO模式而不在RM模式中进行的监督。

距离同步的丢失是由于触发紧急制动时列车处于不稳定的状态,或列车已经在线上运行时才打开ATP车载电源而引起的。

②方向监督功能

方向监督功能的作用是监督列车在"反方向"运行中的任何移动,如果此方向的移动距离超过规定值,那么就会实施紧急制动。"反方向"运行移动距离的监督是累计完成的。方向监督不考虑列车的移动是由牵引动力引起的,还是由斜坡的滑动造成的,不论移动是故意的或是偶然的。如果列车"反方向"运行时,列车的尾部可能通过防护列车的危险点,从而造成安全隐患。

当列车在坡度较大的上坡道启动时，允许列车稍微向后滑行一点；如果列车超过预先设定的停车位置，允许司机反方向实施一段距离移动。允许反方向移动的最大距离值在 ATP 车载设备中设定。

在制定最小安全距离时必须考虑允许列车“反方向”运行的距离。

③后退监督功能

后退监督功能防止列车后退超过某特定的距离。列车后退距离的累加减去几次短暂前行的距离不能超过规定的距离(3m)。假如超过此距离，列车将通过 ATP 实施紧急制动，确保列车不后退。

④车门监督功能

ATP 车载设备从车门控制器的接点获取列车车门的状态信息。当车载设备检测到列车在移动，而车门没有锁在关闭状态，车门监督功能就会实施紧急制动，以保证旅客的安全。

为了防止车门控制器的接点由于断续操作或振动而传输的错误信号，司机可通过按压紧急车门按钮而断开车门监督功能。此时，司机完全负责并保证在随后运行阶段的安全。当从车门控制器接点再次接收到“全部车门关闭”信号，车门监督功能自动恢复。

⑤紧急制动监督

紧急制动监督功能保证在接收到紧急制动报文时，在最短的距离内停车。紧急制动一般发生在列车实际速度超过最大允许速度值加上规定的误差时，或者按压车站内的紧急停车按钮时。

出现下列情况之一时，ATP 车载设备实施紧急制动：

a. 列车实际速度值超过最大允许速度加上规定的误差；

b. 超过车辆的最高允许速度；

c. 位于站台的紧急停车按钮引起的紧急停车；

d. 车—地之间传输故障，运行距离超过 10m 和时间超过 5s；

e. 启动方向错误，车辆后退；

f. 列车运行时打开车门；

g. ATP 车载设备全面故障。

⑥报文监督功能

报文监督功能是实时监测地面设备传输的报文。如果监测出报文中断持续时间超过 3s，或在此期间列车运行超过规定距离(一般 10m)，报文监督功能会触发紧急制动。

⑦设备监督功能

设备监督功能实现对 ATP 车载设备是否正常工作的监督，确保设备故障时的列车安全。一旦检测出车载设备故障，就会触发紧急制动直到列车停止运行。此时，司机强制关闭 ATP 功能，然后按照运营控制中心的命令驾驶列车。

3. ATP 传输功能

ATP 传输功能负责发出报文信号，包括报文和 ATP 车载设备所需要的其他数据。当音频轨道电路区段空闲时，二进制编码顺序为音频轨道电路内预设的顺序；当音频轨道电路区段显示占用时，二进制编码顺序为 ATP 报文功能产生的相应报文。每个占用的音频轨道电路产生单独的报文。

ATP 传输功能的输入来自 ATP 轨旁功能的要传输的报文和相应选择传输方向的控制信号。

4. ATP 状态功能

ATP 状态功能负责根据实际情况选择正确的状态和模式。在列车有电的情况下，车载设备有 3 种状态：激活状态、待用状态、备用状态。其中，备用状态是暂时的状态。

当 ATP 车载设备负责监督列车时，ATP 车载设备处于激活状态；当关闭 ATP 功能时，ATP 车载设备处于待用状态；当用钥匙初次激活 ATP 车载设备时，ATP 车载设备启动自检测，此时，ATP 车载设备处于备用状态，当检测完毕后，车载设备进入激活状态或待用状态。

5. ATP 服务/自诊断功能

负责采集、存储、记录、调用列车数据、状态信息，为 ATP 监督提供服务，完成车载设备的自诊断。

6. 车门释放功能

车门释放功能保证当显示安全时，允许打开车门。根据站台的布置，车门释放可以在站台的任意一侧或两侧。

在列车停稳时，司机可按下车门紧急按钮关闭车门监督功能，此时司机必须完全负责车门的安全操作。

7. 距离同步功能

ATP 轨旁功能记录音频轨道电路的占用情况，然后 ATP 轨旁功能向列车传送有关在报文中音频轨道电路占用经过的时间信息。这个时间信息考虑到包括允许检测、列车检测功能相关的传输延误、地对车传输相关的处理和传输延迟在内的余量。

接收到 ATP 轨旁功能的同步化信息，距离同步化功能就通过计算在报文中消逝时间内列车运行的距离来计算列车前方的位置。

8. 速度/距离功能

速度/距离功能基于测速单元的输入，负责测定列车的运行速度、运行距离和运行方向。对于采用数字音频轨道电路的 ATC 系统，距离是根据各轨道电路的始端来测量的，并通过使用测速单元的输出和固定数据（车轮直径）来确定；对于移动闭塞的 ATC 系统，距离根据测速单元的输出和固定数据(车轮直径)计算而确定,并通过分布在轨道上的应答器进行校正。

9. 报文同步/同步定位环线检测功能

报文接收/同步定位环线检测功能的一个作用是从 ATP 轨旁功能接收和解码报文信号。通过安装在列车驾驶室底部的接收天线接收报文。当 ATP 车载单元一打开,此功能对各有效传输频率进行搜索,直到它识别出基于接收信号幅值的、当前列车所在的音频轨道电路使用的频率。一旦该频率被搜索到且接收到报文,下一音频轨道电路的音频就会从报文数据中得到。

如果报文接收功能确定在传输中出现错误,会以报文无效为由而拒收报文。在特定时间/距离内若没有接收到报文,就会触发紧急制动。

10. 本地再同步功能

对于列车位置的高精度要求,本地再同步功能通过使用预定的同步基准点(同步定位环线的交叉点)实现距离再同步。列车一旦达到第一个同步基准点,就会精确知道列车的位置。

11. 折返/改换驾驶室功能

在列车折返时,要求司机改换驾驶室。改换驾驶室引起列车前部和后部的互换,ATP 车载设备必须相应调整位置信息。

12. 司机人机接口(MMI)功能

MMI 提供司机与信号系统之间的接口。通过 MMI,司机可以根据 ATP 系统的指示驾驶列车。MMI 的功能主要包括:

(1)信息显示功能

MMI 向司机提供驾驶列车所需要的全部信息,包括:列车实际速度、允许速度、目标速度/距离信息、驾驶模式、驾驶状态(牵引、惰性和制动)、列车折返运行、列车停车位置、车门状态、列车车门打开一侧的显示、关门指令、出站指令、实施紧急制动、设备故障信息等。

(2)报警功能

当列车速度/位置超过警告速度曲线时发出音响报警。

第 4 节　ATP 的基本工作原理

1. 列车检测

列车检测是指对列车在线路上位置的检测。当采用轨道电路对列车位置进行检测时,轨道电路空闲时,发送轨道电路检测电码,此时轨道电路的功能是检测是否空闲。

在基于通信的 ATC 系统中,对列车的检测通常采用速度传感器进行距离计算,并且在某些固定地点(如应答器的安装地点)对计算误差进行校正。

2. 列车自动限速

连续式 ATP 系统利用数字音频轨道电路、有线通信设备或无线通信设备,地面连续向列车发送数据,允许连续监督和控制列车运行。

ATP 轨旁单元在获得数据后传输至 ATP 车载设备。数据主要包括目标速度和目标距离、最大允许线路速度和线路坡度。ATP 车载设备通过此数据计算现有位置的列车允许速度,并显示给司机。

ATP 车载设备将列车实际速度与列车允许速度进行比较,当列车速度超过允许速度时,ATP 车载设备发出制动命令,发出报警后控制列车进行常用制动或实时紧急制动,使列车自动地制动;当列车速度降至 ATP 所指示的速度以下时,便自动缓解。

3. 目标速度和目标距离

轨旁设备根据检测到的列车位置信息,给其控制范围内的列车生成一个“目标距离”,再由轨道电路、有线通信设备或无线通信通信设备生成报文,发送给列车,告知列车前方有多个空闲区段或与前行列车的距离。ATP 车载设备在接收到目标距离后,根据存储器里的信息,决定列车的运行速度和可以运行的最远距离,确保列车的安全。

列车的实际速度不断与计算出来的最高速度进行比较,如果实际车速超过最高速度,则自动启动紧急制动。

4. 制动模式

列车的制动控制模式分为分级制动模式和一级制动模式。

分级制动模式是以闭塞分区为单元,根据下一闭塞分区的轨道电路传输的速度等级或与前行列车的运行距离来调整列车速度。分级制动模式又分为阶梯式和曲线式。

阶梯式分级制动模式俗称“大台阶式”,是将一个列车的全制动距离划分为 3 ~ 4 个闭塞分区,每一闭塞分区根据与前行列车的距离来确定限速值。当列车速度高于限速值时,列车自动制动。固定闭塞制式的 ATC 通常采用阶梯式分级制动模式。

曲线式制动模式是由车载设备根据闭塞分区提供的允许速度值以及列车参数和线路参数计算出一条制动曲线。准移动制式的 ATC 通常采用曲线式分级制动模式。

一级制动是根据目标距离制动的。根据距离前行列车的距离和前行列车的速度、或距离前方车的距离,由列车控制中心或车载设备根据目标距离、列车参数和线路参数计算出列车制动模式曲线,按照制动模式曲线控制列车运行。移动闭塞制式 ATC 通常采用一级制动模式。

5. 测速和测距

ATP 的主要功能是防止列车超速和保持列车之间的追踪间隔距离,因此列车速度和运行距离的测量对 ATP 系统而言是十分重要的,没有对速度和距离的准确测量,ATP 是无法实现对列车速度的防护和保持列车之间的追踪间隔距离。

列车的速度测量有车载设备自测和系统测量两种方法。设备自测有测速发电机、路程脉冲发生器、广电传感器和霍尔式脉冲转速传感器等。具体技术见本章的第 1 节相关内容。

测距是通过测速和轮径完成的,距离测量系统记录车轮旋转的次数,考虑运行速度和车轮直径,计算出列车走行的距离。距离测量系统利用两个测速传感器测得的数据,通过两个通道进行比较。如果结果不一致,为可靠起见,取其中的最大值。

由于车轮的轮径存在磨损以及车载设备固有的计算误差,因此必须对距离误差进行校正。在基于轨道电路制式的 ATC 系统中,当列车经过轨道电路的分界点时,距离测量被同步,即列车的位置更改为轨道电路的分界点所在的位置,以轨道电路的分界点为起点重新计算列车的走行距离。在基于通信制式的 ATC 系统中,当列车经过应答器时,将应答器所在的位置作为列车的位置,列车以应答器所在的位置为起点重新计算列车的走行距离。

6. 常用制动和紧急制动

ATP 车载设备具备常用制动和紧急制动两级防护控制能力。常用制动失败后,可施行紧急制动。

常用制动是直接控制列车主管压力使列车制动和缓解,不影响原有列车制动系统的性能。常用制动缩短了制动空走时间,大大降低了制动时的纵向冲击加速度,使列车运行更安全和舒适;紧急制动是将压缩空气全部排入大气,使副风缸内压缩空气很快推动活塞,实施制动,使列车很快停下来。紧急制动时,列车冲击大,中途不能缓解,充风时间长,不能使列车安全平稳运行。

由于紧急制动可能会导致不能接受的距离误差,因此实施紧急制动后,ATP 车载设备不允许保持在 SM、ATO 或 AR 驾驶模式。在紧急制动取消后,列车只可采用 RM 驾驶模式。在 RM 驾驶模式下,当 ATP 车载设备接收到的报文和距离同步再次得到满足,即可向 SM 驾驶模式转换。

7. 速度限制

速度限制分为固定限速、临时限速、在道岔或道岔前方的限速、具有短安全轨道停车点的限速等。下面主要介绍前两种速度限制形式。

(1)固定限速

固定限速与列车和线路的几何形状相关,限速值在设计阶段确定。车载 ATP 和 ATO 都存储整条线路上的固定限速信息,速度梯降为 1km/h。

(2)临时限速

在轨道交通运营过程中,难免会出现线路维修等情况,为保证施工人员的安全,需要对施工现场区段临时限速。临时限速区段一般在某个区段内,如一个或多个轨道电路区段。

在紧急情况下,通过特殊速度码,可立即将任何一段轨道电路区段的速度限制值设置为25km/h,也可以通过地面应答器将限速区段的限速值传输给列车。

ATP 通过设置区域限速或闭塞分区限速来设置速度限制。

①区域限速

区域限速可由 ATP 轨旁设备设置,也可在需要时由控制中心设置,控制中心只能复位控制中心设置的区域限速。如果控制中心离线或通信失败,则本地轨旁设备可直接设置区域限速。

②闭塞分区限速

闭塞分区限速是对单独的轨道电路设置最大的线路速度和目标速度。通过 ATP 轨旁设备可设置轨道电路的最大允许速度。

控制中心可以确定和解除临时限速。解除时,需要执行一套安全防护措施。

8. 停站

(1)车站程序停车

线路上的车站都有预先确定的停站时间。ATS 监督列车时刻表,计算需要的停站时间以保证列车正点到达下一个车站。车站的停站时间通过集中站 ATS 传送给列车,控制列车在车站的停站时间。

(2)车站定点停车

车站定点停车是靠一组地面标志线圈(或者环线)提供至停车点的距离信息,标志线圈的数量一般为 3 ~4 个。距定点停车点 350m 处设置外方标志器对,距 150m 处设置中间标志器对,距 25m 处设置内放标志器,距 8m 处设置站台标志器。标志器对布置如图 7-5 所示。

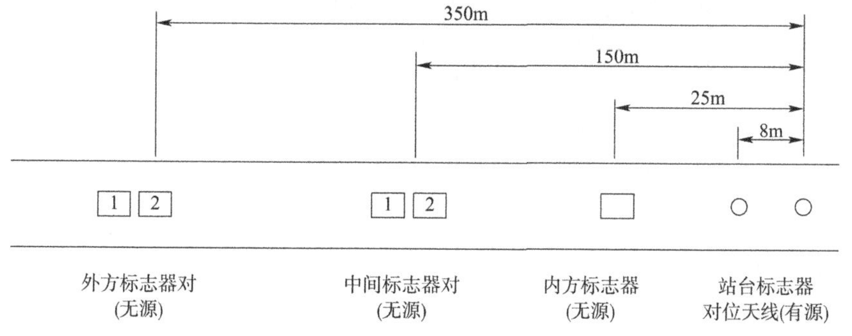

图 7-5　标志器对布置示意图

当列车正向运行经过 350m 标志线圈时,列车接收停车标志信息,启动定点停车程序,产生第一制动模式曲线;当列车到达中间标志器时,产生第二制动曲线,并对第一阶段制动进行缓解控制;当列车收到内方标志器传来的停车信息时,产生第三制动曲线,列车再次进行缓解控制;列车收到站台标志器送来的信息时,即转入停车模式,产生第四制动模式曲线,列车再次缓解控制。经过多次制动、缓解控制,确保列车定位停车的精度控制在规定的范围内。当车载定位天线与地面定位天线对齐时,收到一个频率信号,立即实施全常用制动,将车停住。在整个过程中,ATP 实时对列车的速度进行监控,确保列车的实时速度不超过制动曲线规定的速度。

9. 车门控制

通常情况下,列车没有停稳靠在站台时,ATP 不允许车门开启。当列车在车站的预定停车区内停稳且停车点的误差在允许范围内时,地面定位天线会收到车载定位天线发送的停稳信号,列车从 ATP 轨旁设备收到车门开启命令,ATP 才允许车门操作。

列车停站时间结束(或人工终止),地面停站控制单元启动 ATP 轨旁设备,停发开门信号,由司机关闭车门,同时关闭屏蔽门。

本章习题

1. 简述连续式 ATP 系统的组成。
2. 简述 ATP 系统的功能。
3. 简述 ATP 系统中的关键技术。
4. 填空题

(1)评价 ATP 系统有两个重要因素,分别是________和________。

(2)对列车进行定位的技术包括:________、________、________、________、________、________。

(3)车—地之间的通信技术包括:________、________、________、________和________。

(4)连续式 ATP 系统有________和________两种形式。

第 8 章　ATO 子系统

ATO 子系统主要实现“地对车的控制”，即用地面信息实现对列车的驱动、制动的控制，包括列车自动折返，按照控制中心下发的指令自动完成列车的启动、牵引、惰性和制动，以及送出车门和屏蔽门的同步开关信号，使列车按最佳工况正点、安全和平稳运行，达到高质量的自动驾驶、列车运行的高效率和节约能源的目的。

在 ATC 系统中，ATO 子系统属于非“故障—安全”系统。

第 1 节　基本概念和系统组成

1. ATO 基本概念

ATP 子系统和 ATO 子系统是两个紧密相连的两个子系统。ATP 子系统是轨道交通列车运行时必不可少的安全保障，ATO 子系统的主要目的是模拟最佳司机的驾驶，实现正常情况下高质量的自动驾驶，提高列车的运行质量（准点、平稳），节约能源。

ATO 子系统取代司机人工驾驶，实现列车自动驾驶，有效提高了城市轨道交通的运营效率，是城市轨道交通运营作业自动化的重要体现。

与 ATP 子系统一样，ATO 子系统也载有线路的有关信息。ATO 可根据接收到的地面信息、列车信息和线路信息对列车控制指令进行优化，以提高列车的运行质量。同时，ATO 能够与车站内的 ATS 子系统进行双向通信，保证实现最佳的“按图运行”。

2. ATO 子系统的组成

与 ATP 子系统的组成类似，ATO 子系统由 ATO 轨旁设备和 ATO 车载设备两部分组成。ATO 子系统通常与 ATP 子系统采用相同的轨旁设备，接收与列车运行有关的信息。

（1）ATO 车载设备

ATO 车载设备主要设备包括列车两端驾驶室内的 ATO 控制器、司机控制台、安装在驾驶室车体下的 2 个车载 ATO 接收天线和 2 个 ATO 发送天线。除此之外，车载设备还包括 ATO 附件，这些附件用于速度测量、定位和司机的接口。ATO 车载设备通常与 ATP 车载设备安装在同一个机架内。

ATO 车载设备是 ATO 子系统的核心组成部分，包含硬件和软件两部分。ATO 车载设备从 ATP 车载设备获取列车位置和列车速度等信息，软件部分对这些信息进行处理，计算出列车当前需要的牵引力或制动力，向列车牵引系统或制动系统发出请求。列车牵引系统或制动系统在接收到请求后，向列车施加牵引或制动力，实现对列车的运行控制。

ATO 车载设备与地面设备之间的信息交换通过 ATO 车载天线完成，以实现 ATO 子系统与 ATS 子系统之间的信息交换。ATO 车载天线安装列车第一列编组的车体下，它接收 ATS 子系统的信息，同时向 ATS 子系统发送有关的列车状态信息。

列车向地面发送的信息包括：列车识别号信息（识别号信息包括列车的车组号、车次号、目的地编码等）、列车的运行方向、列车车门状态、车轮磨损信息、列车车轮打滑和空转、车载 ATO 设备状态和报警信息等。地面向列车发送的信息包括：列车开关门指令、列车车次号确认、列车测试指令、门循环测试、主时钟参考信号、跳停/扣车指令、列车运行等级、移动授权等信息。

（2）ATO 轨旁设备

ATP 轨旁设备通常兼作 ATO 轨旁设备，用于接收与列车自动运行相关的信息。

ATO 还具有定位停车系统，为列车提供精确的位置信息。定位停车系统包括车底部的标志线圈和对位天线，以及每个车站 ATC 设备室内的车站停车模块和每个站台设置的一组地面标志线圈。ATO 的定位停车系统通过与列车牵引系统和制动系统的相互作用，实现列车在站台的精确停车。

ATO 地面设备由地面信息接收设备、发送设备和轨道环线组成。接收设备接收由 ATO 车载发送天线所发送的信息；发送设备通过轨道环线向车载设备发送 ATS 的有关信息，由 ATO 车载设备进行处理。

第 2 节　ATO 子系统的主要功能

ATO 子系统的功能分为基本控制功能和服务功能。基本控制功能包括自动驾驶、自动折返和车门打开，3 个控制功能相互之间独立运行；服务功能包括列车位置、允许速度、巡航/惰性、PTI 支持功能。

1. ATO 的基本控制功能

（1）自动驾驶

①自动调整列车运行速度

ATO 车载设备通过比较列车实际速度与 ATP 给出的最大允许速度和目标速度，并根据线路的实际情况，自动控制列车的牵引及制动，使列车在区间内的每个区段按照计算出来的速度运行（ATP 计算出来的限制速度减去 5km/h），并尽可能减少牵引、惰性和制动之间的转换。

②停车点的定位停车

车站停车点作为目标点，当停车程序被启动后，ATO 子系统基于列车速度、预先确定的制动率和距停车点的距离计算出一个速度曲线，使列车准确、平稳地停在规定的停车点。与列车定位系统相结合，可使停车位置误差达到 0.5m 以下。

③车站自动发车

在ATO驾驶模式下,当关闭了车门,ATO子系统给出启动显示,司机按下启动按钮,ATO子系统使列车从制动停车状态转换为驱动状态。

④区间内临时停车

由ATP子系统给出目标点位置及制动曲线,并将数据传送给ATO车载设备,ATO子系统得到信息后自动计算速度曲线,启动列车制动系统,使列车停稳在目标点前方10m左右。

⑤限速区间

临时性限速区间的数据由轨旁设备传输给ATP车载设备,再由ATP车载设备将减速命令经ATO子系统传达给列车的牵引、制动控制设备。此时,ATO车载设备的功能犹如ATP系统与牵引、制动控制设备之间的一个接口。对于长期的限速区间,数据可事先存入ATO子系统。在执行ATO自动驾驶时,ATO子系统会自动考虑该限速区间。

(2)无人自动折返

无人自动折返是一种特殊情况下的驾驶模式,在这种驾驶模式下无需司机控制,而且列车上的全部控制台被锁闭。

(3)自动控制车门开闭

ATP系统监督开门条件,当ATP给出开门命令时,可以按事前的设定由ATO系统自动地打开车门,也可由司机手动打开车门。车门的关闭只能由司机完成。

2. ATO系统服务功能

(1)列车位置

列车位置功能从ATP功能中接收当前列车的位置和速度等详细信息,根据上一次计算后所运行的距离来调整列车的实际位置。

另外,ATO功能与测速单元的接口为控制提供更高的测量精确性。列车位置功能也接收地面同步的详细信息,由此确定列车的实际位置和计算列车位置的误差。

(2)允许速度

允许速度功能为ATO车载设备提供列车在线路上任意点的允许速度值。允许列车速度调整是为了能源优化或由惰性/巡航功能完成列车运行。允许速度功能的输入来自ATP功能的线路当前位置的速度限制,以及列车制动曲线。允许速度功能的输出至ATO速度控制器。

(3)巡航/惰行功能

巡航/惰行功能的任务是按照时刻表自动实现列车区间运行的惰行控制,同时节省能源,保证最大能量效率。

ATO巡航/惰性功能协同ATS中的ATR功能(自动进路设定功能),并通过确定列车运行时间和能源优化轨迹功能实现巡航/惰性功能。

(4)PTI支持功能

PTI支持功能是通过多种渠道传输和接收各种数据,在特定位置(通常在列车进入正线的入口处)传给ATS,向ATS报告列车的识别信息、目的信息和乘务组号,以及列车位置信息,以优化列车运行。

第3节 ATO子系统的基本要求

城市轨道交通对ATO子系统的基本要求如下：

(1)根据线路条件、道岔状态、前方列车的位置等,实现列车速度自动控制。列车在区间停车时尽量接近前方目的地。区间停车后,在允许信号的条件下列车自动启动。发车时,列车启动由司机控制。

(2)ATO应能提供多种区间运行模式,满足不同行车间隔的运行要求,适应列车运行调整的需要;司机手动驾驶与ATO自动驾驶之间可在任何时候转换;手动驾驶时ATP负责安全速度监督,自动驾驶时由ATO子系统给出对牵引/制动设备的控制命令,ATP子系统仍然负责速度监督。

(3)ATO定点停车精度应根据站台长度、列车性能和屏蔽门的设置等因素选定。停车精度在±0.2～±0.5m范围内。

(4)ATO控制过程应尽可能平稳和控制时间尽可能短,以保证乘客的舒适性和快捷性要求。舒适性的要求主要是指牵引、惰性和制动控制以及各种工况之间的转换控制过程的加、减速度的变化率。快捷性主要是指控制过程的时间宜短,以减少对站间运行时分的影响和提高运行质量。

ATO应能控制列车实现车站通过作业。

(5)ATO子系统应能自动记录运行状态、自诊断和故障报警。

第4节 ATO子系统基本原理

1.自动驾驶的基本原理

从本质上讲,自动驾驶是对列车运行速度的控制,是一个闭环控制系统,如图8-1所示。

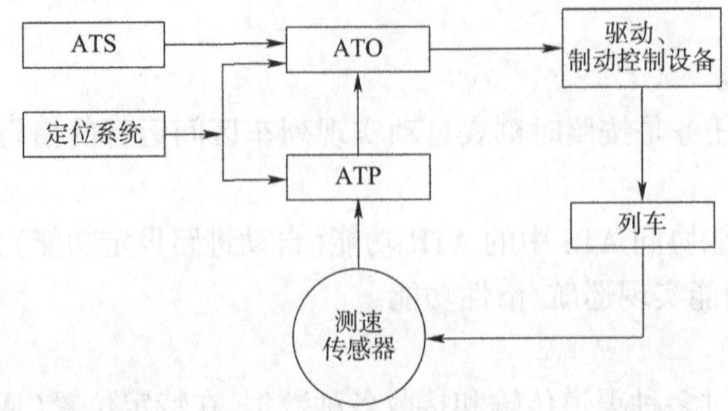

图8-1 自动驾驶控制原理图

ATO 的输入数据包括:来自 ATS 系统的调度命令、通过 ATP 获得的列车实时速度位置信息、前方未占用的轨道电路数量或前方追踪目标的位置信息、通过定位系统获取的定位等信息。根据这些信息,再结合自身存储的信息(线路信息、列车长度等基础信息),向列车上的牵引/制动控制设备发出控制命令,以达到对列车速度的控制。

通过对列车速度的控制,ATO 的自动驾驶模式可实现列车在车站的定点停车等功能。

2. 车门控制

ATO 只有在自动模式下才执行车门的开启。在手动模式下,由司机进行车门操作。

当列车驶抵定点停车点时,列车的定位天线(它连接至车辆定位发送器和接收器)位于站台定位环线上方(环线置于线路中央,它连接站台定位发送器和接收器)。只有当列车停于定点停车的允许精度范围内,车辆定位接收器收到站台定位发送器送来的列车停站信号,ATO 子系统确认列车已到达确定的定位区域,发出"列车停站信号"给 ATP 子系统,保证列车制动;ATP 系统检测到零速度,通过列车定位发送器发送"列车停车信号"给地面站台定位接收器,站台定位接收器检测到此信号,将其译码,使地面"列车停站"继电器工作;此时 ATP 轨旁设备发送允许打开左车门(或右门)的信号;车辆收到允许打开车门信号,使相应的门控继电器工作,并提供相应的广播和允许开门的信号显示,这时司机按压与此信号显示相一致的门控按钮,才可以打开规定的车门。

有了车门打开信号以后,车辆定位发送器改发"打开屏蔽门"信号,当站台定位接收器收到此信号,使"打开屏蔽门继电器"吸起,以使与列车车门相对的屏蔽门打开(包括屏蔽门的数量及位置)。

列车停站时间结束(或人工终止),地面停站控制单元启动车站 ATP 模块,轨旁设备停发"开门信号",车辆收不到开门信号,使门控继电器落下。司机按压关门按钮,关闭车门;与此同时,车辆停发"打开屏蔽门信号",车站打开屏蔽门继电器落下;车站在检查了屏蔽门已关闭及锁闭好以后,才允许 ATP 轨旁设备向列车发送运行速度命令信息,车辆收到速度命令同时,检查车门已关闭和锁闭、ATO 发车表示灯点亮,列车可按车载 ATP 收到的速度命令进行出发控制。

如果车门控制系统遇到车门关闭遇阻时,车门控制系统将会循环关闭车门。如果在一定时间内车门还没有关闭,则车门控制系统告知车辆报告系统,同时产生一条关于车门关闭遇阻的报告。然后,在经过一段时间延迟后再次关闭车门。如果再经过一段时间后,车门还没有关闭,则不再执行关闭动作,同时将车门关闭遇阻报警发送到轨旁设备。

3. 车站程序停车

列车运行计划规定了列车在车站的到达时间、出发时间以及在车站的停站时间。ATO 子系统能够根据预先规定的时间或 ATS 发送的调整时间,自动启动停车程序和发车程序(也可由司机通过按压发车按钮启动),实现列车在车站的停车和发车。

4. 车站定位停车

车站定位停车是通过在车站区域的轨道电路标识、分界过渡和 ATO 环线变换来进行的。轨道电路标识被用来确定停车特征的合适起始点。轨道电路分界过渡和轨旁 ATO 环线变换提供了距离分界。距离分界用于达到所要求的位置精度。

当停车程序启动后,ATO 基于列车速度、预先确定的制动率和距停车点的距离计算列车速度曲线。一旦列车停车,ATP 会保持制动,以避免列车运行。

5. 轨旁/列车数据交换

列车与轨旁的通信是非安全的,任何情况下控制中心与列车通信时,轨旁设备都作为数据交换的接口。

列车向地面传输数据主要包括:列车号、目的地、车门状态、车轮磨损状况、接近车站制动所产生的过量车轮滑动、紧急情况或异常情况等。

地面发送到列车的数据主要包括:车门开启命令、列车号的确认、列车长度、性能修改数据、跳停指令、搁置命令等。

6. 性能等级

性能是列车标识的一部分,可以被调度中心 ATS 子系统修改。列车通过轨旁设备可以收到 ATS 子系统所确定的性能等级。性能等级由速度限制、加速命令、预定的减速等构成。

7. 滑行模式

滑行模式是一种额外的性能等级,其要求是级别 1 ~ 5 处于有效状态,并且当申请滑行时,目标速度大于 40km/h。滑行模式会使列车在上电的间隙进行滑行,并且允许列车的实际速度在重新上电之前下降 11km/h。

本章习题

1. 简述 ATO 系统的组成。
2. 简述 ATO 系统的功能。
3. 简述 ATO 系统实现自动驾驶的工作原理。
4. 简述 ATO 系统对车门的控制过程。

第 9 章　ATS 子系统

第 1 节　基本概念和组成

1. ATS 基本概念

ATS 子系统宏观上是对在线列车群进行控制,尽可能保证列车按照列车运行计划运行,并在异常情况下,对列车运行计划做出调整。在微观上,ATS 子系统实现对列车运行及所控制的道岔、信号等设备进行监督和控制,给行车调度员显示出全线列车的运行状态,监督和记录运行计划的执行情况。

ATS 子系统的功能主要包括:时刻表的编制、列车运行监视、列车自动调整、自动排列进路等。

ATS 子系统有集中控制和分散控制两种工作方式。

ATS 子系统能与 ATP 子系统、ATO 子系统、计算机联锁等设备配套使用,并有与时钟系统、旅客信息系统和综合监控系统的接口。

2. ATS 子系统组成

ATS 子系统主要由运营控制中心设备、车站设备、车辆段设备、列车识别子系统和列车发车计时器等组成。

(1)运营控制中心设备

ATS 运营控制中心设备主要包括中心计算机系统、综合显示屏、调度员及调度长工作站、运行图工作站、模拟/培训工作站、绘图仪及打印机、维修工作站、UPS 电源等,用于实现状态表示、运行控制、运行调整、车次追踪、时刻表编辑及运行图绘制、运行报告、调度员培训、与其他系统接口等。控制中心的设备构成如图 9-1 所示。

①中心计算机系统

中心计算机系统包括控制主机、COM 通信服务器、ADM 服务器、TTE 服务器、局域网及各自的外围设备。为保证可靠性,主要硬件设备均为主/备双套热备方式,可以自动或人工切换。

COM 服务器:所有从联锁和外围设备发送来的数据由 COM 服务器首先进行处理。一些应用功能也由 COM 服务器激活,并在此服务器上运行。

ADM 服务器:用于系统数据存储,处理所有不受运行事件影响的数据,如系统配置、计划运行图等。列车自动调整功能所需要的列车运行计划就是从 ADM 服务器中获取的。

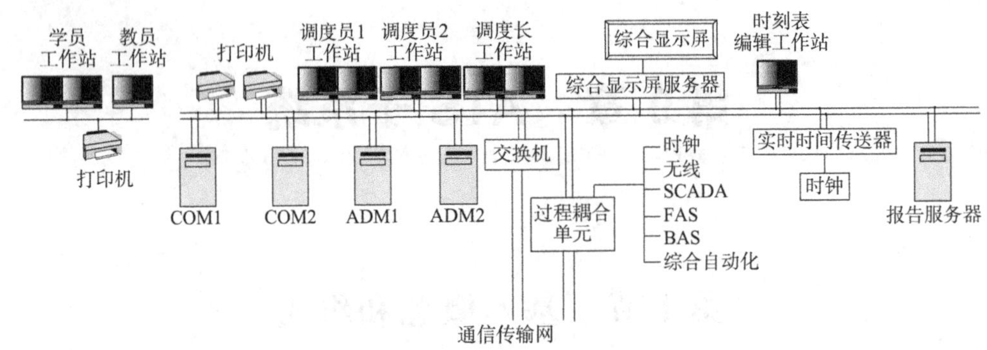

图 9-1　控制中心设备构成

TTE 服务器:建立离线时刻表的操作平台。ADM 服务器存储的列车运行计划由 TTE 服务器提供。

②综合显示屏

综合显示屏用来显示正线列车的实时运行情况和系统设备的实时状态。

③调度员工作站和调度长工作站

调度员工作站和调度长工作站用来行车调度指挥,是调度员的操作平台。调度员可通过调度员工作站对列车运行情况、联锁设备、信号灯的实时状态进行监视,也可根据需要远程对联锁设备进行控制(通过发送进路命令)以及对列车运行进行调整。调度员工作站可显示列车运行计划和列车实绩运行图。

调度长工作站通常作为备用控制台,可替代或扩大 2 个调度员工作台中任何一台的工作。

④运行图工作站

运行图工作站用于列车运行计划的编辑和修改,位于运行图工作室。

⑤维修工作站

维修工作站主要用于 ATS 系统的维护、ATC 系统故障报警处理和车站信号设备的监测。

⑥培训/模拟工作站

培训/模拟工作站配有各种系统的编辑、装配、连接和系统构成工具以及列车运行仿真的软件。显示的内容与调度员工作站相同,有相同的控制功能,能仿真列车在线运行的各种情况,但不参与实际的列车控制。实习调度员可在培训/模拟工作站上进行模拟操作,培养对系统控制和各种情况下的处理能力。

⑦打印机服务器、绘图仪和打印机

打印机服务器缓冲和协调所有操作员和实时事件激活的打印任务;绘图仪和打印机用于输出列车运行图和各种报表。

⑧UPS 及蓄电池

控制中心配备在线式 UPS 及可提供 30min 后备电源的蓄电池。

(2)车站设备

集中联锁站和非集中联锁站的设备不同,具体如下。

①集中联锁站设备

集中联锁站设置一台 ATS 分机,是 ATS 与 ATP 地面设备和 ATO 地面设备之间的接口,用于接联锁设备和其他外围系统，采集车站设备的信息，传送控制命令，使车站联锁设备能接收ATS的控制，以便控制中心对车站的进路进行远程控制。另外，车站ATS分机还控制站台上旅客信息系统的列车目的显示器、列车到发时间显示器和发车计时器DTI。

②非集中联锁站设备

非集中联锁站不设ATS分机，车站的PTI、旅客信息系统和DTI均通过集中联锁站的ATS分机与ATS系统联系。有岔非集中联锁站的道岔和信号机由集中联锁站的计算机控制，通过集中联锁站的ATS分机接收ATS系统的控制命令。

(3)车辆段设备

车辆段设置一台ATS分机和车辆段终端设备。ATS分机用于采集车辆段内库存线的车辆占用及进/出车辆段的列车信号机的状态，在控制中心显示屏上给出以上信息的显示，以便控制中心车辆段值班员及车辆管理人员了解车辆段内停车库线列车的车次及车组运用情况，正确控制列车出段。

车辆段派班室和信号楼控制室各设一台终端，与车辆段ATS分机相连，根据来自控制中心的实际时刻表建立车辆段作业计划。

车辆段联锁设备通过ATS分机与控制中心交换信息，实现段内运行列车的追踪监视。

(4)列车识别系统PTI

PTI设备是ATS车次识别及车辆管理的辅助设备，由地面查询器环路和车载应答器组成。地面查询器环路设于各个车站。PTI设备用于校核列车车次号。当列车经过地面查询器时，地面查询器可采集到车载应答器中存储的列车车次号，并经车站ATS设备传输至控制中心。

(5)列车发车指示器DTI

列车发车指示器(Departure Time Indication，DTI)设备设于各个车站，为列车运行提供车站发车时机、列车到站晚点情况的时间指示，提示列车按照列车运行计划运行。正常情况下，按系统给定站停时间倒计时显示距离计划时刻表的发车时间，为零时指示列车发车；若列车晚点发车，则DTI增加停站时间的计时。若实施了站台扣车控制，DTI给出"H"指示；如有提前发车命令，DTI立刻显示零；若列车不停车通过车站时，DTI显示"="。

3.基本要求

(1)同一ATS系统可监控一条或多条运营线路，多条运营线路共用，可实现相关线路的统一指挥，有利于实现资源的共享。

(2)ATS的计算机及网络系统应采用冗余技术，应设调度员工作站、调度长工作站、时刻表编辑工作站、维修工作站以及其他必要的设备。

(3)运营线路上的车站应纳入ATS的监控范围，涉及行车安全的应急直接控制由车站办理。车辆基地可不全部纳入系统的监控范围。

(4)ATS系统应满足列车运行交路的需要，凡有道岔的车站均应按具有折返作业处理。

(5)出入车辆段、停车场的列车不应影响正线列车的运行。

(6)系统故障或车站作业需要时，经控制中心调度员与车站值班员办理必要的手续，实现调度中心与车站之间的控制权限的转换,车站值班员也可强行办理站控作业。控制权限的转换不能影响列车的运行。

(7)列车进路控制应以联锁表为依据,根据列车运行计划和列车识别号等条件实现对进路的控制。

(8)ATS 系统应具有良好的实时控制性能。系统处理能力、设备空间等应留有余量。信息采集周期应小于 2s。

(9)ATS 可与计算机联锁或继电联锁设备接口;ATS 系统的进路控制方式应与联锁设备的进路控制方式相适应;ATS 系统控制命令的输出持续时间应保证继电联锁设备的可靠动作,其与安全相关的接口应有可靠的隔离措施。

(10)ATS 系统应能从时钟系统获取标准时钟信号。

第 2 节　ATS 子系统的功能

ATS 子系统具有下列主要功能:列车运行情况的集中监视和跟踪;列车运行实迹的自动记录;时刻表自动生成、显示、修改和优化;自动排列进路;列车运行调整;列车运行状态和设备状态自动监视;调度员操作与设备状态记录、运行数据统计及报表自动生成;运输计划管理、输出及统计处理;实现沿线设备及列车与控制中心之间的通信;列车车次号的自动传递;车辆修程及乘务员管理;系统故障处理;列车运行模拟及培训;乘客向导信息显示等。

1. 列车监视和追踪

列车监视:根据所采集的数据,利用计算机再现列车的运行。列车运行由轨道空间和占用信号来驱动,列车由车次号识别。

车次号输入、追踪、记录和删除:列车车次号是 ATS 功能的先决条件,必须在固定时间内提出。当列车由车辆段进入正线运行时,ATS 系统将根据计划时刻表自动给列车加入车次号。列车车次号输入用于修改和确认列车车次号。输入方式:在车站自动输入车次号、时刻表系统提出车次号、系统自动生成虚假车次号、调度员人工输入车次号。车次号在该列车通过车站时被记录,出错时调度员可用另一车次号予以代替。车次号从列车在车辆段开始至全部正线连续追踪,在中心显示屏及显示器上的车次窗内随着列车运行的位置动态显示。

列车运行识别:列车运行由轨道占用信号从“空闲”到“占用”的翻转来识别。

集中显示:在控制中心的显示屏和显示器上显示正线全线列车运行及信号设备的工作状况,如列车位置及车次号、信号显示、道岔位置、轨道电路状态、进路状态和开通方向、车站控制状态、行车闭塞方式、站台扣车状态等。

2. 时刻表处理

系统提供时刻表编制用的数据库,通过调度员的人工设置如停站时间、列车间隔等数据产生计划时刻表。每天运营前将当日使用的计划时刻表从控制中心传至车站 ATS 分机。

系统存储适合于不同运行情况的多套时刻表;根据时刻表自动完成列车车次号的跟踪与更新,自动生成时刻表。

控制中心 ATS 根据列车运行的实际情况,自动绘制列车实绩运行图。

3. 自动建立进路

控制中心能对列车进路、信号机、道岔实现集中控制,可根据当日列车运行计划自动控制列车运行,包括:自动办理正线各种进路并控制办理进路的时机、自动控制车站列车停站时间及发车时间。必要时,通过办理控制权转移手续,将控制权转移到车站。

调度员必要时可以接入,进行人工控制,包括人工建立及取消正线各种进路等。

4. 列车运行调整

ATS 子系统不断地对计划时刻表与实际时刻表进行比较,通过调整停站时间自动调整列车,使其按计划时刻表运行。

调度员也可通过人工调整命令调整列车停站时间来调整列车运行。

5. 旅客信息显示系统

旅客信息显示系统用来通知乘客下一列车的目的地和等待时间。

6. 列车确实位置识别

列车识别码由司机在开始旅程前选定,由列车自动发送。

7. 服务操作

服务操作是指操作员能修改数据库、列车参数、控制和显示数据库信息。

8. 仿真及演示

通过仿真手段,离线模拟列车的在线运行,主要用于系统的调试、演示、事故原因查找以及人员培训。

9. 遥控联锁

ATS 系统通过发送进路命令,远程遥控车站的联锁设备。

10. 运行报告

根据记录的列车运行数据，自动生成各种统计报表。

11. 监测与报警

能及时记录被监测对象的状态，有预警、诊断和故障定位能力；监测列车是否处于 ATP 保护状态；监测信号设备和其他设备结合部的有关状态；具有在线监视与报警能力；监测过程不影响被监测设备的正常工作。

在相应的工作站上，报告所有故障报警的状况并予以视觉提示，直到恢复正常状态为止。重要的报警以声音形式提示，直到确认报警状况为止。

第 3 节　ATS 子系统基本原理

1. 自动列车追踪

自动列车追踪是指对在线列车运行过程的监视。当列车由车辆段进入正线时，ATS 子系统根据计划时刻表自动生成给该列车的车次号。随着列车的运行，列车车次号从一个受控区域向下一个受控区域移动。列车移动在调度员工作站上的车次号窗内以车次号显示出来。车次号按照先到先服务的原则显示。

(1)列车车次号报告

列车进入运营时，它将自动被分配一个列车车次号。列车车次号包括目的号、序列号和服务号。目的号规定列车行程终到地点；序列号按每次行程自动累增；服务号显示在特定的对话框中。如果列车出现在列车追踪系统所监视区域，该列车车次号必须报告给列车追踪系统。列车车次号报告给列车追踪系统的方法有：手动输入、PTI 读入、从列车时刻表中导出、在步进检测中产生。

当无法自动导出列车车次号时必须手动输入。调度员在其监视区的第一个区段输入列车车次号。

在系统的边界点，如车站，通过安装 PTI 设备可检测接近列车的车次号。当多次读入的车次号被传输时，列车自动追踪系统可以识别出这些读数属于这一列车。

列车运营是由时刻表决定的，时刻表建议列车的车次号。将车次号输入到相应进入的区段，按它们的出现顺序调用。

步进是列车车次号从一个显示区段移动到下一个与列车移动相应的显示区段的前进。当轨道区段发生从空闲到占用的状态变化，或从占用到空闲的状态变化，或来自 PTI 的有效列车数据的输入，或来自 OCC MMI 功能的人工步进命令的输入时都会产生步进。

(2)列车车次号追踪

自动列车追踪要完成:列车车次号定位、列车车次号删除、车次号处理。

①列车车次号定位

列车车次号向轨道区段的分配由下列任一情况启动:

a. 在列车离开车辆段地点,一个向正线方向移动列车被识别,车次号从时刻表数据库读出;

b. 来自 PTI 的有效列车数据输入;

c. 来自调度中心的一个车次号插入或修改,或在没有车次号能被步进到的位置识别到一个列车移动时,依照时刻表产生一个列车车次号。

②列车车次号删除

当步进超出自动列车追踪系统的监控范围,或从 OCC MMI 输入一个人工删除命令时列车号被删除。

③车次号处理

车次号处理包括:从 OCC MMI 功能输入一个新的车次号、输入列车车次号、更改列车车次号、删除列车车次号、人工步进列车车次号、查询列车车次号。

2. 自动排列进路

自动排列进路是指对车站进路的自动排列,节约调度员大量的操作工作量。其功能就是将进路排列指令传输到车站联锁设备中,由联锁设备根据指令对进路进行处理。

只有正常方向才考虑自动选路,列车反方向运行时办理进路需要人工干预。

(1)运行触发点

列车进路系统只是在列车到达某一特定地点才被启动,该特定地点称为"运行触发点"。运行触发点的位置必须进行配置。

当列车接近进路始端时,可以确定多个运行触发点。这样可以保证列车进路系统可靠工作,即使在出现问题未发送出列车位置的情况下也能保证其可靠性。

对每个进路的运行触发点,要对启动列车进路的目的地编码予以配置。列车进路由列车初始位置和列车的目的编码来确定。列车位置、列车车次号是通过列车追踪系统传输给列车进路系统的,它决定了所要求的目的地。

(2)确定进路

当到达运行触发点的列车请求进路时,已配置的数据就确定了列车进路。对于每一条进路,还可以配置替代进路。替代进路是必须的,如果该进路已被其他列车占用,那么就可以把替代进路按优先顺序存储到运行触发点处。

进路可采用两种方法确定。第一种是采用时刻表系统,列车进路系统根据时刻表信息确定列车的进路命令,相关的替代进路也被确定。第二种是从地点相关的控制数据中来确定进路。在这种方式下,列车车次识别码中必须包含目的地码,然后相应的进路就可以通过目的地码的方式指派到每一个运行触发点。

(3)进路的可行性检查

在进路设定指令发送到联锁设备之前,需要进行若干可行性检查,该检查将决定接受或拒绝命令。首先要进行"进路始端检查",以检查没有排敌对进路。然后进行"出发区段检查",检查没有其他列车处于该列车和进路入口之间,确认该列车是否到达进路的始端。接着进行"进路可用性检查",目的是防止将不能执行的命令发送到联锁设备。可用性检查分为3个步骤:第1步检查是否自始端开始的进路已排好;第2步检查进路的自动办理是否可能;第3步检查是否有短期障碍(如轨道电路占用等)。只有所有的检查成功完成后,才能给联锁设备输出一个进路命令。

3. 时刻表系统

时刻表系统完成对时刻表的编辑、修改、存储以及对时刻表数据的管理。

(1)时刻表编辑

时刻表的编辑和修改在离线模式下用给定的数据在时刻表编辑器中编辑。基本数据包括:站间旅行时间、车站与折返线之间的旅行时间、在折返线上的停留时间。

为了编辑时刻表,除基本数据外,调度员必须在时刻表编辑系统中输入以下数据:运行始发时间、运行始发地点、运行终到站、每一运行间隔阶段的开始时间和终止时间、每一运行间隔阶段的运行间隔。

调度员在输入信息后,时刻表编辑器从该信息综合出所需时刻表。如果新的时刻表存在冲突就会被显示,调度员可以调整时刻表。

(2)时刻表系统处理程序

手动选择当天运行的时刻表,选择出的时刻表只在当天有效。列车自动调整功能从时刻表系统得到用于列车调整的时刻表数据。

如果列车车次号在列车自动追踪时丢失,则向时刻表系统查询列车车次号,时刻表系统给出一个列车车次号建议。对此,确定的列车车次号是预定的地点和时间最适当的车次。

(3)时刻表比较器

时刻表比较器对时刻表中预定的到达时间、出发时间和当前列车实际的到达时间、出发时间进行比较,为列车运行图表示器和自动列车追踪提供列车与当前时刻表的偏差,启动列车自动调整。若时刻表偏差超过规定值,时刻表偏差通过人机显示界面(MMI)加以显示。

4. 列车自动调整

由于列车在运行过程中受到许多随机因素的干扰,列车运行难免偏离当天的运行计划,往往会造成一列列车的晚点波及其他列车的晚点,列车运行秩序发生紊乱。这种情况下,调度员就需要对列车运行进行调整,恢复列车的运行秩序。

(1)列车运行调整需要的数据

基本数据包括:车站的顺序和种类、站间旅行时间、车站停站时间、车站和折返线之间的旅行时间、折返线上的停留时间和计划时刻表数据等。

实时数据包括:调度员下达的控制指令、在线列车的位置和速度、在线列车的限制速度和安全距离。

(2)调整目标

减少列车实迹运行图和计划运行图之间的偏差;所有列车的总延迟最短;减少旅客的等待时间;列车运行调整的时间尽量短;实际运行调整的范围尽量小;使整个系统尽快恢复正常运营。

(3)列车运行调整的模式

列车运行调整模式是指系统调整列车运行的自动化程度,可分为人工调整和自动调整两种类型。

人工调整方式下,除具有自动排列进路、自动的时刻表和车次号管理功能外,还具有自动调度功能,但是运行调整需要人工进行。

自动调整除具有人工调整的全部功能外,还具有自动调整功能,能根据计划时刻表自动调整停站时间和运行等级,使列车尽量恢复正点运行。

(4)列车运行调整基本方法

对列车运行进行调整,实质上重新规划列车运行图,它是在 ATS 对列车运行、道岔和信号设备进行实时控制的基础上实现的。当列车偏离运行图的程度不大时,可以利用运行图自身的冗余时间,对个别列车进行调整即可恢复列车运行秩序;当列车运行秩序紊乱程度比较严重时,则需要大幅度调整列车运行图。

通常所采用的调整方法有:压缩列车的停站时间、压缩区间运行时分、越站行驶、改变进路设置、修改计划时刻表。

(5)列车运行调整算法

按照调整的目标不同,对列车进行调整的算法可分为线路算法和进路控制算法两种类型。线路算法的主要功能是快速和自动管理由于较小的线路干扰造成的延误;进路控制算法的主要功能是当原有进路无法满足运行需要时变更进路。

5. 控制和显示

调度人员(包括车站调度员和运营中心调度员)通过键盘、鼠标等输入控制命令时,列车控制和显示功能将驱动显示和报警监视器,提供列车运行状态和历史信息,同时根据现场返回的所有动态数据实时更新显示和报警信息。

6. 记录功能

ATS 能够记录调度员的所有操作(如发布的调度命令)、列车运行的信息以及设备状态信息等,并且能够查询和回放。

7. 列车运行图显示

ATS 能够显示列车运行图、实迹运行图以及二者之间的偏差。列车运行图和实迹运行图以不同的颜色显示,并且在运行图上显示列车的车次号、到达车站的时间和从车站的出发时间。通过列车运行图显示功能可执行下列操作:设置运行图颜色、放大或缩小运行图、调出运行图和当前运行图、打印运行图等。

8. 培训和演示

培训和演示功能应能完整再现列车运行调整和列车追踪功能,可对列车进行模拟控制但不能对列车和信号设备进行实际控制。培训功能可实现对即将上岗人员的培训。

第4节　ATS的运行

1. ATS正常运行

ATS的正常运行是指线路基础设施、车辆、通信与信号等设备运行良好以及没有异常发生的情况。在这种情况下,ATS系统是自动进行的,无须人工干预。此时,运营控制中心ATS主要工作是对列车运行情况以及线路信号设备状态进行监视。自动进路排列由运营控制中心ATS的自动进路设定功能或车站ATS分机完成。

车站的ATS分机从轨旁设备/联锁接收列车运行信息(速度、位置、列车车次号等)、信号设备状态等信息,并将信息上传到运营控制中心ATS,以便运营控制中心ATS对列车运行情况的监视。车站ATS分机主要依据存储的列车时刻表或根据调度员为该列车提前指派的目的地信息自动办理列车进路。

如果在正常运行过程中,ATS自动运行发生问题时,ATS分机向运营控制中心ATS发出报警信号,调度人员进行人工干预。

在ATS的正常运行过程中,调度员也可以根据需要进行全面的人工控制模式。

2. 列车调度

列车调度由运营控制中心ATS执行,有自动调度和人工调度两种方式。在开始运营之前,首先在时刻表编辑器上编辑或选择当天的列车运行计划,并传输给ATC主机服务器,再由运营控制中心ATS下达给车站ATS分机。通常有四种类型的列车运行计划:日常、周末、假日和特殊时刻表。

ATS子系统对转换区、终端区以及车站之间的正线上的列车进行调度和跟踪。基于当前预存时刻表,给被检出的列车配上一个车次号。在计划出发后的规定时间内,若一列车没有出清联锁区,则向调度员发出报警。ATS系统将实际的车次号与时刻表中的车次号进行比较,如果比较的结果相同,则系统将为列车设定一条进路进入下一个车站。如果车次号不同,系统将产生一条报警。如果在规定的时间内,待出发的列车没有到达转换区或终端区,车站ATS将给出报警。

运营控制中心 ATS 追踪和调度出入车辆段的列车，但通常不对车辆段内运行的列车进行追踪和调度。

3. 列车运行计划调整

列车运行计划调整是指当列车晚点或列车运行过程中有异常情况发生时对列车计划运行做出修改，形成调整计划。列车运行图调整简称为“调图”。列车运行图调整的目的是恢复列车运行秩序，完成规定的运输任务。列车运行计划的调整由运营控制中心 ATS 完成。

列车运行计划调整实质上是对在线运行的列车群进行控制，重新确定列车的到站时间和出发时间，尽量使列车按照列车运行计划运行。如图 9-2 所示。

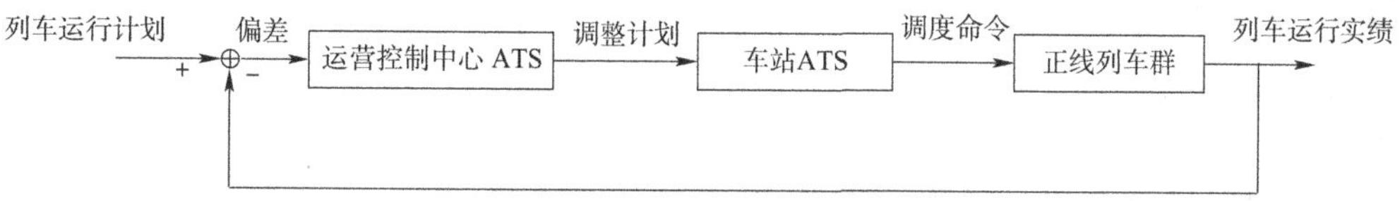

图 9-2　列车运行调整原理

列车运行计划调整以列车运行计划为目标，实时将列车运行计划与列车运行实际运行情况进行比较。当有偏差产生时，运营控制中心 ATS 对列车运行计划做出调整，形成调整计划，并将其下发给车站 ATS，最终以调度命令的方式传输给列车，列车根据调度命令按调整计划规定的时间到达车站和从车站出发。

根据偏差的严重情况和异常情况发生的严重程度，列车运行计划调整可分为两种情况。当偏差不太严重时即列车稍有晚点，运营控制中心 ATS 系统自动调整列车运行计划，无需人工干预。此时，一般不会有某趟列车停止运行或增加一趟列车进入正线运行；当偏差严重时即列车晚点或者有重大异常情况发生时，依靠 ATS 设备对列车运行图进行自动调整难度很大，此时必须人工干预。针对偏差严重的情况或重大异常情况发生时，为及时恢复列车运行秩序，运营控制中心 ATS 一般存有预案。

4. 故障模式运行

(1)运营控制中心工作服务器故障

为提高 ATS 系统的可靠性，运营控制中心工作服务器采取双机热备的方式。当工作服务器宕机或发生故障时，系统会自动或人工切换到备用服务器，备用服务器即成为工作服务器。当备用服务器成为工作服务器后，会自动向车站 ATS 服务器索取相关信息。

从工作服务器失灵，到自动切换到备用服务器、转交控制权，再到信息传送完毕，整个过程需时 1min。车站 ATS 除了向运营控制中心传送信息外，仍继续执行所有正常的列车追踪和进路设定功能，列车运行不得中止。

(2)运营控制中心服务器全面失灵

如果运营控制中心服务器设备全面失灵，系统运行转换为后备运行方式，列车在车站 ATS 指挥下继续运行。

当运营控制中心系统恢复后,每个车站 ATS 将当前状态信息传输给运营控制中心,恢复监视、控制整个系统的能力,调度员能够上载存储在车站 ATS 和车辆段控制器中的记录信息。

(3)车站 ATS 服务器故障

车站 ATS 服务器故障后会自动或人工切换到备用服务器,并将控制权转移给备用服务器。备用服务器为列车运行安排进路,并向运营控制中心传输状态信息。

车站 ATS 的两个服务器都有一个专用的联锁接口连通本地信号系统,当失灵的服务器恢复后,可以获得该区所有的信号信息,包括列车的位置和速度等信息。

本章习题

1. 简述 ATS 系统的组成。
2. 简述 ATS 系统的功能。
3. 说明 ATS 系统的列车追踪功能的工作原理。
4. 填空题:

(1)ATS 设备主要位于________、________和________。

(2)ATS 对列车运行调整有________和________两种方式。

(3)ATS 列车运行调整的目标是______________。

第 10 章　基于轨道电路的 ATC 系统

第 1 节　西门子的 ATC 系统

西门子公司研制的 VICOS(车辆和基础设施集中操作控制系统) OC 系列自动操作控制系统用于监控联锁设备和控制列车运行。VICOS OC101 系统用于中小型系统,VICOS OC 501 是一个高可靠性的操作系统,具有很多自动化功能,用于城市轨道交通中复杂的控制过程,可以监控任何类型的采用远程控制的继电联锁或计算机联锁。

1. 系统的构成

(1)层次结构

西门子的基于轨道电路的 ATC 系统的体系结构可分为四个层次:中心层、车站层、轨道层和车载层,如图 10-1 所示。

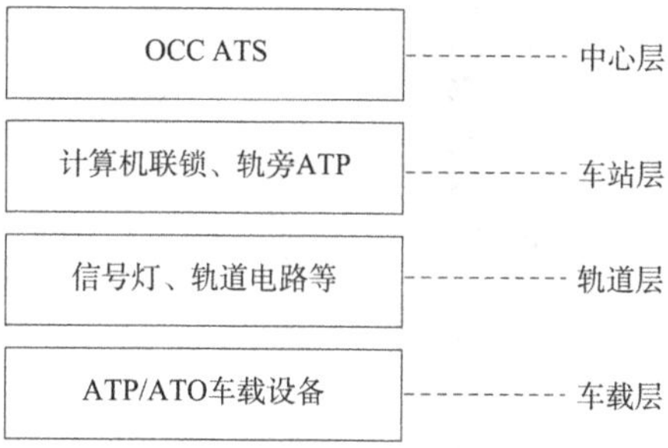

图 10-1　西门子 TBTC 分层图

中心层:分布在运营控制中心及正线各个设备集中站的车站控制室、车辆段信号楼的控制室。分布在运营控制中心的设备主要是 VICOS OC501,实现对全线运营的集中监控和管理;分布在集中联锁站和车辆段的设备主要是 VICOS OC101,实现对本地的控制。

车站层:车站层由西门子的计算机联锁设备 SICAS 和轨旁 ATP 设备组成。它们执行全部的联锁功能和轨旁 ATP 功能。正线联锁集中站安装联锁设备和接口单元、LZB700M 系统的 ATP/ATO 室内设备、轨道电路室内设备等。有道岔的非集中联锁站设置各种接口及驱动设备、PTI 接口设备,由相应的联锁集中站控制。无岔站没有联锁接口及驱动设备。此外,设备室内还将设置终端架、电源设备等。

轨道层:轨道层包括转辙机、信号机、FTGS 轨道电路、PTI 环线和站台精确停车环线,实现进路的防护和控制、列车检测、车—地信息传输以及列车识别等。列车运行监督由在控制区间的起始处和全线各个车站的列车位置识别系统(PTI)来实现。

车载层:包括 LZB700M 的车载 ATP/ATO 设备,实现列车自动防护和自动运行功能。

ATP/ATO 轨旁计算机设备、计算机联锁设备采取三取二结构,ATP/ATO 车载设备采取二取二结构,符合“故障—安全”原则,并提高了系统的安全性、可靠性和可用性。

(2)系统组成

西门子的基于轨道电路的 ATC 系统构成如图 10-2 所示。设备安装在现场线路、车站机械室、站台、列车和控制中心处。

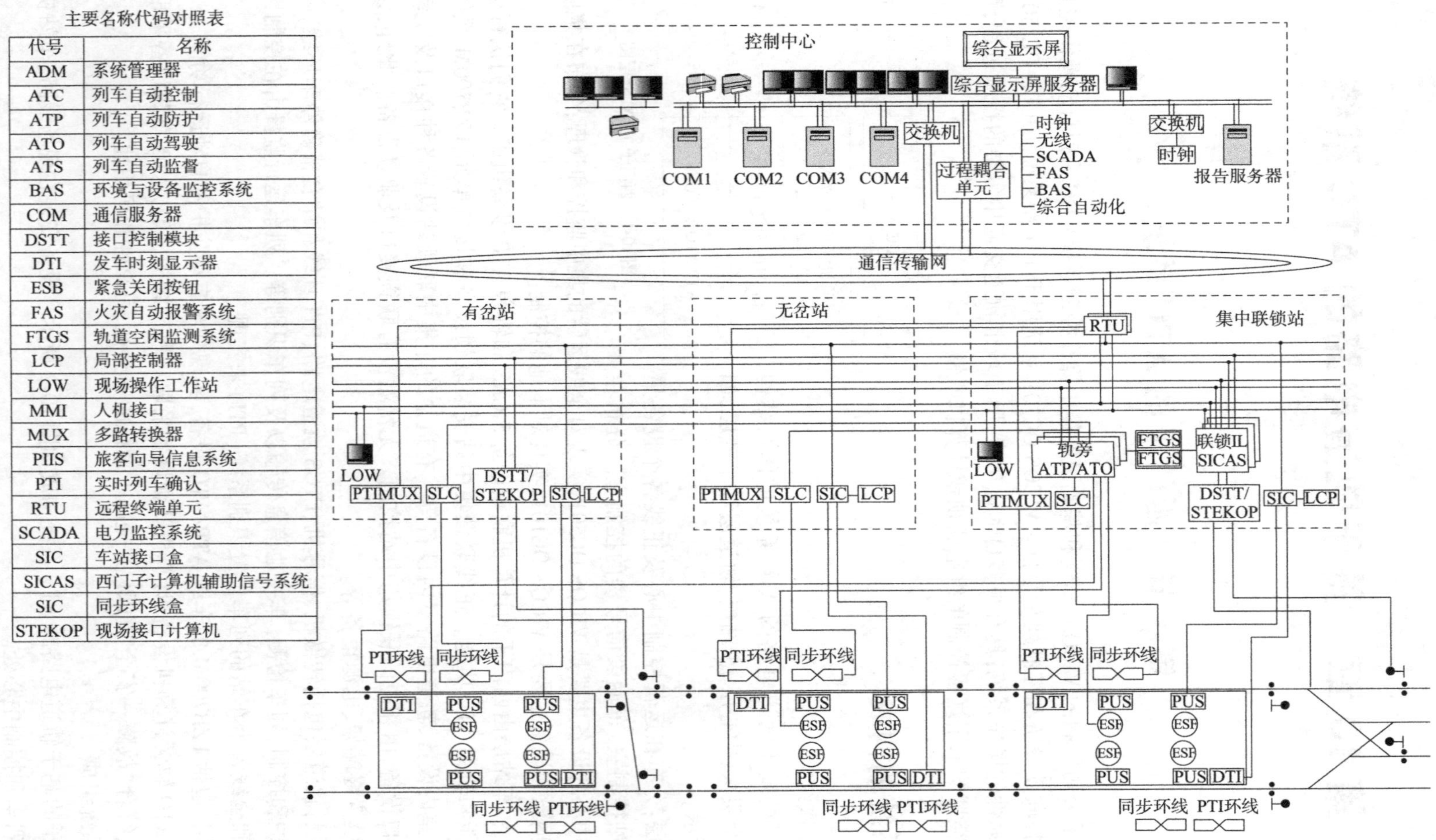

主要名称代码对照表

代号	名称
ADM	系统管理器
ATC	列车自动控制
ATP	列车自动防护
ATO	列车自动驾驶
ATS	列车自动监督
BAS	环境与设备监控系统
COM	通信服务器
DSTT	接口控制模块
DTI	发车时刻显示器
ESB	紧急关闭按钮
FAS	火灾自动报警系统
FTGS	轨道空闲监测系统
LCP	局部控制器
LOW	现场操作工作站
MMI	人机接口
MUX	多路转换器
PIIS	旅客向导信息系统
PTI	实时列车确认
RTU	远程终端单元
SCADA	电力监控系统
SIC	车站接口盒
SICAS	西门子计算机辅助信号系统
SIC	同步环线盒
STEKOP	现场接口计算机

图10-2　西门子的基于轨道电路的ATC系统构成框图

ATP 设备包括：轨旁设备、车载设备和同步环线。

ATO 设备包括：轨旁设备、车载设备和车—地通信环线（PTI）。

ATS 设备包括：系统管理器 ADM、通信服务器 COM、人机接口 MMI、打印服务器及打印机、维护操作台、过程耦合单元 PCU、时刻表编辑器 TTE、局域网 LAN、局部控制盘 LCP、乘客向导信息系统（Passenger Information & Indication System，PIIS）、列车到达时刻指示器 ATI、列车出发时刻指示器 DTI 等。

为提高 ATS 系统的可靠性，运营控制中心与车站的通信采用“点对点”双通道热备方式，凡涉及行车指挥的主要设备均按双机热备配置，保证任一台单套设备或通道故障时，不影响系统的正常使用。

2. ATS 子系统

（1）系统组成

ATS 在 ATP 和 ATO 子系统的支持下完成行车计划的编制、管理，实现对全线列车的监控和列车运行的自动调整。

西门子的 ATS 子系统包括两部分：位于控制中心的 VICOS OC 501 系统和位于车站的 VICOS OC 101 系统。在正常运行条件下，运营控制中心的操作人员采用 VICOS 501 对全线列车进行监督和调度，车站值班人员采用 VICOS 101 对车站的设备和列车进行监督和控制。

①控制中心设备

VICOS OC 501 系统硬件主要由 MMI 服务器（人机接口）、TTE 服务器（时刻表编辑器）、COM 服务器（通信服务器）、ADM 服务器（系统管理服务器）和 PCU（过程耦合单元）等组成。服务器之间通过 LAN 总线系统相连。

a. MMI 人机接口服务器。

MMI 服务器即操作台，是操作员与运营控制计算机系统间的人机操作界面。在运营控制中心配置 3 个调度员工作站，其中 1 个配备给调度主任，另 2 个配置给行车调度员。在进行运营操作时，使用鼠标和键盘，可通过拖动方式从符号栏选择不同的功能，可同时打开不同窗口并根据需要移动窗口。

通过 MMI 服务器可进行数据预处理（处理通过 RTU 和 PCU 从联锁传输来的数据）、自动列车跟踪、自动进路设置、列车自动调整、命令输出，通过 PCU 向联锁输出命令、存储操作日志和报警清单。

b. COM 服务器。

VICOS OC 501 的核心是 COM 服务器，它是实时过程控制计算机，具有全部自动功能，包括：运营控制中心的主要控制功能、列车运行监督功能、列车进路设定功能、列车自动调整功能。

所有从联锁和外围系统发送来的数据都是先送到该服务器，并进行处理。自动运行控制功能、自动列车跟踪和自动列车调整也在此服务器上完成。这些功能是由调度员通过 MMI 服务器进行控制的。

对于 COM 服务器，采用了带有无延时转换的热备冗余。热备的 COM 服务器保证了当服务器发生故障,其功能相互替换时不丢失数据。

c. ADM 服务器。

ADM 服务器用于中央数据存储,储存系统所有的统计数据和应用软件包括主数据,提供通用数据管理和向 ATS 提供档案设施。ADM 服务器存储属于该系统的所有系统数据并且一般不能改变,如线路示意图和配置数据。当系统启动,或当数据被改变时,当前的有效数据提供给所有其他计算机。

ADM 服务器采用带有自动转换的备份冗余。备份服务器含有 ADM 服务器的软件和数据。当主服务器故障时,备份服务器接管 ADM 功能。

d. TTE 服务器。

TTE 服务器用来实现时刻表的生成、编辑、修改和存储等时刻表的管理工作,是建立离线时刻表的操作员控制台。

除上述服务器外,中心设备还包括模拟培训工作站、维护员工作站、打印机和控制中心模拟盘等设备。

②过程耦合单元 PCU

PCU 在 RTU 和 VICOS OC 501 的 COM 服务器之间传输数据。所有的 RTU 通过冗余的串口连接到 PCU。外部子系统的接口,如列车无线、FAS、BAS 等,将通过一个串口连接到 PCU。

PCU 的主要部件是 SIMATIC(PLC)自动化单元,提供不同的硬件接口,并且转换通信设备间的协议。

③车站远程终端单元 RTU

RTU 是 VICOS OC 501 系统与外围系统的过程耦合单元,其他子系统,如列车识别系统 PTI、乘客向导系统、发车计时器 DTI 和局部控制盘 LCP,均通过 RTU 与 OC 101 通信。

RTU 安装于正线设备集中站和车辆段信号设备室,正线的 RTU 主要用于连接 VICOS OC 101 系统与外围子系统的连接,同时它也负责故障降级下的进路设定、停站时间计算和局部控制盘 LCP 的连接。

车辆段 RTU 主要用于从车辆段联锁设备采集停车库轨道占用状态和进段信号机的开放状态,并把它们传输到控制中心 COM 服务器进一步处理。

④车站控制室设备

车站控制室设备主要是 VICOS OC 101 设备,用于本地控制和显示,对本地联锁区域进行监控。VICOS OC 101 的用户界面与 VICOS OC 501 的用户界面一样。

所有要求联锁操作的功能都能在本地操作员工作站 LOW 上执行。不仅正常的联锁操作如排列进路、道岔转换等,其他与安全相关的功能也能在 LOW 上执行。

(2)网络通信

VICOS OC 501 系统、联锁和外部系统之间的通信,视系统的复杂性和规模的不同而不同。VICOS OC 501 系统中的服务器和过程耦合单元 PCU 之间的通信是通过以太网进行通信,通信协议采用 TCP/IP 和 ISO/OSI;计算机联锁通过 PROFI BUS(过程现场总线)与 RTU 相连。

SOFT BUS 为 ISO 层模型中的 5 ~7 层而创建。VICOS OC 501 软件部件通过 SOFT BUS 进行通信。通过 NFS(网络文件系统)可以获得其他系统的数据,NFS 是 UNIX 操作系统部件,采用 TCP/IP 协议。

(3)与其他系统的接口

①与车站设备的接口

与车站设备(本地控制盘 LCP、停站时间表示器和乘客信息)通过数据总线连接。

②与电力监控系统(SCADA)接口

它是 ATS 与 SCADA 系统之间的数据交换接口。从 SCADA 获取的信息可以使 ATS 显示牵引动力的状态。SCADA 系统与控制中心的 PCU 连接,数据通过 4 线 RS-422 传输,以全双工的方式运行。

③与时钟系统的接口

主时钟系统向 VICOS 提供接口,VICOS OC 501 系统内部时钟与主时钟系统同步,并向它的子系统(SICAS 联锁、LZB700M)的与时间相关的控制功能传递时间信息。

④与无线通信的接口

在信号系统与无线电通信系统之间传送有关列车构成和位置信息。此信息允许无线通信系统的用户根据列车车次号联系列车。通过使用 4 线 RS-422,以半双工方式,数据接口可完成两者之间的数据传输。

⑤与乘客向导系统的接口

控制中心的 COM 服务器通过 PCU 和 OTN 与车站的 RTU 连接。RTU 的服务器防止在联锁所在的车站,RTU 中插入具有数据总线的功能接口板,1 个接口板可以控制 4 个车站。把数据发送给乘客向导系统,接收到的信息必须由乘客向导系统分配,用于在站台上指定的乘客向导显示牌显示列车的到站时间和目的地。发车时间显示器显示列车的发车时间。

3. ATP/ATO 子系统

西门子的 LZB700M 连续列车控制系统包括列车自动防护子系统(ATP)和列车自动运行子系统(ATO)。

LZB700M 利用 FTGS 数字无绝缘轨道电路连续地向列车传输数据,连续监督和控制列车的运行。

ATP 轨旁单元连续地从联锁、轨道空闲监测系统和计划数据中接收控制命令,并传输到 ATP 车载单元。ATP 车载单元根据这些数据和列车制动率计算出在当前位置的允许速度。驾驶列车所需要的数据通过驾驶室内的显示屏显示给司机。

(1)系统配置

LZB700M 设备由车载设备和轨旁设备组成。轨旁设备采用 ATP 轨旁单元、FTGS 数字音频无绝缘轨道电路、同步定位单元、PTI 轨旁单元、乘客向导牌和发车指示器。车载设备由 ATP 车载单元、ATO/PTI 车载单元和司机人机接口 MMI 以及 OPG、PTI 和 ATP 天线组成。车载设备和轨旁单元采用故障—安全计算机系统。

(2)ATP 轨旁单元

ATP 轨旁单元是 LZB700M 系统同整个列车防护系统其他要素的主要接口,采用基于故障—安全的 SIMIS®微机构成。SIMIS®微机采用三取二安全结构,以提高系统的安全性和可靠性。

①轨旁单元的功能

a. 摘录司机指令；

b. 存储线路参数；

c. 与计算机联锁接口；

d. 同相邻设备集中站轨旁单元的通信；

e. 与 FTGS 轨道电路的接口；

f. 与外部设备的接口(自诊断、接点输入、紧急停车输入)。

②轨旁单元的输入数据

ATP 轨旁单元为决定运行命令,需要来自联锁、相邻 ATP 轨旁单元和紧急停车单元的数据,以及恒定的线路参数,具体有：

a. 线路的设计；

b. 设计的速度限制——最大安全速度；

c. 临时限速区段；

d. 设计的安全区段；

e. 道岔设定；

f. 道岔区段的侧向限速；

g. 进路的入口；

h. 轨道空闲检测；

i. 紧急停车。

③轨旁单元和车载设备之间的数据传输

从 ATP 轨旁单元到 ATP 车载设备之间的传输时单方向的,数据以报文的形式传输,数据传输速率为 200Bd。数据以固定的长度分配到报文中,报文通过 FTGS 传输。

④FTGS 轨道电路

FTGS 轨道电路是 LZB 700M 的发送设备,从钢轨向列车发送信息以及作为列车占用轨道的检测设备。一个 LZB 轨旁单元最多能带 40 个轨道电路。

⑤ATP/ATO 车载设备

LZB 轨旁设备通过钢轨不断地向 ATP 车载设备传送列车运行指令,车载 LZB 700M 单元接收来自 LZB 700M 轨旁设备的数据。

ATP/ATO 车载设备由 ATP 车载单元、ATO 车载单元、ATP/ATO 天线(每个驾驶室两个)、人机接口 MMI(与车辆共用)、测速电机(每列车安装两个)和服务/自诊断等设备组成。

a. ATP 车载单元。

ATP 车载单元用来保证列车安全,检查列车运行与限制条件的一致性。列车超速运行将引起紧急制动,并使列车停稳。

b. ATO 车载单元。

ATO 子系统是在 ATP 监督下运行的非安全系统,完成列车自动运行、列车速度调整、列车目标制动、车门控制等任务。ATO 能够计算出列车至下一站运营停车点的距离轨迹,同时对速度曲线进行优化。列车接近车站时,借助于车站内的列车定位系统(SYN 环线),对列车实施制动,并保证停车精度控制在误差不超过 ±1m 的范围内。

为保证 ATS 的列车运行自动调整功能，ATO 将根据计划时刻表或调整后的时刻表，控制列车的巡航/惰性运行状态，按规定的时间控制列车在站间运行。区间运行时间的控制以时间单位“秒”为可控精度。

ATO 把收集到的列车数据，传送给 PTI 再传送给 ATS，ATS 使用这些信息优化列车运行。

c. 天线。

ATP 天线安装在列车下部走行轨的上方，能感知通过轨道电路发出的信号。每个驾驶室装备一对 ATP 天线，只有驾驶室在使用时 ATP 天线才被选用。另外，每列车应配备一个 PTI 天线，PTI 天线应安装在列车下面，在车下最前轴的前面。

d. 速度脉冲发生器 OPG。

OPG 实时检测列车的速度，向 ATP 提供输入，用以完成所需的速度、距离和方向的计算。OPG 安装在列车前部车辆后转向架的两个轴上。如果一个 OPG 安装在前轴的左轮上，另一个应安装到后轴的右轮上；反之亦然。

e. MMI 显示器。

安装在驾驶室的控制台上，靠近控制面板。MMI 显示器用于向司机显示列车的运行参数。

f. 控制部件。

控制部件安装在驾驶室的控制台上，用于向司机提供各种控制接口。控制接口包括：钥匙开关、ATO 释放、紧急制动、紧急制动的回读、车门控制、允许车门按钮、ATO 启动按钮、RM 按钮、自动折返按钮、风扇控制、故障开关等。

⑥故障条件下的运行

a. ATP 轨旁故障。

ATP 轨旁故障时，要继续运行必须满足下列条件：ATC 电源打开、ATP 开关在“ON”的位置、启动前按下 RM 按钮。

b. 车—地之间的通信中断。

在满足 ATC 有效和 ATP 开关在“ON”的位置，如果 ATP 车载设备与 ATP 轨旁设备之间的通信中断，系统将自动切换到 ATP 限制模式。在这种情况下没有必要按下 RM 按钮。

c. ATP 车载设备故障。

ATP 车载设备故障时，ATP 将启动紧急制动。

d. 定位丢失。

如果 ATP 丢失了列车的定位，列车将启动紧急制动。司机需要按下 RM 按钮继续运行。

e. 列车超出停车窗。

如果列车在车站上没有停在停车窗之内，司机可以手动打开车门。

f. 丢失所有车门关闭的指示。

如果 ATP 没有认可所有车门都关闭，司机需要按下“允许车门”按钮，连接 ATP 启动的车门锁闭。

⑦服务/自诊断设备

ATP 和 ATO 功能均与服务/自诊断 PC 接口。诊断接口包括安装在 ATP 车载设备信号分配器上的连接器，接口为双向 RS-232 串行接口，最大传输速率为 19200Bd。数据位为 8 位，采用一个停止位和奇数校验。

服务/自诊断接口对 ATP 车载设备的运行提供信息处理记录,允许安全数据(如车轮轮径和制动曲线)输入至 ATP 车载单元。

在诊断和维修时,与 ATP 车载单元连接的诊断 PC 可输出:来自速度监督功能的列车数据、状态信息、处理数据、记录数据及差错信息;来自速度监督、方向监督、车门监督、紧急停车监督、外部触发的紧急制动监督、报文监督及内部运营监督功能的紧急制动。

4. 系统的特点

(1)为提高设备的可用性和可靠性,采取了多种措施:

①ATP 安全系统按故障—安全原则设计,采用冗余技术;ATS 系统采用双套冗余系统,系统可靠性和安全性高。

②采用多级控制方式,由控制中心控制(人工及自动)、RTU 后备自动控制、车站控制(人工及自动)方式。

③模块化设计,故障识别及自动控制模式的自动切换,便于维护和维修。

④以单架信号机及单列列车为基本单元的自动功能设定及取消。

⑤自动功能设定的多种操作方法。

⑥灵活、多样、简便的人工介入控制手段。

(2)设计适合信号系统功能要求并满足运营管理需要及其他专业接口要求的列车识别号管理系统。

(3)设计带有运营要求特征,如列车跳停、折返、回库、库车、清洗等的列车目的号,以支持系统的自动功能和管理要求。

(4)增强列车运行自动调整功能及人工介入能力,各系统均按人工优先原则进行设计:

①对列车在车站发车时间的调整采用列车实际到达车站的时间与实施运行图比较,比较结果送至站台倒计时发车时间显示器,控制其倒计时起始时间;

②对列车在区间的运行时分的调整,采用列车在车站的实际发车时间与实施运行图比较,比较结果送至 ATO 车载设备,控制列车以秒计的区间运行时分;

③设置列车运行修正时间,对每一列车或全部列车的图形运行时间进行以分计的修正,使列车自动运行调整功能符合调度员的意图,以有利于保持及恢复列车等间隔运行;

④在车站设置现地控制盘,使车站具有与控制中心一样的对到站列车进行扣车、放行、跳停等控制能力。

(5)完善的乘客向导信息。在上下行站台各安装两台乘客信息显示盘,由控制中心直接控制旅客信息显示盘的工作状态。向乘客提供的信息包括:列车终到站、以分计时倒计时的列车到站时间预告、列车在本站是否停站等信息。

(6)完整的 ATS 子系统管理功能。管理功能包括:使用人员登记进入和退出;各工作站职责范围及权限的分配;按工作性质进行操作人员分类,以及各类操作人员的权限分配;以上功能的控制及管理。

(7)自动编制列车运行图。列车运行图是轨道交通各部门进行日常工作的纲领性文件,各部门的日常工作均需要以完成列车运行图规定的运输任务为目标。自动编制列车运行图的设计原则具体如下。

①由输入的运行要素直接自动生成运行图。运行要素包括:当天运营起始及终止时间、不同列车运行间隔的时间分段、各时间分段内的列车运行间隔、各车站的停车时间、列车在各区间的运行时分等。

②按不同的列车交路由各自的运营要素生成局部运行图并自动合成完整运行图。

③严格的运行冲突自动检查及提示。例如,追踪间隔及折返间隔不小于可实现值、停站时间不小于规定值、折返站作业间隔时分不小于可实现的最小间隔时分、排列进路的实时可能性。

④必要的人工介入手段,使运行图编辑人员的意图能得到完全体现,并能够清除运行图中存在的运行冲突。

⑤自动功能设定的多种操作方法。如,控制中心或车站对单架信号机、整个联锁区或控制中心对所有信号机自动功能的设定和取消、控制中心对单列列车或全部列车自动功能的设定和取消。

⑥灵活、多样、简便的人工介入控制手段。

(8)确定运行模拟系统的功能。具有培训、演示功能,有一套ATC离线设备,可用于员工培训和系统演示,不影响轨道交通系统的正常运行。

(9)根据运行要求确定运行数据存储功能、屏幕回放功能、各运行报告内容及文本、报警分类及提示、打印功能及打印机配置等。

第2节 ALSTOM ATC系统

ALSTOM的ATC分为两种:一是阿尔斯通公司研制的ATC,二是美国GRS公司[被阿尔斯通公司收购,也称为阿尔斯通信号(美国)公司]研制的ATC。上海轨道交通3号线采用的是ALSTOM ATC系统,上海地铁1号线采用的是GRS ATC系统。

1. ALSTOM ATC

(1)系统总体结构

ALSTOM ATC系统的总体结构如图10-3所示。

ATC系统由室内设备、室外设备、车载设备及OCC设备组成。

控制中心ATS:进行中央监督和时刻表管理。

车站ATS:进行车站状态的监督和与控制中心ATS的接口。

VPI2(联锁设备):执行进路联锁。

SACEM(ATP/ATO设备):执行列车自动防护和列车自动运行。

数字轨道电路SDTC:进行列车检测和地对车的信息传输。

点式传输信标系统:进行现场传输和轨道到列车的传输。

室外信号设备:信号机、转辙机等。

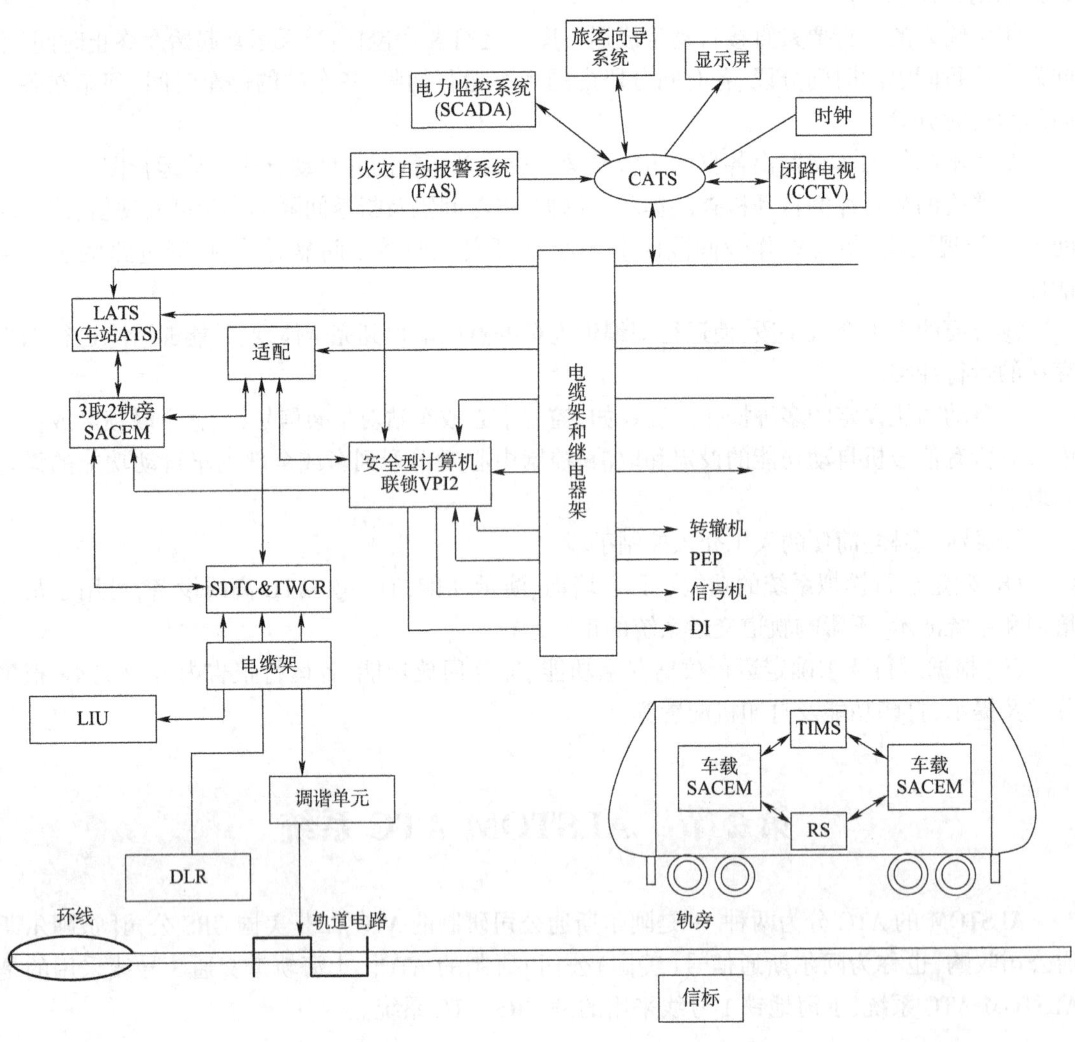

图 10-3　ALSTOM ATC 系统总体结构示意图

ALSTOM ATC 系统将一条线路划分为若干个 SECTOR 区,每个区包括 2 ~ 4 个车站以及相关的站间轨道电路。车站按照设备的布置分为主设备站、CBI(计算机联锁)站和无岔站 3 种。

主要的信号设备集中在主设备站。主要的信号设备包括:轨道电路机架、VPI2 机架、SACEM 的 SECTOR 设备以及车站 ATS 设备。除上述设备外,还包括信号机、转辙机、发车表示器 DI 和站台紧急停车按钮 PEP。

有联锁设备和车站 ATS 的车站称为 CBI 站。一个 CBI 车站包括轨道电路机架、VPI2 机架和车站 ATS 设备,还有信号机、转辙机、DI 和 PEP,它们由本站联锁设备控制。

没有道岔的车站成为无岔站。无岔站只有 DI 和 PEP,由控制无岔站的联锁设备远程控制,没有其他信号设备。

(2)联锁设备 VIP2

联锁设备 VIP2 建立在分散的处理器上,是实用性和安全性都非常高的进路联锁设备,并且控制所有轨旁设备的输入和输出。联锁设备放置在主设备站和集中联锁站上。

VIP2 控制和监督轨旁信号设备:从数字轨道电路 SDTC 接收轨道电路的占用信息,管理进路设置、转辙机控制并采集信号机、道岔、站台紧急按钮状态,通过安全传输链接向 SACEM 提供这些轨旁信息。

VPI2 系统处理进路联锁功能。SACEM 从 VPI2 接收"联锁状态"。所有来自 VPI2 和 SACEM 的操作和数据都发送到车站 ATS。

每个 VPI2 通过高速数据网络与相邻的 VPI2 相连。这些连接相互独立,以获得系统功能上的独立性并提高了系统的实用性,同时在正常状态和降级状态下还提供了高水平的车站控制。

每个 VPI2 机柜有热备冗余配置,保证设备的可靠性。在从主设备切换到备用设备期间,信号机不必要设置到它们的限制状态;列车能够继续运行并且进路能够继续排列。

(3)运营 ATS 子系统

①运营控制中心 ATS

运营控制中心 ATS 的主要功能包括列车追踪、定义任务和相应的时刻表、自动和人工排列进路、全线运行管理、报警管理和统计。

运营控制中心的 ATS 设备主要有中央 ATS 设备、中央冗余 ATS 应用服务器(热冗余)、前端处理机、不同操作员的工作站(2 个调度员工作站、1 个主调度员工作站、1 个维护/工程工作站、1 个培训工作站)、全线视频显示屏、打印机以及必要的通信设备。

运营控制中心的 ATS 设备通过双以太局域(TCP/IP)网进行相互数据传输;应用该服务器执行运营控制中心 ATS 功能的处理;前端处理器执行与外部系统之间的通信,与车站 ATS 和车辆段 ATS 之间的通信。

运营控制中心的 ATS 与车站 ATS 通信,以获得所有的数据信息,并把调度员命令发送给车站和信号设备。

视频显示器显示整个线路的视图,在显示屏上显示的设备状态与运行显示器上显示的一样,不能在显示屏上进行任何控制。显示屏上显示的能活动的元素有:轨道电路、道岔、进路、信号机、站台紧急按钮、列车确认号、接触网状况、火灾报警等。

②车站 ATS

车站 ATS 的主要功能:信号人工控制、自动排列进路和报警管理等。

车站 ATS 为其他信号子系统(SACEM、VPI2)与运营控制中心 ATS 接口提供了非常高的可用性。

每个 CBI 车站和主设备站设有一个冗余的车站 ATS 服务器和前端处理机服务器、一个车站值班员工作站和必需的通信设备。设备之间通过双以太局域网进行数据交换。

车站 ATS 服务器通过冗余的串行线与计算机联锁、本地轨旁 SACEM 设备相连,串行线通过串行连接开关自动连接到运行的计算机上。

每个车站的 ATS 与本站的联锁设备和中央 ATS 进行通信。主要设备站的 ATS 系统与 SACEM 的 SECTOR 设备通信。

③车辆段 ATS

车辆段 ATS 包括一个非冗余的前端处理器和两个操作员工作站。

前端处理器完成本地功能的处理，并且完成与外部系统的通信以及与中央 ATS 的通信；操作员工作站是获得和显示信息的设备。

(4) ATP/ATO 子系统

SACEM 是基于"目标距离原则"的 ATP/ATO 系统，分布在线路的旁边(轨旁设备)和列车上(车载设备)。

每个轨旁设备控制一个区域内的列车，一个区域包括一个或几个车站。该区域称为一个 SACEM 区。为了保证连续不断地控制线路上的列车，相邻 SACEM 区的设备也不断地交换信息。

①轨旁 SACEM 设备

轨旁 SACEM 设备放置在主设备站的信号设备室中，称为 SECTOR 设备。它从联锁设备接收轨道状态信息和站台紧急按钮 PEP 信息，从车站 ATS 接收运行调整信息。

轨旁设备发送给列车的数据包括轨道描述和轨道状态信息、从车站 ATS 接收到的运行调整命令、临时限速信息；轨旁设备从列车接收维修数据和 PTI 信息，并传输给 ATS。

轨旁设备在向列车发送信息的同时，需要向相邻的轨旁设备传送已发送给列车的信息，保证列车能安全越过其管界。

②车载 SACEM 设备

车载 SACEM 确保下列功能：列车定位，基于安全里程计加上轨旁信标；紧急制动控制，决定防护区域，并采取安全措施防止任何情况的危害。

车载 SACEM 安装在列车的两端驾驶室内，并与它的外围设备、天线、接收线圈以及里程计相连。通过接收线圈，车载设备接收来自轨旁 SACEM 设备的信息。所接收的信息包括：进路地图、轨道状态、临时限速以及运行调整命令等。根据这些信息，列车能够计算出前方下一个停车点，能够授权开门，能够提供列车自动运行、站内精确停车、列车识别、开门/关门命令、发车命令、事件记录和维修监督功能。

车载 SACEM 设备向轨旁设备发送维修数据和 PTI 信息。车载 SACEM 设备与车载控制台相连，以选取驾驶模式并通知司机，并且将速度限制和实际速度在显示单元 DDU 上向司机显示，同时采集来自司机的信息。

(5) 数字轨道电路 SDTC

数字轨道电路 SDTC 用来确保列车检测和地对车的通信，实现安全性列车占用检查以及断轨检测功能。

连续的地对车通信向列车提供安全的编码信息，编码信息描述了轨道信息以及道岔、信号机的状态、闭塞区间的信息。连续的地对车通信还为 ATO 以及运行间隔的调整传送非安全信息。

数字轨道电路与轨旁 SACEM 设备接口，以实现地对车的通信；与 VPI2 设备接口，实现列车占用检测以及地对车通信的通信方向。

SDTC 机架位于车站的信号设备室。室外设备有调谐单元及其相连的 S 棒及箱盒。

(6) 点式传输的信标系统

信标系统确保从列车到轨旁 SACEM 的通信，接收来自列车的维修数据和 PTI 信息。信标所接收的信息由相应的 SACEM 的 SECTOR 设备接收。

当列车驶过或停在信标上方时，特殊信标（称为初始化信标）允许列车初始化车载 SACEM 的位置。初始化结束后，列车的位置信息将由里程计测量位移来进行更新。在任何情况下，为保证列车位置的精确，列车必须不断通过特殊信标对列车位置进行重新定位。

（7）ATS 主要接口

ATS 系统与 VPI2 系统、SACEM 系统、SCADA 系统、时钟系统、乘客向导系统、火灾报警系统、通信网络系统、车辆段/停车场区域的联锁系统、CCTV 系统等外部子系统相连。

①与 VPI2 的接口

VPI2 与 ATS 子系统之间的接口位于主设备站和 CBI 站。车站 ATS 服务器通过冗余的串行接口与 VPI2 设备相连。

②与 SACEM 的接口

ATS 与 SACEM 的接口位于主设备站。车站 ATS 服务器通过冗余的串行接口与 SACEM 设备相连。

③与 SCADA 的接口

ATS 与 SCADA（电力监控系统）的接口位于控制中心。控制中心的前端处理器（FEP）通过串行链路与 SCADA 系统相连。

ATS 系统从 SCADA 系统接收接触网的状态。

④与时钟系统的接口

ATS 与时钟系统的接口位于控制中心。控制中心的前端处理器通过串行链路与时钟系统相连，实时接收时钟系统发送的当前日期和时间。

⑤与乘客向导系统的接口

ATS 与旅客向导系统的接口位于控制中心。控制中心的前端处理器通过串行链路与乘客向导系统相连，向乘客向导系统发送现行的时刻表数据。

⑥与火灾报警系统的接口

与火灾报警系统（FAS）的接口位于控制中心。控制中心前端处理器通过非冗余的串行链路与火灾报警系统相连。ATS 系统从 FAS 接收车站内发生的火灾报警。

⑦与通信网络系统的接口

通信网络允许双向通信：控制中心 ATS 和每个车站 ATS 之间的通信，控制中心 ATS 与车场区域的通信。

通过通信网络，使用点对点冗余的同步链接使得分布不同地理位置的 ATS 设备连接在一起。

⑧与车辆段联锁系统的接口

ATS 与车辆段联锁系统的接口位于车辆段，实时从车辆段联锁系统接收轨道电路状态以及出入段信号机的状态。ATS 系统不向车辆段联锁设备发送任何信息。车辆段由车辆段信号值班员根据车辆段内的列车运行状态排列进路。

⑨与 CCTV 的接口

ATS 与 CCTV 系统的接口位于控制中心，实时从 CCTV 接收图像信息，并显示在显示屏上。

图 10-4 为 ATS 系统与外部系统之间的信息交换示意图。

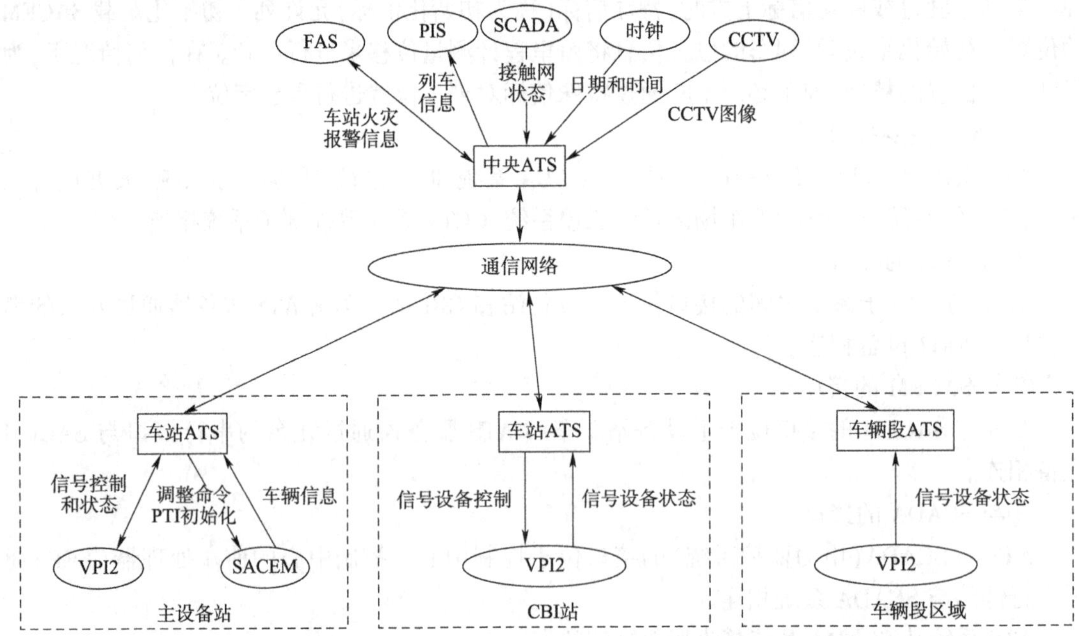

图10-4　ATS系统与外部系统之间的信息交换示意图

2. GRS ATC

(1)系统总体结构

GRS ATC 系统总体结构如图 10-5 所示。

按照设备所处的物理位置,GRS ATC 系统由现场设备、车载设备和运营控制中心设备三部分构成。

①现场设备

现场设备包括轨旁和车站 ATC 设备室、车站控制室内的 ATP 子系统的无绝缘轨道电路设备和联锁设备,以及 ATO 和 ATP 子系统的现场支持设备,车辆段联锁设备和 ATS 远程终端。

②车载设备

车载设备包括安装在列车驾驶室内的 ATP/ATO 设备、控制显示单元和 ATP/ATO 的发送和接收设备。

③运营控制中心设备

控制中心设备设有一套基于计算机的 ATS 设备。为便于统一管理,ATS 系统采用集中控制模式,全线设若干个有岔集中站,每个集中站管辖 2 ~ 3 个无岔站,受 ATS 中央控制。

(2)ATP 子系统

ATP 子系统由车载设备和现场设备两部分组成。

车载设备包括列车两端驾驶室内 ATC 机架上的两套 ATP 子系统模块,以及车底部的 2 个速度传感器和 2 个 ATP/TWC 接收线圈。司机操作台上设有一个 ATC 控制及显示单元,其上设有各种 ATC 信号显示器、指示灯和开关。

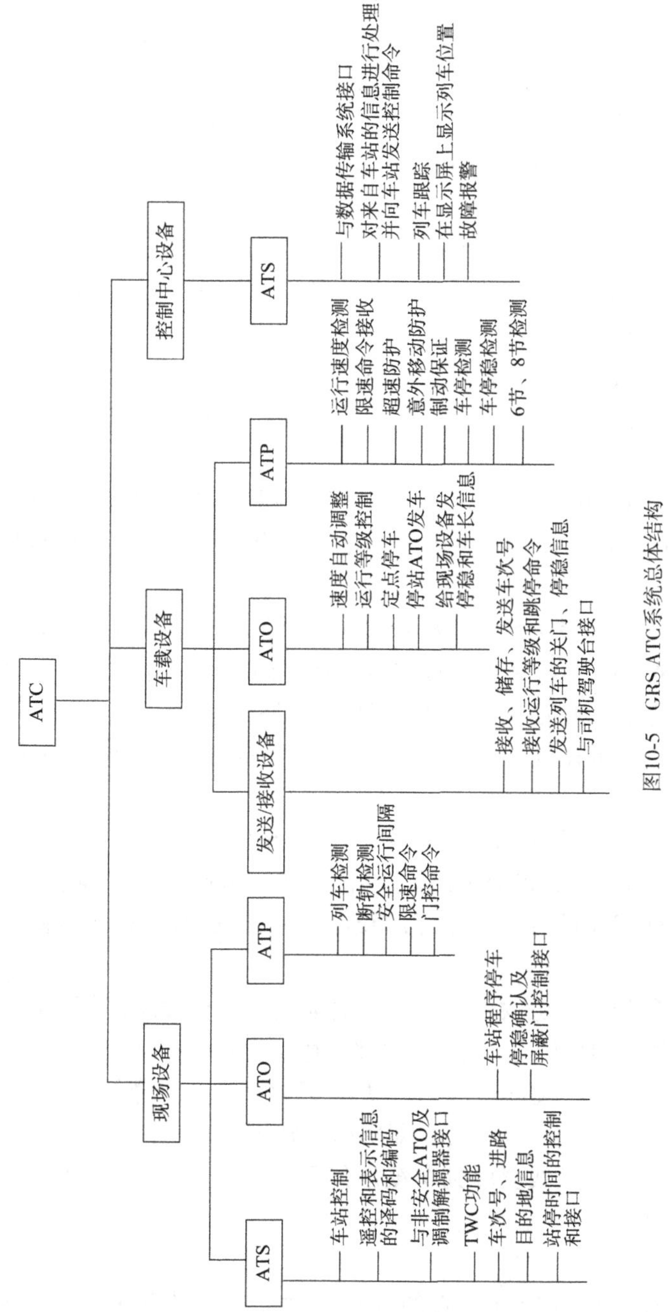

图10-5　GRS ATC系统总体结构

现场设备包括集中站 ATC 设备室内用于发送的 3 种 PC 板、ATP 速度命令选择和核准电路、安装在轨旁用于发送 ATP 速度命令的小型调谐阻抗连接变压器、调谐环线耦合器，以及交流二元相敏轨道电路区段的长环线。

ATP 速度命令信号采用低频脉冲调幅方式。载频为 2250Hz，有 8 种不同的调制频率，其中 6 种用于 ATP 速度命令，2 种用于门控命令，频率范围为 0 ~ 20Hz。

列车自动限速是对列车进行自动超速防护。超速时，ATP 实施全常用制动或紧急制动，将列车速度降至 ATP 速度命令之下，甚至停车。列车在 ATO 自动模式和 ATP 人工驾驶模式下，超速点为收到的 ATP 速度命令加上 3km/h；在慢速前行模式下，超速点为 20km/h；后退倒车的超速点为 10km/h。

当车载 ATP 子系统异常时，切断安全输出电源，引起紧急制动直至停车，或者转换到另一套 ATP 子系统。当列车在站台停稳且停车点的误差在允许范围之内时，车载对位天线和地面对位天线才能很好地感应耦合并进行车门和屏蔽门的开关操作。对车门和屏蔽门的开关操作需要地面和车载 ATP 设备以及车辆门控电路共同配合完成。地面 ATC 还将列车停准、停稳信息送至运营控制中心，作为列车到站的依据。待屏蔽门关闭后，车载 ATC 具备安全发车条件。

(3) ATO 子系统

ATO 子系统的设备包括驾驶室内一个由微处理器构成的 ATO 模块、车底部的标志线圈和对位天线，以及每个车站 ATC 设备室内的车站停车模块和沿每个站台设置的一组地面标志线圈。

ATO 为非安全系统。该子系统接收来自 ATP 的信息，包括 ATP 速度命令、列车实际速度和列车走行距离；从 ATS 系统和地面标志线圈接收列车运行等级信息。根据这些信息，ATO 通过控制列车上的牵引/制动系统，使得列车按照允许的速度运行。

考虑到站台屏蔽门的设置、方便乘客上下车，车门的开度和屏蔽门的开度要配合良好。为此，ATO 子系统定点停车的精度为 ±0.25m。

车站程序定点停车是靠一组地面标志线圈提供至停车点的距离信息，这组标志线圈的布置如图 7-5 所示。其中 350m 和 150m 标志线圈为成对布置，具有方向性。无源标志线圈具有固定的调谐频率，列车经过时与车载标志线圈产生谐振；有源标志线圈能发送特定的频率信号。

当列车正向运行经过 350m 标志线圈时，启动定点停车程序，列车按定点停车曲线运行。150m 和 25m 标志线圈的作用是根据停车曲线对实际车速进行校正。当列车通过 8m 标志线圈时，将收到一个频率信号，随即转入定位模式，减速率进一步降低。当车载定位天线与地面定位天线对齐时，收到一个频率信号，立即实施全常用制动，将车停住。若列车停准（在误差允许的范围内），地面定位天线会收到车载定位天线发送的列车停稳信号，然后才能进行开、关车门和屏蔽门的操作。

(4) ATS 子系统

ATS 子系统由位于运营控制中心的列车自动监控系统和 LDTS（现场数据传输系统）组成。

运营控制中心的列车自动监控系统设备采用两套计算机冗余设计。每套由 1 台控制处理机和 1 台通信处理机组成。两台控制处理机分别和通信处理机组成各自独立的列车自动监控系统，并互为热备用。两套系统通过转换模块与表示屏、终端、打印机、绘图仪、调制解调器相连，完成所有外围设备在两个计算机系统之间的切换。

控制处理机的主要作用是处理全线的表示信息，并通过显示设备，显示全线设备（道岔、信号和轨道电路等）和列车的运行状态；按照时刻表的要求或调度员的指令，产生相应的控制命令，并通过相关设备控制和调整全线列车的运行，采集和存储运行记录，并产生各种运行报告。

通信处理机的主要作用是完成运营控制中心ATS系统与各站数据传输单元DTM之间的表示信息和控制命令的交换，以及与车辆段远程终端的信息交换。

为了保证运营控制中心与现场设备间可靠地进行信息传送，GRS ATC采用了美国GRS公司的数据传输系统DTS，该传输系统采用DATATRAIN8的通信规程。规程中包括检测现场设备状态变化及CRC循环码校验等功能。DTS借助于光缆以PCM方式传送数据，速率为2400bit/s。DTS是一个全双工系统，包括运营控制中心数据传输设备（通信处理机和调制解调器）和车站数据传输设备（DTM机架）以及车辆段的远程终端。DTM机架分别位于联锁中心站和车辆段。

DTM的主要功能是采集现场设备的信息，包括轨道电路、信号机和道岔的状态以及TWC信息，并将这些信息发送给控制中心；向现场设备发送控制中心ATS命令，如排列进路、设置信号控制方式、折返模式和停站时间，以及设置车次号、运行等级、跳停指令等。

（5）系统特点

①ATC系统具有多层工作能力，一旦设备出现故障或发生突发事件，系统可降级使用；

②对行车调度，系统具有中央自动控制、带人工介入的中央控制和车站现场控制3种方式；

③对列车司机设置了4种驾驶方式，即ATO自动模式、ATP人工驾驶模式、手动倒车模式、ATP切除模式。其中，ATO自动模式只能用于正向运行，反向运行采用ATP人工驾驶模式。

本章习题

1. 简述西门子的TBTC（基于轨道电路的ATC系统）系统结构。
2. 简述基于轨道电路的ALSTOM ATC系统结构。

第11章 基于通信的ATC系统

第1节 西门子的CBTC系统

西门子的基于通信的ATC系统(西门子的CBTC系统)是由SICAS计算机联锁系统、TRAINGUARD MT移动闭塞式列车控制系统(ATP/ATO)、VICOS OC系统(ATS)组成。与西门子的TBTC系统不同,西门子的CBTC系统采用无线通信构成移动闭塞,而西门子TBTC的系统采用数字编码轨道电路构成准移动闭塞。它们的计算机联锁系统和ATS系统基本相同。

1.系统的结构

西门子的CBTC系统由VICOS OC、SICAS、TRAINGUARD MT三个子系统组成,分为中央层、轨旁层、通信层和车载层四个层次,分级实现ATC功能。

中央层分为中央级和车站级。在中央级,集中实现对线路上的列车进行控制;在车站级,为车站控制和后备模式的功能提供车站操作员工作站(LOW)和列车进路计算机(TRC)。

轨旁层沿着线路分布,由SICAS计算机联锁、TRAINGUARD MT系统、信号机、计轴器和应答器组成,共同完成所有的联锁和轨旁ATP功能。

通信层在轨旁和车站设备之间提供连续式和/或点式通信。

车载层完成TRAINGUARD MT的车载ATP/ATO功能。

西门子的CBTC系统结构如图11-1所示。

(1)VICOS

VICOS OC系统分为中央级的VICOS OC501和车站级的VICOS OC101。

来自SICAS ECC、Trainguard MT和其他外围系统的动态数据汇集在VICOS OC501的COM服务器并处理,ADM服务器负责中心数据存储和报告,前端服务器负责其他外围系统接入ATS服务器。

联锁站配有高可靠性的冗余PEP用于采集来自其他外部子系统(如乘客向导系统PIIS、发车计时器DTI、综合后备盘IBP)的信息。车站PEP向PIIS提供时钟信息。车站的现场信息最终传输到OCC的ATS计算机。

(2)SICAS

西门子计算机联锁系统SICAS主要包括列车进路计算机TRC和车站操作员工作站LOW。

SICAS使用联锁Profi Bus总线用于SICAS ECC的内部通信。LOW、TRC和S&D系统直接与SICAS ECC和TRAINGUARD MT通信。

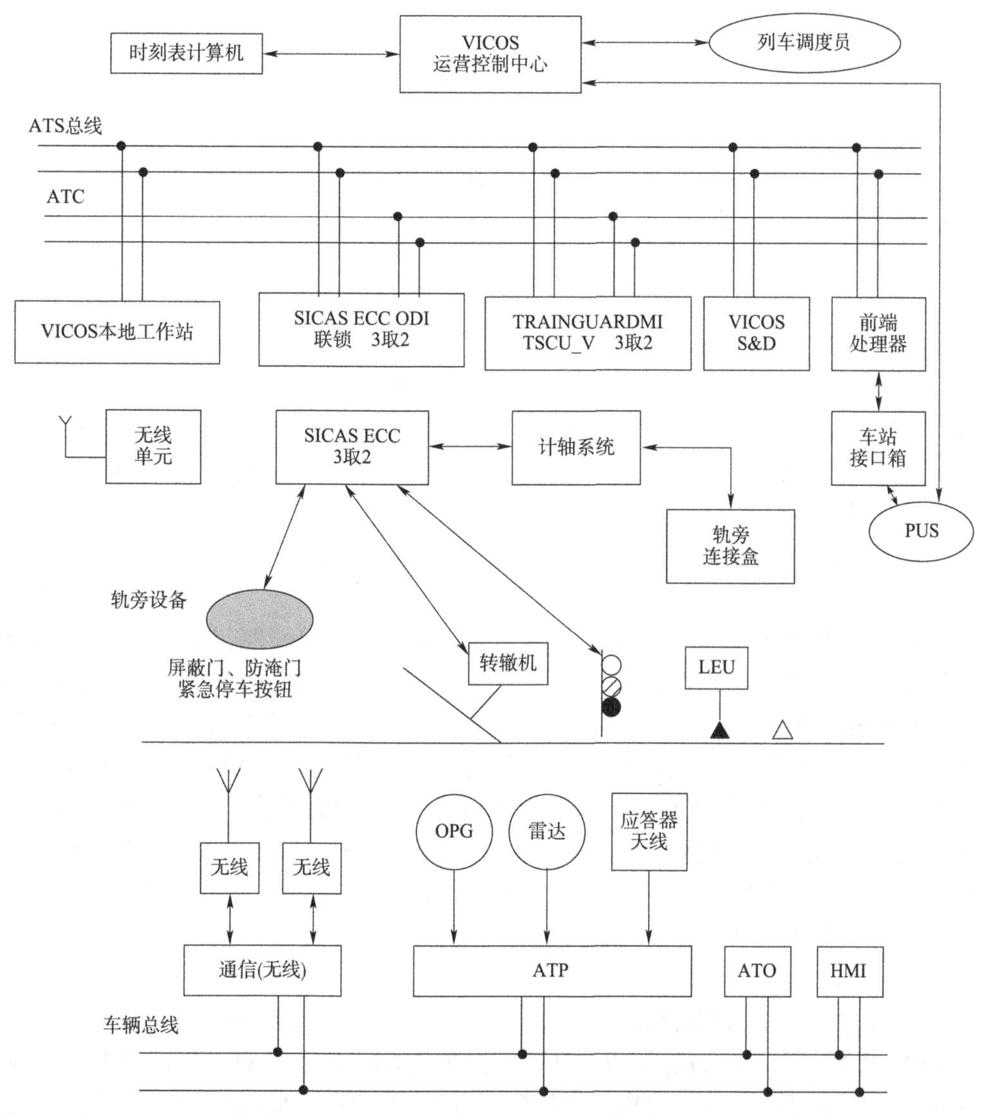

图11-1　SIMENS CBTC系统结构

ECC-元件接口模块;ODI-操作/显示接口;OPG-速度传感器;HMI-人机接口;LEU-轨旁电子单元;S&D-检查和诊断;TSCU-V-轨旁安全计算机单元

SICAS ECC ODI(ODI:操作/显示接口)和TRAINGUARD MT轨旁设备之间的通信通过ProfiBus总线实现。

(3)TRAINGUARD MT

TRAINGUARD MT系统包括ATP/ATO和通信设备。ATP/ATO设备分为轨旁设备和车载设备。轨旁设备与联锁系统、ATS子系统、车载设备以及相邻的ATP系统有双向接口。轨旁设备到车载单元之间的通信通过车—地之间通信网络(Train Wayside Communication,TWC)实现。

车载设备由2个相互独立的单元组成,分别安装在列车前后的驾驶室内。两个单元通过一个点对点的网络连接,不间断地相互通信。同时,2个单元分别连接到列车前后的列车控制系统。

2. 系统的功能

西门子 CBTC 的功能包括 ATS 功能、联锁功能、ATP/ATO 功能、列车检测功能、设备远程故障诊断功能试车线功能、培训和模拟功能。下面重点介绍前 5 种功能。

(1) ATS 功能

ATS 的功能除了自动进路排列(ARS)功能、自动列车调整(ATR)功能、列车监督和追踪(TMT)、时刻表(TTF)、控制中心人机接口 HMI 和报告、报警与文档等主要功能外,还改进和增加了以下功能:在 CTC 通信级使用双向通信通道;在后备运营模式下,车站级可以输入车次号;TRC(列车进路计算机)取代 RTU 的自动进路排列功能;提供独立的冗余局域网段等。

正常情况下,各线的控制中心行使行车调度职权。当各线的控制中心的 HMI 丧失有效的行车调度和控制功能或当运营需要时,系统应能切换至综合控制中心进行调度和控制。系统的切换可人工操作,也可自动进行,但自动切换时须经人工确认。

(2) 联锁功能

西门子的计算机联锁系统 SICAS 的功能主要包括轨道空闲处理(TVP)、进路控制(RC)、道岔控制(PC)和信号机控制(SC)等。另外,联锁系统与 ATS 系统相结合,可实现中央 ATS 和联锁设备的两级控制。根据运营要求,可实现自动或人工对进路的控制。其中,人工控制包括中央级 ATS 的人工控制和联锁设备的人工控制;自动控制分为中央 ATS 自动和联锁设备自动控制。人工控制的优先级高于自动控制。根据运营需要,中央级控制和车站级控制(联锁设备控制)可进行切换。在控制权的转换过程中及转换后,未经人工介入,各进路的原自动控制模式不变。在特殊情况下,可不经控制权的转换操作强制进行联锁设备的控制。在车站与 OCC 通信中断的情况下,可在本地工作站 LOW 和列车进行计算机上对进路进行控制。

(3) ATP/ATO 功能

ATP/ATO 除了 ATP/ATO 轨旁、通信、ATP/ATO 车载等主要功能外,还改进和增加了以下功能:不使用 PTI 进行信息交换,相应的功能可以通过双向通信信道在 CTC 实现;适应线性电机系统的线路条件,满足与线性电机接口的新要求;提供 ATO 冗余;ATO 控制列车的原理适应移动闭塞的要求。

TRAINGUARD MT 的核心功能是移动闭塞列车间隔功能,根据线路的空闲状态和联锁状态(道岔状态、进路状态、运行方向、防淹门状态、PSD 状态、ESB 状态),产生移动授权。

正线区段(包括车辆段出入段线、存车线、折返线)具有双线双方向人工全自动驾驶运行功能。列车进站停车时采取一级制动(连续制动曲线)的方式,按一级制动至目标停车点,中途不得缓解,且在进站前不会有非线路限速要求的减速台阶。

(4) 列车检测功能

西门子 CBTC 系统采用计轴器对列车进行检测。

(5) 设备远程故障诊断功能

西门子的信号系统具有完善的远程故障自诊断功能,对全线的中央设备、车站设备、轨旁设备、车载设备以及车—地通信设备进行实时监督和故障报警,能准确报警到可更换单元等,便于及时更换,并能根据用户需要经过通信传输通道在车辆段维修中心实施远程故障报警和故障诊断。

3. 系统特点

西门子的 CBTC 系统的最大特点是采用无线通信,构成移动闭塞。它是一个模块化的系统,可以适用于不同的需要。

(1)连续式和点式通信方式并存

两种通信方式可以单独使用,也可同时使用。

连续式通信使用无线实现车—地之间的双向连续通信。基于连续式通信,列车根据移动闭塞原理,提供最小运行间隔,构成移动闭塞。

点式通信采用应答器从轨旁向车上传输数据。配合点式通信,列车根据固定闭塞原理,构成固定闭塞。固定闭塞运行通常作为移动闭塞运行的后备模式。

(2)混合运行

装备和未装备 ATP/ATO 的列车可以在同一线路上运行;人工驾驶的列车和采用 ATO 自动驾驶的列车可以在同一线路上运行。

(3)可升、降级运行

系统可以容易地从后备运行模式(点式通信、固定闭塞)升级到高性能的等级(连续通信、移动闭塞)运行,直到无人驾驶的运行等级。

(4)易扩展

装备西门子 CBTC 系统的线路很容易得到扩展,增加车站和列车。

4. 通信级别

(1)连续式通信

在连续式通信级,CBTC 系统提供基于移动闭塞原理的列车安全运行。车—地之间使用无线进行双线通信。列车通过检测和识别应答器确定自己的位置。在 ATO 模式下,ATO 系统完全自动控制列车运行到终点站。

在 SM 或 AM 模式下,列车以移动闭塞运行。列车上保存有关线路的数据(线路数据库 TDB),TDB 中包含应答器的位置数据。结合来自测速设备和雷达的位移数据,每个车载 ATP 计算本列车的位置,并通过连续式通信发送位置报告给轨旁 ATP。轨旁 ATP 追踪列车,基于本列车和前行列车的位置报告和轨旁检测的空闲信息,通过连续式通信向车载设备发送移动授权报文。

SICAS 联锁是底层的列车防护系统,也负责移动闭塞下的列车安全。ATP 负责列车的安全间隔,并连续监督联锁状态。当联锁条件不满足时,列车的移动授权不能越过信号机。同时,列车运行时连续监督联锁条件。

(2)点式通信级

点式通信级是连续式通信级的后备模式,或在部分对列车运行间隔有较低要求、允许使用固定闭塞的线路使用。

在点式通信级,使用应答器进行轨旁到列车的通信。此时,移动授权来自信号机的显示,并通过可变应答器由轨旁传输到列车。列车在线路上的定位与连续通信级一样。

(3)联锁级

在连续式或点式通信故障时作为降级运行模式,可由轨旁的信号机为列车提供全面的联锁防护。此时,没有轨旁到列车的通信,列车的运行完全依靠司机观察信号机的状态进行。

第2节　ALSTOM CBTC 系统

阿尔斯通(ALSTOM)公司的CBTC有两种系统:基于裂缝波导管的CBTC系统和基于无线网络传输的CBTC系统。

1.基于裂缝波导管传输的CBTC系统

(1)系统的结构

基于裂缝波导管的CBTC系统结构如图11-2所示。

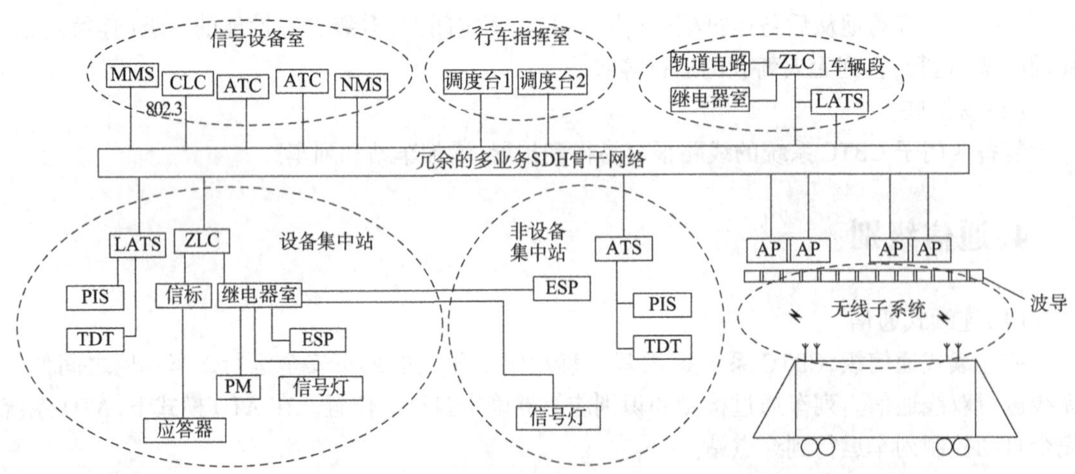

图11-2　基于裂缝波导管的CBTC系统结构示意图

TDT-列车发车计时器;PIS-乘客向导系统;ESP-紧急关闭按钮;ZLC-车站联锁;AP-接入点;NMS-网管系统;CLC-线路控制器;PM-道岔转辙机;MMS-维护管理系统

信号系统设备主要分布在控制中心、车站、车辆段和列车上。

信号系统的主干网络采用基于SDH多业务网络,用于实现运营控制中心、车站以及车辆段之间的通信,确保信号各个子系统能够完全通信。列车与地面之间的通信采用裂缝波导管,以实现车—地之间的双向通信。装备SDH设备的车站直接与核心SDH网络相连接,没有配置SDH设备的车站由以太网交换机连接到最近的SDH设备。

①运营控制中心设备

运营控制中心分为行车指挥室、中心设备室、培训室和运行图编辑室。

行车指挥室设备包括 1 个调度长工作站、3 个调度员工作站和 1 个远程调度长工作站，用于行车监督与中心显示屏的接口；1 台 A3 彩色激光打印机，用于打印运行图；2 台 A3 黑白激光打印机，其中一台用于数据报表打印，一台用于报警打印。

运行图编辑工作室配备 1 台时刻表/运行图编辑工作站和 1 台彩色喷墨打印机。

培训室配置 1 台培训服务器、1 台培训工作站和 1 台彩色喷墨打印机。

中心设备室包括 2 台 ATS 应用服务器、2 台 ATS 的数据库服务器，1 台 ATS 的磁盘阵列柜，2 台 ATS 的通信前置机，1 台 ATS 的维护员工作站和 1 台彩色喷墨打印机，2 台网关计算机，2 个 NMS 网管工作站，1 台中央线路控制器，2 台带维护终端的轨旁 ATP/ATO 计算机，1 台 DSU（用于进路地图管理），1 台用于连接到骨干网的以太网交换机，1 台冗余 SDH 多路复用器。

②车站设备

设备集中站设备包括：1 套冗余 ZLC 和相应的 SDM、继电器架和计轴器机柜、应急控制盘、PIS 盘和发车计时器、用于管理列车停车模式的欧式编码器、冗余本地 ATS、冗余 ATS 车站操作员工作站、ATS 控制器接口、连接到骨干网的交换机。

非集中设备站配置有两种，一种有 SDH 设备，另一种没有 SDH 设备。有 SDH 设备的非集中设备站的设备包括：ATS 操作员工作站、ATS 接口控制器、连接到骨干网的交换机、冗余 SDH 多路复用器、中继继电器、PIS 盘和发车表示器、站间和车站用于无线传输的接入点。

③车辆段设备

为了独立和人工管理车辆段，车辆段配置的设备包括：1 套冗余 ZLC（联锁系统）、继电器箱和轨道电路架，冗余本地 ATS、冗余 ATS 车辆段信号值班员工作站、连接到骨干网的交换机、冗余 SDH 多路复用器、轨旁无线设备用于停车库线通信。

④车载设备

每个驾驶室都有一套完整的车载 ATP/ATO 系统、司机 MMI、4 个天线（2 个用于裂缝波导传输、2 个用于自由无线传输）和 2 个调制解调器（每个调制解调器控制 2 个天线）。

（2）基于裂缝波导管的 CBTC 系统的移动闭塞工作原理

基于裂缝波导管的 CBTC 系统是由 SACEM 系统演变而来，包括整个移动闭塞和列车控制。

①安全保护

基于裂缝波导管的 CBTC 系统中的轨旁 ATP 设备为轨道上的每列列车建一个可跟随列车位移的变化而移动的虚拟安全范围，该虚拟安全范围称为自动防护（Automatic Protection，AP）的安全范围，也称为一个移动闭塞分区。每列列车建立一个 AP，其他列车不能进入这个 AP。

ATP 根据无线传输的列车位置信息建立 AP。此信息在位置报告消息中发送，每隔 400ms 发送一次。发送的主要信息为列车的速度和位置，另外还含有列车车次号、时间戳，含有时间有效性。根据信息传输的时间间隔，AP 的大小和位置每隔 400ms 刷新一次。

②列车间隔保护

轨旁 ATP 设备是负责列车间隔的子系统，车载 ATP 负责根据轨旁 ATP 设备给出的数据安全限制驾驶列车，即对列车的速度进行防护。

由于轨旁 ATP 设备为区域内的每列列车建立一个 AP，车载 ATP 随时可掌握每个自动防护安全范围在线路上的位置，因此可进行列车间隔防护。轨旁 ATP 根据每个 AP 的位置和联锁设备发送的轨旁设备的状态计算授权终点，此授权终点信息发送给每列列车。授权终点信息还包括有关道岔位置和信号机状态等方面的信息。

如图 11-3 所示,列车 A 发送一个位置报告,并收到一个授权终点消息。因此,A 车的车载设备 ATP 知晓其授权终点在列车 B 的车尾的 AP 处。列车 B 的授权终点是红色信号灯。

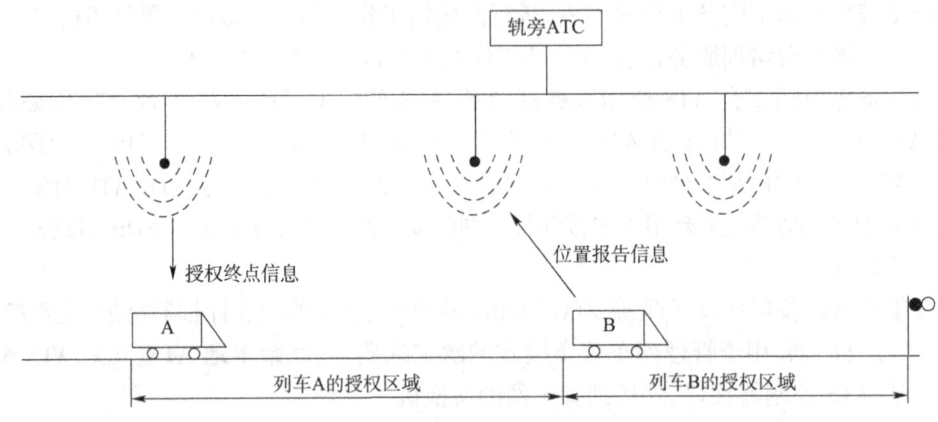

图 11-3　授权终点示意图

(3)车—地通信

基于裂缝波导管的 CBTC 系统采用裂缝波导管进行车—地之间的信息传输,使用 SACEM 编码策略,轨旁 ATP/ATO 与车载 ATP/ATO 进行无线连接。

①裂缝波导管

裂缝波导管是一种内壁光洁、具有空心特征的金属导管,其主要功能是用于传送超高频电磁波,通过裂缝波导管对脉冲进行传递,能够保证在最大降低信号损耗的情况下完成信号的传递任务。采用裂缝波导管进行无线数据传输,不但具有较高的可靠性以及较低的损耗,还具有非常高的抗干扰性。

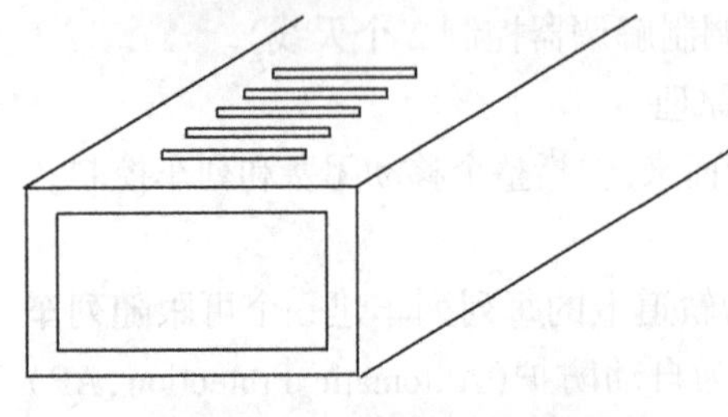

图 11-4　裂缝波导裂缝天线示意图

矩形裂缝波导天线的结构如图 11-4 所示,主要由裂缝波导、波形滤波器组成。

裂缝波导在裂缝波导管平面壁开一系列的窄缝,使得裂缝波导管内的电磁波能够辐射出去。每个裂缝相当于一个小天线,全部小天线组成一个天线阵,具有很好的方向性。

通常情况下,对于地下运行,裂缝波导管天线安装在隧道的顶部;对于高架或地面,裂缝波导管安装在走行轨的旁边。轨旁传输设备安装间隔为 800 ~ 1000m。

②无线协议

基于裂缝波导管的 CBTC 系统的通信完全符合 CENELEC EN-50129-2 规范(欧洲标准)。对于列车与地面传输的信息,如列车向地面发送的定位信息以及地面向列车传输的授权信息等,基于裂缝波导管的 CBTC 系统采用 SACEM 编码策略与列车进行无线连接。

(4)系统特点

①高安全性和可靠性

系统中凡涉及行车安全的设备均满足“故障—安全”原则,主要行车设备的计算机均采用多重冗余技术，所有安全系统设备均具有权威机构的安全认证，以保证系统连续不间断工作。

安全性的获得（错误侧故障率为 $1\times10^{-9}/h$）是通过列车自动控制、计算机联锁、列车检测等设备满足 SIL4 安全认证而得以保证。

②高可用性

为提高系统的可用性，具有灵活的控制模式并具有降级使用和后备模式。通过使用高度可靠的设备和在结构层使用冗余技术，使得每个子系统获得 99.999% 的可用性。

③最佳运行间隔

最佳运行间隔是通过移动闭塞技术实现的，实际运行间隔可达到 90s。

④易扩展性

易扩展性是通过骨干传输网络保证的。骨干传输网络采用标准的 SDH 多业务网络，可以通过增加骨干网络模块就可以实现增加车站或线路延伸。硬件和软件均按标准化功能模块进行设计，便于在线路及站场发生变化时对系统进行修改。

⑤高可维护性

高可维护性是通过每个设备的自检能力和通过数据通信将告警和诊断信息发送给控制中心实现的。

系统具有完善的自检和自诊断功能，能对全线的中央设备、车站设备、轨旁设备、车载设备以及车—地通信设备进行实时监督和故障报警。

2. 基于无线网络传输的 CBTC 系统

（1）系统结构

基于无线网络传输的 CBTC 系统结构与基于波导管的 CBTC 系统的结构基本相同，不同点在于车—地之间的无线通信系统不同，以及设置一个备用的运营控制中心。基于无线通信的 CBTC 系统结构如图 11-5 所示。

①运营控制中心设备

运营控制中心设备包括：线路控制器 LC、网络管理系统 NMS、数据存储单元 DSU、维护支持系统 MMS、中央 ATS（CATS）。

后备中心设备包括：线路控制器 LC、网络管理系统 NMS、数据存储单元 DSU、非冗余中央 ATS、ATS 培训模拟器。

②车辆段/停车场

车辆段/停车场设置 1 套本地 ATS（LATS）、1 套计算机联锁 CBI、1 套区域控制器 ZC、2 套 ATS 终端。

CBI 执行联锁功能并控制轨旁设备。区域控制器 ZC 对车辆段/停车场和试车线进行自动管理，执行 ATP/ATO 功能。

③设备集中站

设备集中站设置 1 套区域控制器 ZC，管理管辖范围内所有列车按移动闭塞运行；设置 1 套计算机联锁设备 CBI，执行联锁功能并控制轨旁设备，包括相邻的非设备集中站。

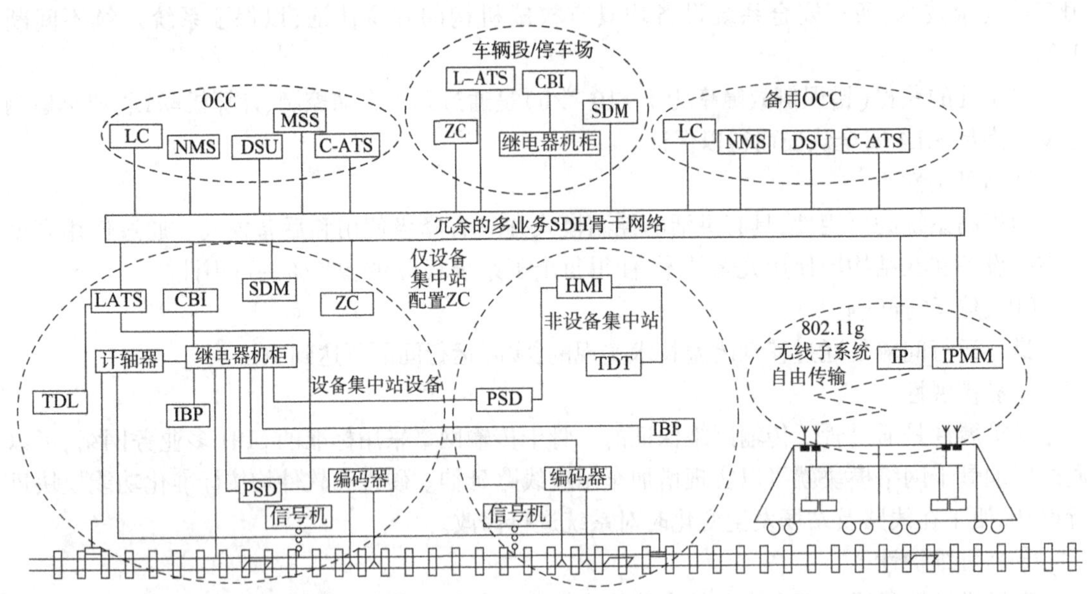

图 11-5　基于无线通信的 CBTC 系统结构

OCC-运营控制中心；LC-线路控制器；HMI-人机接口；C-ATC-中央 ATC；MSS-维护支持系统；NMS-网络管理系统；RB-重定位信标；DSU-数据存储单元；ZC-区域控制器；CBI-计算机联锁；SDM-联锁系统维护工作站；PM-道岔转辙机；TDT-列车发车计时器；IBP-综合后备盘；PSD-站台屏蔽门；VC-车载计算机；AC-信标

各设备集中站设置 1 套冗余的本地 ATS。

④车载设备

在每列列车上，两端各设置 1 套控制器 CC 和相关的输入/输出模块和传感器，能提供热备模式下的 ATP 和 ATO 功能。

⑤现场设备

现场设备包括信标、欧式编码器、计轴器、转辙机、信号机等。无源信标用于列车定位，设置在正线、出入场段线、车辆段/停车场（包括试车线）；有源信标和欧式编码器用于后备模式。

计轴器用于降级模式下的闭塞检测（正线、出入场段线和试车线）。

(2)数据传输系统 DCS

数据传输系统可分为两部分：用于实现 OCC 与各车站之间、车站和车站之间的通信的骨干网络，以及用于实现车—地之间通信的无线通信系统。

①骨干传输网络 BTN

骨干传输网络接入所有车站信号设备室（远程或直接）、中心设备室和车辆段/停车场的设备。其中部分配有 SDH 节点和以太网交换机，其他车站只配有以太网交换机，可通过专用光纤连接至临近站的 SDH 节点。

②无线通信系统

无线通信系统主要实现列车和地面之间的双向大容量通信，由地面设备和车载设备组成。

无线系统的轨旁设备由两个独立的冗余的无线网络组成，其目的是提高传输的可靠性。轨旁网络由与轨道沿线分布的天线和与骨干网相连接的无线接入点组成，用于车载 CBTC 系统和轨旁 CBTC 系统之间的信息传输。

每列车安装 2 各无线调制解调器，每个调制解调器与位于列车顶部以及每个驾驶室前方附近的两架天线相连。

(3) 系统的控制方式

系统提供两种控制模式：CBTC 模式和点式 ATP 模式。

CBTC 模式为正常模式，允许列车以移动闭塞方式运行(包括全自动驾驶)。

点式 ATP 模式，允许在 ATP 监督下某些降级配置的人工驾驶。

(4) 列车运行模式

基于无线通信的 CBTC 系统提供 6 种驾驶模式。正常情况下，系统完整运行时，系统采用自动驾驶模式，无需人工干预。人工驾驶模式用于降级模式。

①全自动驾驶 AM

AM 模式时 CBTC 系统的自动驾驶模式。在该驾驶模式下，系统实现对列车的自动驾驶，对 ATS 速度调整情况、站台定位停车、程序停车、车门关闭等由系统自动进行控制，无需人工干预，并确保列车平稳行驶。

②带启动按钮的自动驾驶 AMC

该驾驶模式属于完全自动驾驶模式。与 AM 模式不同的是，列车上司机，当 ATO 收到发车命令时，ATO 在 DDU 上显示一个告警信息，通知司机按压驾驶台上的启动按钮。

③CBTC 人工驾驶模式

该模式是非正常模式，需要司机手动控制列车运行。当 AM 模式失效时(如设备故障等引起)，必须使用该驾驶模式。该模式要求 DCS、ZC、LC 和 CC 全部可用。在该模式下，司机负责驾驶列车、在车站停车并控制车门开关，但仍然受 ATP 全面防护。

④受限制人工驾驶模式(RM)

该模式为在 ATP 监控下的人工驾驶模式，列车最大允许速度由 ATP 控制。只有 ATP 有效时才可应用该模式。

RM 模式通常在以下情况使用：降级运行；两个车载控制器 CC 均认为列车定位信息丢失；在线路的维护区。

⑤非限制人工驾驶模式(BY)

当 ATP 设备故障时，司机可采用该模式驾驶列车，并且该模式的使用需要在特定和严格的操作规则下才能使用。在该模式下，列车速度不受 ATP 保护，必须严格按照轨旁信号机的指示运行，安全由司机来确保。

列车必须在停车状态下才能转换到非限制人工驾驶模式。

⑥蠕动模式

对于正线运行的列车，在站间运行时，如果 ATO 故障，可由运营控制中心行车调度人员人工确认启动蠕动模式。列车以蠕动模式运行速度不能超过 20km/h。蠕动模式需要在列车停车后才能切换，并且列车的运行受 ATP 防护。

(5) 自动折返

在 AM/AMC 驾驶模式下，ATO 将驾驶列车并自动选择控制驾驶室。折返功能也可以根据操作人员从 ATS 发送指令到 CC 来触发。

本章习题

1. 简述西门子 CBTC 的系统结构。
2. 简述西门子 CBTC 系统的功能。
3. 简述采用波导管的 ALSTOM CBTC 系统结构。

第 12 章　城市轨道交通通信系统

通信系统是城市轨道交通各车站/车辆段与中心以及车站与车站之间的信息传输、不同线路的信息交换的通道，担负着基于所有信息传输的重任，所以通信系统在城市轨道交通中的地位非常重要。

第 1 节　通信传输系统基础

1. 通信传输网络的结构

通信传输网络通常由光纤骨干网络、网络节点、用户接口卡和网络管理系统组成。通信传输系统组成如图 12-1 所示。

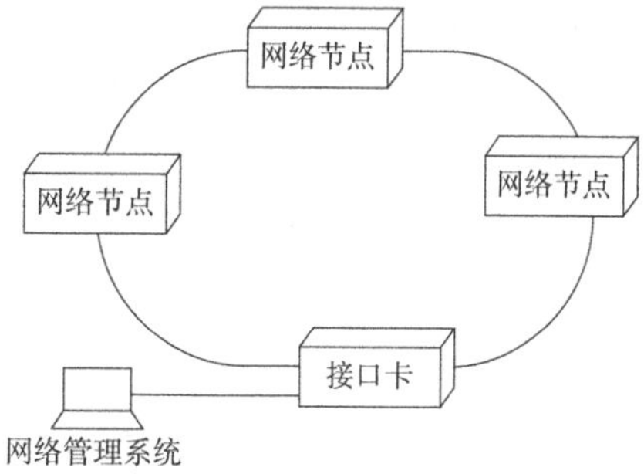

光纤骨干网：通信传输系统的主干网一般采用光纤。距离较短时使用多模光纤，长距离使用单模光纤。

网络节点：其是用户使用网络、访问网络的途径，也是用户和通信传输网络之间的接口。网络节点接收用户的信息并传输到网络上，同时也将网络上的信息传输给用户。

图 12-1　通信传输系统组成

用户接口卡：指用户接入传输系统的硬件工具，使自身系统无限向外延伸。用户接口卡有硬件和软件两种方式：硬件形式，通过板卡自身跳线和微动开关实现；软件形式，通过网络中心实现。

网络管理系统：实现对传输网络的配置、扩展、管理和维护功能。

2. 通信传输网络拓扑结构

通信传输网络的拓扑结构有物理拓扑结构和逻辑拓扑结构两种形式。物理拓扑结构描述了网络中各个节点之间的实际连接方式；逻辑拓扑结构描述了信息流在网络流通的途径。

为提高通信系统的可靠性，城市轨道交通传输网络的物理拓扑结构多数采用双环结构环形网络，如图 12-2 所示。在城市轨道交通中，为使各站之间的光纤长度均匀分布，一般采用隔站相连方式。

正常情况下，双环结构网络中的主用环工作，备用环作为备用。系统运行时，不断监测备用环，确保备用环能够随时启动。当主用环出现故障时，系统自动将信息传输切换到备用环，如图 12-3a)所示;当备用环故障时,网络不重新进行配置,但会将故障状况报告给控制中心;当双环在同一位置同时出现故障时,系统采用回环措施,即一节点将输出的主用环信息接入备用环,另一节点将备用环信息接入主用环,如图 12-3b)所示。

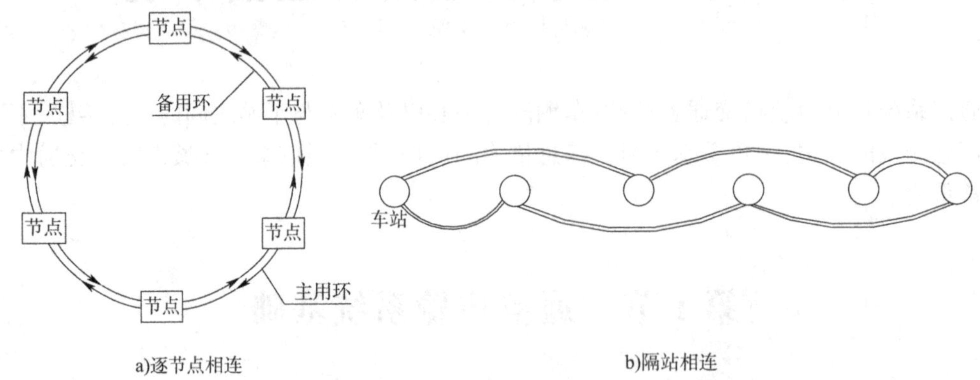

图 12-2　双环环形网络拓扑图

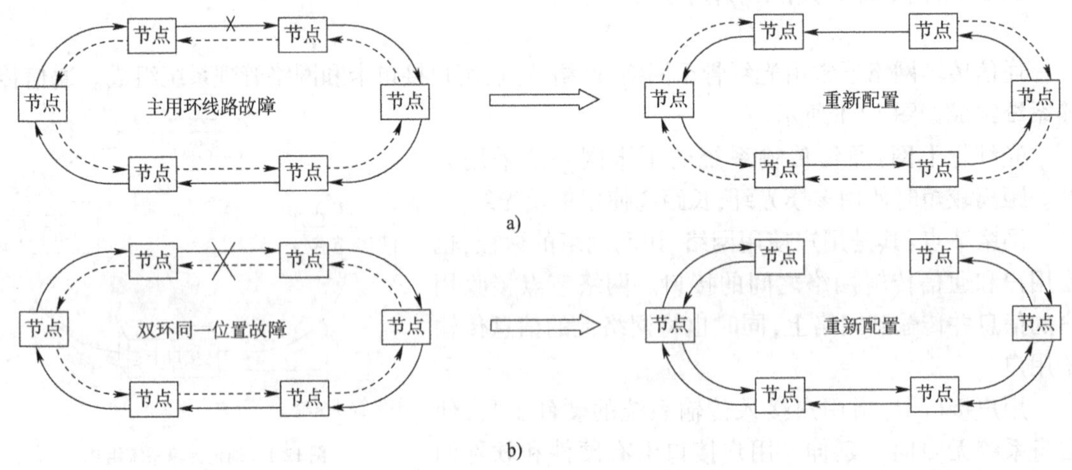

图 12-3　双环路运行方式

当节点故障时,网络系统采用回路措施,将故障节点进行隔离,其余节点可正常进行通信,如图 12-4a)所示;当线路中同时出现多个故障时,网络系统会重新进行配置,将系统分割成独立的子系统,如图 12-4b)所示。

在城市轨道交通的环网物理拓扑结构中,根据信息在物理网络中的流通途径,可划分为星型结构(点对多点)、总线型与环型三种逻辑拓扑结构,如图 12-5 所示。

①星型逻辑拓扑结构

城市轨道交通中采用星型逻辑拓扑结构的通信系统包括:点对多点 E1 传输线路(公务电话、无线集群、闭路点式等),点对点音频话路(如调度用户电话等),点对点低速数据传输(如 RS-232、RS-422、RS-485 等电路数据传输等)。

②总线型逻辑拓扑结构

总线型逻辑拓扑结构有两种方式:TDM 总线方式和以太网总线方式。

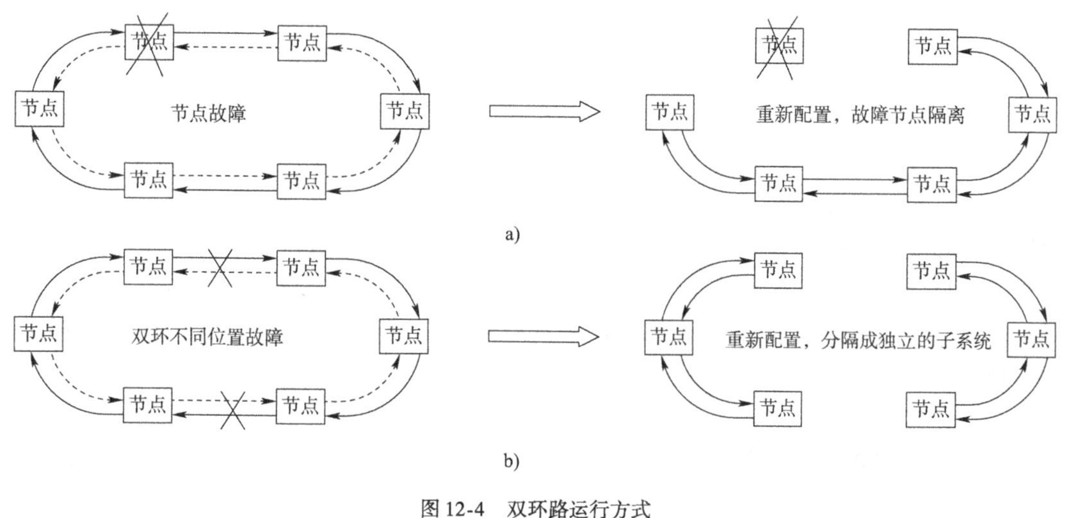

图 12-4　双环路运行方式

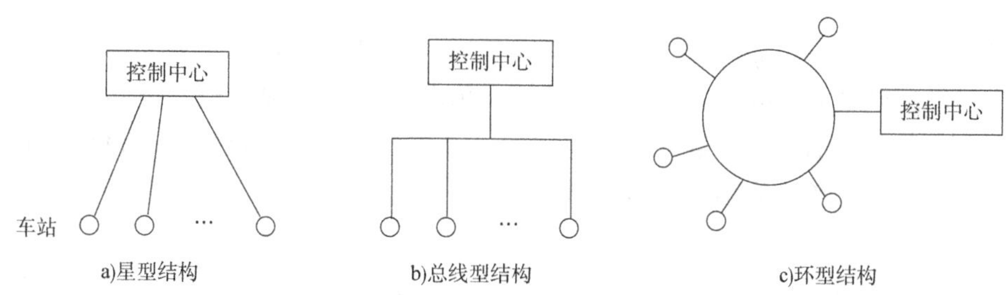

图 12-5　三种逻辑拓扑结构

TDM(时分复用)总线方式适用于传输广播信号或电路数据。在城市轨道交通通信中,控制中心与各车站之间采用 TDM 总线方式,通过 PCM(脉码调制)接口设备传送高保真广播、RS-422、RS-485 电路数据等。与点对点方式传播广播信号相比较,优点为节约带宽;缺点为每个节点对途径的 TDM 信号采用转发机制,当总线某个 PCM 接口架故障时,后续节点将会收不到信号,需要提供相应的保护机制。

以太网总线方式适用于传送点对点信号与广播信号。目前,在城市轨道交通通信中,控制中心与各车站之间采用以太网总线方式传输的信息有:CCTV、广播、公务电话、调度电话和低/高速数据等业务。采用以太网总线方式在传送信息时,每个节点中的以太网交换机需要对接收到的信号进行存储转发,当以太网交换机故障时,后续节点将会收不到信号,需要提供相应的保护机制。

③环型逻辑拓扑结构

环型逻辑拓扑结构网络是将各结点通过环路接口连在一条首尾相连的闭合环形通信线路中,数据沿着环依次通过每台 PC 直接到达目的地,环路上任何结点均可以请求发送信息。环形网中的数据可以是单向也可是双向传输,信息在每台设备上的延时时间是固定的。由于环线公用,一个结点发出的信息必须穿越环中所有的环路接口,信息流中目的地址与环上某结点地址相符时,信息被该结点的环路接口所接收,而后信息继续流向下一环路接口,一直流回到发送该信息的环路接口结点为止。

第 2 节　通信传输技术基础

在通信系统中，传输系统包括传输设备和传输复用设备，需要传输的信息通常调制到基带上进行传输，携带传输信息的基带需要经过传输设备将其转换为适合在传输介质上进行传输的信号，例如，电信号和光信号等。在信息的接收端，需要对信号进行解调，以获得所传输的信息。为了提高传输效率，通常需要在传输介质中传输多路信息，需要有传输设备将多路信息进行复用和解复用。城市轨道交通常用的传输复用系统有：准同步数字序列（PDH）、同步数字序列（SDH）和多业务传输平台（MSTP）。

1. 脉码调制（PCM）基本原理

现在的数字传输系统都是采用脉码调制（Plus Code Modulation，PCM），即对连续变化的信号进行抽样、量化和编码，特别适用于传输语音、图像等情况对数据传输速率要求比较高和带宽要求比较高的情况下使用。准同步数字序列（PDH）一般是指基于时分复用的脉码调制复用（PCM）。它是模拟话音信号数字化最常用的一种方法。一般经过抽样、量化、编码和时分复用 4 个步骤实现。PCM 通信原理框图如图 12-6 所示。

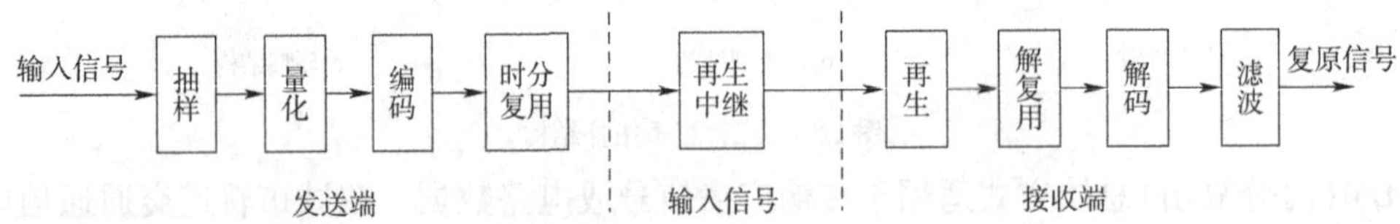

图 12-6　PCM 通信原理框图

（1）抽样

语音信号是一种连续信号，其幅度随着声压的变化而变化。采用数字传输技术在传输语音信号之前必须将其转化为数字信号，即必须对其进行抽样，形成离散信号（图 12-7）。抽样就是以一定的时间间隔抽取连续信号的样值，抽样脉冲幅度即为抽样点的瞬时值。

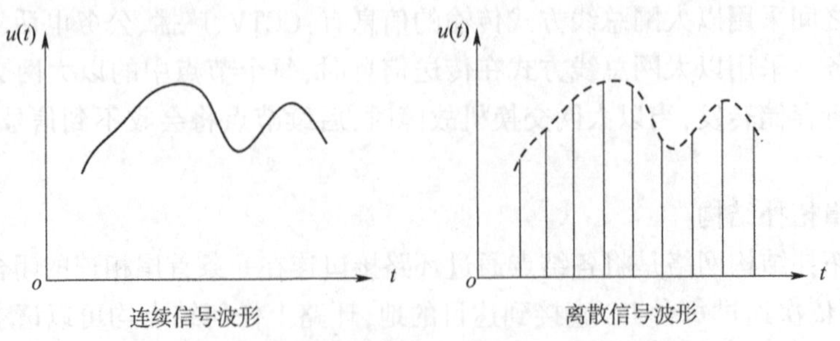

图 12-7　连续信号与离散信号波形

根据采样定理，当抽样频率高于连续信号最高频率的 2 倍时，所采集到的离散信号就保留了连续信号中的信息。对于语音信号，最高频率一般取 3400Hz，抽样频率应大于或等于 6800Hz（实际中一般取 8000Hz）。

(2)量化

量化时用若干量度单元(量化级 Δ)对离散信号中的离散值进行度量,即用量化级去度量抽样值,以测定抽样值为多少个量化级。抽样值量化时取两个量化级之间的中间值,例如样值在 2Δ 到 3Δ 之间,则量化值取 2. 5Δ。

(3)编码

在 PCM 中,对连续信号进行抽样和量化后,将量化的信号电平值转化为对应的二进制码组的过程称为编码。其逆过程,称为解码。在 PCM 中,通常采用折叠二进制编码方式。

(4)时分复用

在抽样时,相邻两个语音抽样脉冲间有一定时间间隔,例如,采用频率 8kHz 时,相邻两个抽样脉冲的时间间隔为 1s/8000 = 125μs。时分复用就是利用这个时间间隔传送其他各路信号。因各路抽样脉冲互相分开,故互不干扰。这样可以提高线路的利用率。

2. 同步数字序列 SDH

在数字传输系统中,有两种数字传输序列:一是“准同步数字序列”(Plesiochronous Digital Hierarch),简称 PDH;二是“同步数字序列”(Synchronous Digital Hierarchy),简称 SDH。PDH 传输网络对传统的点到点通信有较好的适应性,而随着数字通信的迅速发展,点到点的直接传输越来越少,而大部分数字传输都要经过转接,因而 PDH 系列便不能适合现代电信业务开发的需要,以及现代化电信网管理的需要。目前,PDH 传输体系逐步被 SDH 传输体系所代替。

(1)SDH 的帧结构

在数字传输系统中,通常将数据传输速率分为几个等级,同 STM-N 表示。其中 STM 表示同步传输模式,N 表示复用等级。$N = 1$、4、16、64、256 时对应的线路速率分别为 155Mbit/s、622Mbit/s、2. 5Gbit/s、10Gbit/s 和 40Gbit/s。帧频为 8000Hz,帧周期恒定为 125μs。

SDH 传输网络中的数据流由一系列的 STM-N 数据块组成,一个数据块就是一个 STM-N 帧结构,如图 12-8 所示。

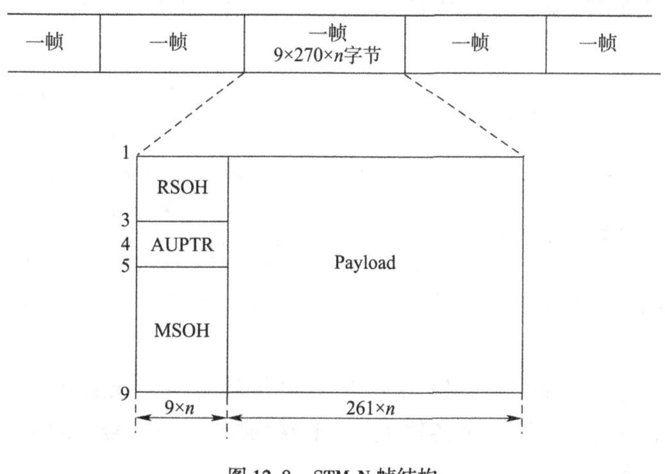

图 12-8　STM-N 帧结构

STM-N 帧结构采用一种矩形块状的帧结构，是一个 9 行 $270 \times n$ 列的矩阵。帧结构由 3 部分组成：段开销（包括再生段开销 RSOH、复用段开销 MSOH）、管理单元指针 AUPTR、信息净负荷 payload。

①信息静负荷 payload

信息净负荷 payload 是 STM-N 帧结构存放将由 STM-N 传送的各种信息码块的地方，其中包含通道开销 POH。POH 作为净负荷的一部分与信息码块一起装载在 STM-N 中在 SDH 网中传送，它负责对打包低速信号进行通道性能监视、管理和控制。

②段开销 SOH

段开销 SOH 是为了保证信息净负荷正常灵活传送所必须附加的供网络运行、管理和维护（OAM）使用的字节。段开销又分为：再生段开销 RSOH、复用段开销 MSOH。

③管理单元指针 AUPTR

管理单元指针位于 STM-N 帧中第 4 行的 $9 \times N$ 列，共 $9 \times N$ 个字节。

AUPTR 是用来指示信息净负荷的第一个字节在 STM-N 帧内的准确位置的指示符，以便收端能根据这个位置指示符的值（指针值）正确分离信息净负荷。

指针有高、低阶之分，用得最多的高阶指针是 AUPTR、低阶指针是 TUPTR（支路单元指针），TUPTR 的作用类似于 AUPTR，指示的位置更具体。

（2）SDH 传输网络设备/网元

SDH 传输网络由数字交叉连接设备（DXC）、分插复用器（ADM）、终端复用器（TM）、再生器（REG）组成节点，一般以大容量光纤传输链路连接，构成具有高度灵活性和自愈功能的网络。

①终端复用设备 TM

终端复用设备 TM 用于 SDH 链路的终端部分，具有复用/解复用功能、保护功能、数字交叉连接（DXC）功能，并提供网管接口。在 SDH 传输系统中，通常将连接 SDH 主干网络的一侧称为线路侧，否则称为支路侧。

在 TM 的线路侧将 SDH 的 STM-N 光信号进行光电转换；在支路侧将 2Mbit/s、140Mbit/s 速率的 PCM 支路信号映射复用进 STM 帧，也可将 SDH 低次群帧复用进高次群帧，反之亦然。为提高传输系统的可靠性，在 TM 的线路侧一般有主备两根光纤。STM-1 终端复用设备框图如图 12-9 所示。

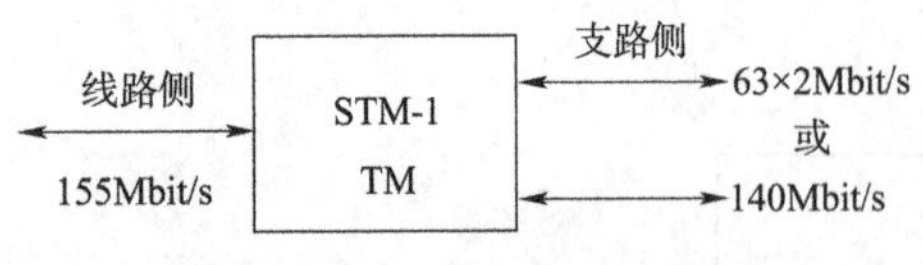

图 12-9　STM-1 终端复用设备框图

STM-1 终端复用设备在线路侧传输 STM-1 的 155Mbit/s 速率的光信号；在支路侧可以传输 63 路 2Mbit/s 或 1 路 140Mbit/s 的 PCM 支路信号。

②分插复用设备 ADM

SDH 分插复用设备 ADM 串接在 SDH 链路中，可以从过路的 SDH 信号中分插所需的支路信号。ADM 具有复用/解复用、保护、网管接口和数字交叉连接功能。

由于 ADM 分插复用设备串接在链路中，所以设备具有两个线路侧，每一线路侧接有一对主备光纤；一个支路侧用于沿途上下传输的 PDH 或 SDH 支路信号。STM-1 ADM 分插复用设备框图如图 12-10 所示。

③数字交叉连接设备 DXC

数字交叉连接设备 DXC 具有一个或多个各等级速率信号端口,至少可以在任何端口速率信号同另外端口速率信号之间实现可控连接和再连接的设备。通俗来说是一种无信令处理的通道交换机。

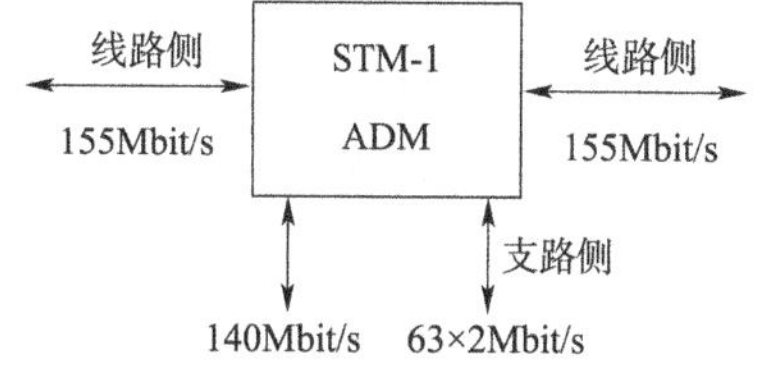

图 12-10　STM-1 分插复用设备框图

DXC 按最高进出线速率和最低交叉速率来进行分类和命名,表示为 DXC 高进出线速率/最低交叉速率。通常将 DXC 的速率用简单的数字来表示:0 表示 64kbit/s,1 表示 2Mbit/s,3 表示 34Mbit/s,4 表示 155Mbit/s,5 表示 622Mbit/s,6 表示 2.5Gbit/s。例如,DXC1/0 设备的仅出现速率为 2Mbit/s,最低交叉速率为 64kbit/s,即了对 2Mbit/s 数据流中的各 64kbit/s 时隙进行调配线。

DXC 是一个多端口设备,实际上相当于一个交叉矩阵,完成各个信号之间的交叉连接。如图 12-11 所示。

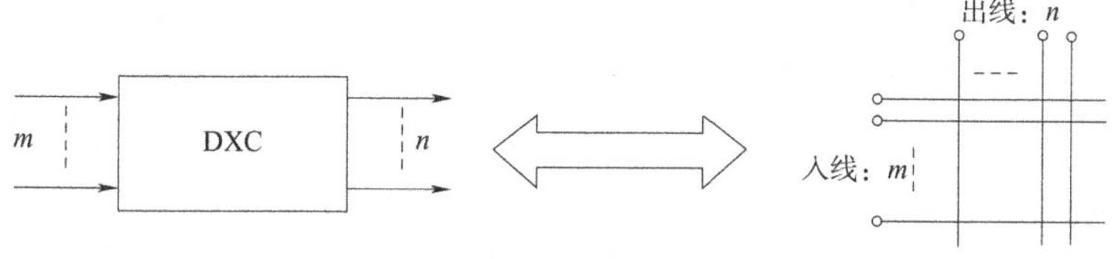

图 12-11　DXC 设备接口示意图

3. 基于 SDH 技术的 MSTP

基于 SDH 的多业务传输平台 MSTP(Multi-Service Transport Platform)是在 SDH 的基础上增加了以太帧和 ATM(异步转移模式)信元的承载能力和 2 层交换能力,能够同时实现 TDM、ATM、以太网等业务的接入、处理和传送,提供统一网管的多业务平台。也有的在基于 SDH 的 MSTP 中嵌入了分组弹性环(RPR)技术。

(1)以太网透传功能

以太网透传功能是指 MSTP 将以太网数据或 IP 包,按照某种数据包封装和帧定位方法进行成帧处理,并映射到 SDH 的虚容器(VC)中,经过 SDH 的复用处理、交叉连接等在 SDH 网络中进行传输,如图 12-12 所示。

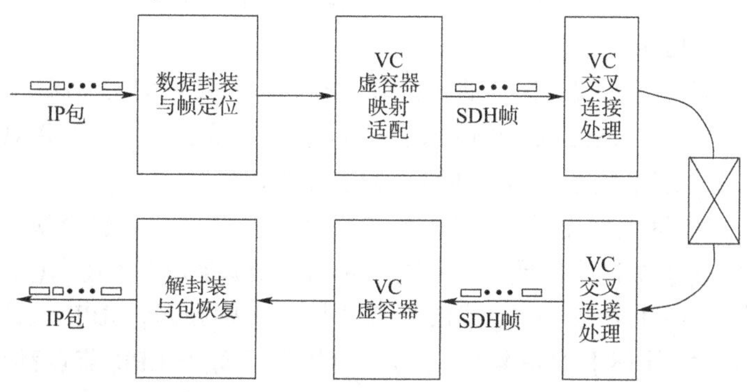

图 12-12　以太网透传功能示意图

针对不同的带宽需求,可以通过 VC 级联的方式带宽的可配置功能。级联有两种方式:连续级联和虚级联。

连续级联是指在 SDH 网络中,用于承载以太网业务的各个 VC 在 SDH 帧结构中是连续的。即连续级级联将同一粒度相邻的 VC 捆绑在一起形成一个更大的容器,以便能灵活承载不同带宽的以太网业务。

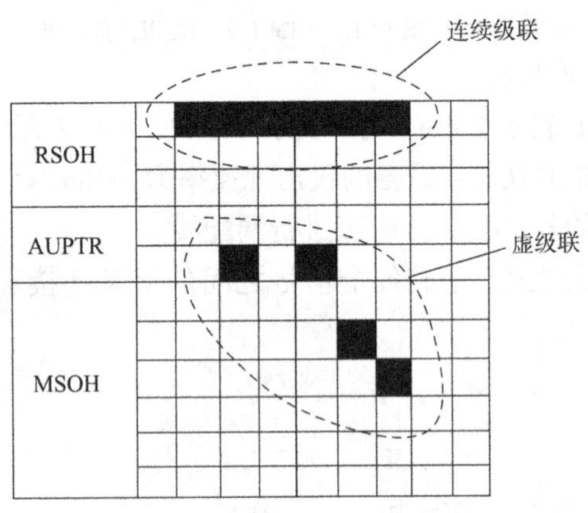

图 12-13　连续级联和虚级联示意图

虚级联,指用以承载以太网业务的大容器由不相邻的同一粒度的 VC 捆绑而成。为了实现对承载带宽更灵活的动态管理,需要采用链路带宽动态调整机制(LCAS),实时检测传输链路的带宽,在不中断数据流的情况下实时调整 VC 的虚级联个数,以实现链路带宽动态调整的目的。连续级联和虚级联如图 12-13 所示。

(2)以太网二层交换功能

以太网二层交换功能是指在源节点(发送端)将以太网数据映射到 VC 之前,先进行以太网二层交换(汇聚)处理,通过二层交换把多个以太网业务流复用到同一条以太网的传输链路中,以减少传输带宽的粒度,节约局端端口和网络带宽资源。以太网二层交换功能实现示意图如图 12-14 所示。

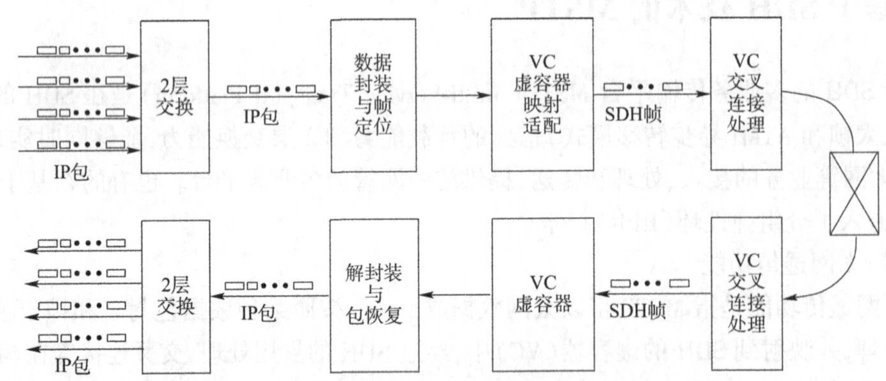

图 12-14　以太网二层交换功能实现示意图

(3)MSTP 的基本功能

MSTP 的基本功能模型如图 12-15 所示。MSTP 可以承载 PDH 数据流、ATM 数据流(需要经过 ATM 层处理)、以太网数据流(IP 包)(需要经过二层交换处理、RPR 处理以及其他方面的处理)和 STM-N 数据流,因此,MSTP 网络称为多业务传输平台。

在 MSTP 承载以太网数据流时,需要进行二层交换的处理。二层交换处理存在带宽管理和快速切换等问题,为解决这个问题,在以太网环中嵌入弹性分组环技术(RPR)。

弹性分组环是一种 MAC 层协议,其核心基础是以太网技术。RPR 也是利用两根光纤连接而成的双环结构,内、外环上的信号传送的方向相反。每个 RPR 节点都拥有一个 MAC 地址,同时拥有环中所有节点的网络拓扑表。在网络建立时利用“拓扑发现协议”建立该拓扑表，之后，利用“节点管理协议”支持节点即插即用功能。

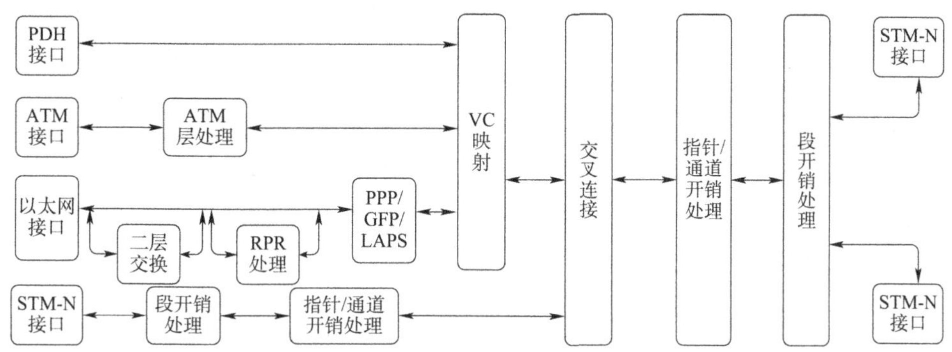

图 12-15　MSTP 基本功能模型

在 RPR 环网中，MAC 层负责上下业务数据。当节点所收到数据包的目的地址是本节点时，则接收该数据包，且从环上删除该数据包，否则直通。若是广播包，则同样接收并广播该数据包到下一节点。

RPR 提供源路由和折回两种保护倒换方式。RPR 源路由保护方式类似于 SDH 的通道保护方式；折回保护方式类似于 SDH 的复用段保护方式。RPR 节点间通过信令交换拓扑信息，使每个环都知晓整个环网的状态，减少了保护倒换所需的时间，两种保护倒换方式的保护时间均小于 50ms。

第 3 节　电话系统

电话系统是城市轨道交通通信系统的一个子系统，主要为管理、运营和维护维修人员提供语音通话服务。城市轨道交通的电话系统分为公务电话系统和专用电话系统。

1. 公务电话系统

城市轨道交通的公务电话系统是轨道交通企业的内部电话，为办公管理部门、运营部门和维修部门提供固定的语音通信服务，包括语音业务和非语音业务，如传真等。公务电话系统除了能提供内部通信外，还应能与城市的公众电话网互联，实现与企业外部用户的通信，以及国内、国际长途通信。该系统还应与城市轨道交通的无线集群系统互联，实现公务电话与无线调度电话的互联互通。

(1)公务电话系统的组网模式

城市轨道交通公务电话网的建设模式有局用交换机模式、用户交换机模式、公网模式三种。

①局用交换机模式

在这种模式下，公务电话网采用局用交换机(LS)进行组网。局用交换机一般用于公众电话网，也可用于专网。城市轨道交通局用交换机与市话交换机之间采用 E1/No. 7 信令局间中继线互联,城市轨道交通内部局用交换机之间亦采用 E1/No.7 信令局间中继线互联,若在城市轨道交通内部采用同型号局用交换机联网,亦允许使用专用信令联网。采用局间交换机的组网模式与城市公众网的支局组网方式相同,局间话路中继采用 EI 链路传输;信令中继采用公众网的局间信令 No.7 信令方式。

假设城市轨道交通所接市话为6265 万门分局,其电话编号为62650000~62659999。城市轨道交通部门在控制中心和车辆段各设置一台局间交换机,容量为1000 门,则控制中心和车辆段为62651 和62652 两个千门支局。控制中心的电话编号为62651000~62651999,车辆段的电话编号为62652000~626529999,如图12-16 所示。

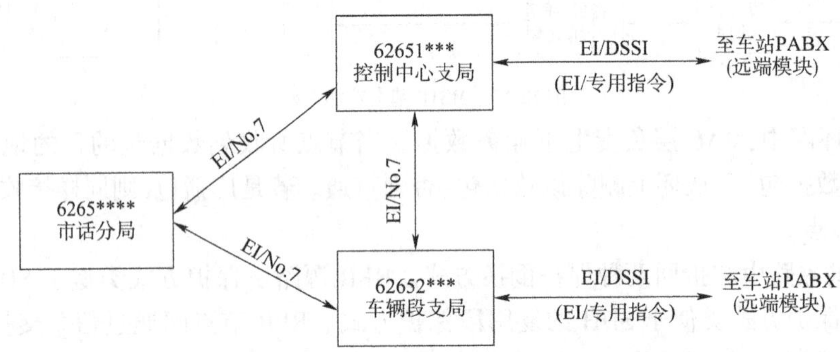

图12-16 采用局间交换机的组网方案

图中三台交换机间的任何一条中继线故障,可采用迂回路由,确保公务电话的内、外线畅通。

②用户交换机模式

在用户交换机模式下,公务电话网采用用户交换机(PABX)组网。用户交换机所连接话机称为分机,分机不占用公众电话网号码资源,分机间通话不经市话局。通常在控制中心和车辆段各设置一台用户交换机,两台交换机之间以标准局间中继(EI/No.7 信令)相连接,且分别接入市话局。各车站交换机的PRI 中继接口通过专用传输网中的PCM 一次群链路,分别接入控制中心或车辆段交换机的PRI 用户接口。控制中心与车辆段的两台用户交换机采用统一电话编号组网运行,对所有分机而言就像是连接在一台中心交换机上,用户并不感到多台交换机的存在,如图12-17 所示。

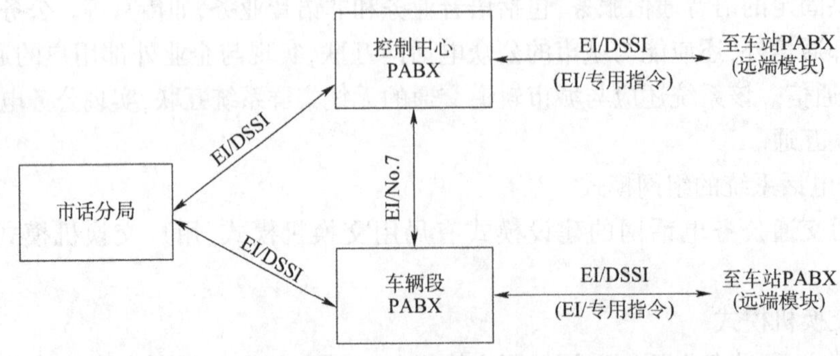

图12-17 控制中心+车辆段+车站组网图

③公网模式

在公网模式下,公务电话网采用电信运营商提供的虚拟用户交换机功能进行组网。此时,直接利用公众电话局的用户线连接轨道交通企业内的话机,每部话机有一个公众电话网的号码。轨道交通企业内的话机对外而言相当于一部公众网话机;而对单位内部而言,相当于一部用户交换机的分机,各话机间采用内部短号直拨,且不收费。用户拨打外线电话需先加拨0或9再拨外线号码;外线来话则直接拨入。

由于城市轨道交通公务电话网容量比较大,通常情况下,由电信运营商出资在轨道交通企业内部建立市话支局,利用该支局交换机的集中用户交换机功能为城市轨道交通提供虚拟用户交换机,组建虚拟公务电话网。

采用局间交换机组网模式因占用大量的公众网电话号码资源,且使用费率高,在城市轨道交通的公务电话中应用的不多。

(2)公务电话的功能

①电话交换功能

城市轨道交通内部用户之间的语音通信。

②非话务功能

给城市轨道交通内部用户提供电路数据业务、传真业务等。

③计费功能

对用户使用的各种业务进行计费。

④编号

根据用户的需求,可将公务电话内部用户的电话号码进行统一的编排。

⑤与市话网的连接

通过与市话网的连接,向公务电话内部用户提供与外部用户进行通信的功能。

2. 专用电话系统

城市轨道交通中的专用电话系统包括调度、站内、站间和轨旁(区间)电话系统。

(1)调度电话系统

根据运行组织和业务管理、指挥的实际需要,轨道交通一般设置如下电话子系统。

①行车调度电话

用于控制中心行车调度员与各车站、车辆段值班员等与行车业务直接相关的工作员进行业务联络。

②电力调度电话

用于控制中心电力调度员与各主变电所、牵引变电所、降压变电所以及其他特殊需要的地点的工作人员进行联络。

③环控(防火)调度电话

用于控制中心环控调度员与各车站、车辆段、主变电所的防灾值班人员之间的通信联络。

④维修调度电话

用于综合维修基地维修调度员与全线各系统维修车间的值班员之间的通信联络,一般在控制中心与车辆段各设置一台维修调度台。

⑤AFC 调度电话

用于 AFC 调度员与各车站工作人员进行通信联络。

⑥票务调度电话

用于票务中心值班员与各车站票务工作人员之间的通信联络。

AFC 调度电话和票务调度电话,可根据城市轨道交通线路的需求进行选择配置。

(2)调度电话的组成

调度电话的组成如图 12-18 所示。

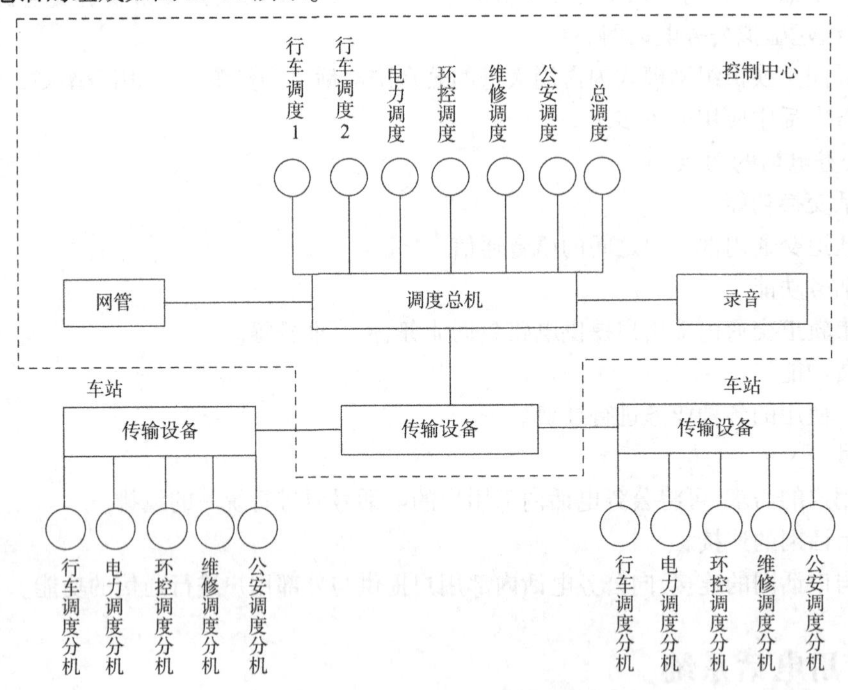

图 12-18　调度电话系统组成

①调度总机

调度总机是调度电话的核心,由具有交换功能的交换机组成,设置在控制中心,为调度人员提供专用的通信服务。调度总机配有录音功能。

调度总机在硬件上和程控交换机相同,只是在功能上有比较大的区别:程控交换机是为公众服务的,用户之间是平等的,而调度总机是为调度台服务的,其服务对象具有严格的上下级关系。调度台在紧急情况下要求快速接通。

调度总机选叫某一分机时,选叫信号同时通过传输线送往各个分机,但只有相应被选的分机对呼叫进行响应。分机响应后,拿起话柄按下送话按钮便可对总机讲话。

②调度台

调度台配置在控制中心,有传统的按键式调度台和基于 PC 屏幕的软调度台两种。

按键式调度台可单键完成单呼、固定组呼和全呼功能,并有会议功能,能对分机进行任意的编组呼叫。按键式调度台一般具有热线键、拨号键和功能键。热线键的一个热键对应一个用户、一组用户或全部用户,可以实现“一键通”;拨号键和传统的电话号码盘一样,可在热线键损坏时拨出电话号码;功能键有通话保持、重拨、免提和翻页等功能。

基于 PC 屏幕的软调度台由 PC 构成,通过 BRI 或 USB 接口连接调度机。提供基于软件设计的控制界面,将热键、功能键、席位键通过显示器提供给调度员。屏幕可以配置为触摸屏,也可配置鼠标,完成一键呼出、选择接听、组织会议、呼叫记录查阅等所有的控制。

③调度分机

调度分机配置在车辆段和各车站,通常采用普通话机或数字话机。调度总机与分机间点对点连接,分机接到中心调度员的呼叫时响铃,业务员拿起话机手柄按下送话按钮即可与调度员通话;分机呼叫总机,摘机后无需按键可直接接通总机,分机设有单工通话按钮和紧急呼叫键。

(3)站内电话子系统

车站的站厅、站台、售票厅、客服中心和站控室的工作地点和工作人员会有频繁的通信联系,若这些车站内的通信通过公务电话会加重公务电话交换机和传输系统的负荷,所以在车站内部一般配置相对独立的电话系统。

①站内电话子系统的组成

站内电话子系统通常由用户小交换机(或公务电话交换机远端模块)、车站值班台(主机)、电话分机和传输网络组成。站内电话子系统的分机除了公务电话外,主要提供站内各分机与车站值班主机之间的直达通信或分机间的拨号通信服务。

a. 车站电话交换机或公务电话交换机远端模块。

车站电话交换机通常采用程控数字交换机,车站交换机可以采用 PRI(30B + D)中继接口,通过城市轨道交通专用传输网的 PCM 一次群链路,连接公务电话交换机;采用 E&M 或环路中继连接相邻车站或相关车站值班台。

车站电话交换机功能亦可采用公务电话交换机的远端模块来实现。对远端模块的要求同车站电话交换机,但远端模块与公务电话交换机之间可采用 E1/内部信令连接。

b. 车站值班台。

车站值班台设置在车站的控制室(站控室),供车站值班员用。一般采用高性能的数字话机作为车站值班台,要求该数字话机具有用户交换机话务台的功能。

c. 电话分机。

车站的电话分机采用普通的电话机,分为站内热线分机和公务电话分机。若控制中心和车站(车辆段)均采用调度交换机,则还可连接调度分机。

d. 传输网络。

站内交换机的分机可采用普通电话线进行连接;轨旁电话、相邻车站值班台可用隧道电缆进行连接;其他相关车站值班台可通过专用传输系统和 PCM 接口架提供的话路进行连接。车站交换机与公务电话中心交换机之间,通过城市轨道交通专用传输系统提供的 E1 链路进行点对点连接。

②站内电话子系统的功能

a. 提供车站(车辆段)内重要部门有关人员直接通话功能。

b. 提供本站值班员与相邻车站或其他相关车站值班台,以及大区间值班台之间的双线热线通话功能。

c. 提供乘客或车站工作人员在紧急情况下使用的紧急电话通话功能。每台紧急电话都设置成热线方式，用户摘机即连接至车站值班台上。

d. 提供轨旁作业人员与临近车站值班员的直接通话功能。

e. 提供拨号进入城市轨道交通公务电话系统通话功能。

(4)站间和轨旁电话子系统

①站间行车电话子系统

站间行车电话是供相邻两车站值班员之间有关行车事务的直通电话，即行车电话机的任何一方摘机即可与对方通话。这种直通电话终端设备可独立设置，也可利用车站交换机的双向热线电话功能来实现。站间行车电话通话范围局限于两个车站值班员之间，一般不允许越站通话。

②轨旁电话子系统

轨旁电话(区间电话、隧道电话)子系统安装在隧道内或地面、高架线路旁。它是为系统运营和维护及应急需要设置的，是列车司机和维修人员在紧急情况下及时联系车站机相关部门的一种手段。

轨旁电话一般通过轨旁电缆连接至最近的车站交换机，通常以区间中心为分界点，两边的轨旁电话分别连接至车站交换机。一般每隔 150 ~ 200m(地面或高架线路每隔 200 ~ 250m)通过分支电缆安装一台轨旁电话。

(5)电话录音系统

电话录音系统应确保控制中心调度员与车站运营人员之间调度指令和安全指令的正确保存，可对每个话路进行录音、监听、回放及识别来电号码，并运用信息化、网络化的技术，为地铁调度提供现代化的管理手段，提高管理部门信息的收集、处理能力，联动及反应能力，为各级管理人员提供准确、及时的分析数据，提高管理的工作效率。

电话录音系统采用控制中心综合设备室的集中录音方式，采用带各种接口的双机热备数码式录音系统。在控制中心综合设备室设置集中录音系统网管服务器和录音查询终端，车辆段通信信号车间设置集中录音系统远程维护网管终端。各车站、车辆段和停车场需录音的电话和广播语音，通过 PCM 音频通道上传至控制中心，进行集中录音。

录音系统应具有录音、监听、通话统计、分级密码管理、来电显示等功能，可对各录音节点的录音数据进行快速查询回放；集中录音系统与时钟系统定时进行校时服务，确保录音记录与实际时间的一致性。

录音系统应能提供 24h、365 天不间断录音服务，保存 3 个月的记录数据，并可外置储存。

第 4 节　无线调度通信系统

城市轨道交通的无线调度通信系统为控制中心调度员、车辆段调度员、车站值班员等固定用户与列车司机、防灾、维修、公安等移动用户之间提供无线通信手段。无线调度通信系统除了满足运营本身所需的列车无线调度通信和车辆段无线通信外，根据实际情况，还必须满足管理所需的必要的调度通信，如日常维修的维修调度无线通信，紧急情况下防灾调度无线通信以及必要的站务无线通信等。其中，运营线路无线通信系统，用于运营线路控制中心调度员对相应的无线用户实施调度专用无线通信；车辆段/停车场无线通信系统，用于车辆段/停车场值班员实施调度作业专用无线通信。

城市轨道交通的无线调度通信系统必须满足行车安全、应急抢险的需要，并考虑“互联互通”的需要。

1. 无线调度通信系统的组成

无线调度通信系统的组成与公众移动通信网络的组成相似，但是在无线调度通信中以单工、半双工（单频道双工）、组呼为主，且用户之间有严格的上下级关系，允许实现强插、强拆和监听等功能。

无线调度通信系统由移动交换机、归属用户数据库 HDB、访问用户数据库 VDB、鉴权服务器 AuS、网管服务器 NMS、基站控制器 BSC、基站 BS 和移动终端组成，如图 12-19 所示。移动交换机接入公众网 PSTN。

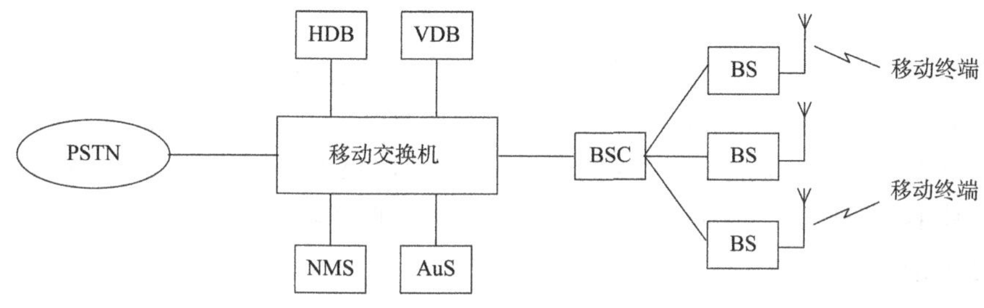

图 12-19　无线调度通信系统的组成

无线调度通信系统提供调度台与移动终端、移动终端与移动终端、移动终端与公众电话网用户之间的通信。当移动终端呼出时须通过系统的鉴权，移动交换机才能将该次呼叫连接到被呼用户；当移动终端被呼叫时，移动交换机需要从用户数据库中查到移动台所在的基站位置，并在该基站进行寻呼，被呼移动终端应答后，移动交换机连接主、被叫用户。

在无线调度通信系统中，从基站到移动终端的无线频道称为下行频道或前向频道；从移动终端到基站的无线频道称为上行频道或后向频道。一对上下行频道合成为一条无线信道。

2. 无线调度通信的通信方式

无线调度通信有单工、半双工和全双工 3 种通信方式。

（1）单工通信方式

所谓单工通信，是指信息只能单方向传输的工作方式。例如，广播通信系统，信息只能由广播台向广播终端设备（如喇叭）进行传输。在城市轨道交通中，单工通信多用于组呼。在组呼中，同一基站的通话组成员，可共用一个下行无线频道进行收听。

（2）半双工通信方式

半双工通信方式可以实现双向的通信，但不能在两个方向上同时进行，必须轮流交替地进行。也就是说，通信信道的每一端都可以是发送端，也可以是接收端。在同一时刻，信息只能有一个传输方向。如日常生活中的例子有步话机、对讲机通信等。采用半双工通信方式时，通信系统的每一端的发送器和接收器，通过收/发开关进行方向切换，因此会产生时间延迟。

(3)全双工通信方式

全双工通信是指通信双方可以同时进行双向传输,双方可以同时讲话。在全双工通信方式下,每个移动台同时占用收、发两个无线频道,多数用于移动台用户与公众电话网用户之间的通信。

3. 无线通信系统中的相关技术

(1)多址技术

无线调度通信系统中各基站和移动用户终端间的通信,共同使用一个空间物理媒体。无线调度通信系统需要采用不同的信号特征去表征每一个无线通信,以便移动用户终端能够接收所需要的无线信道。无线通信的多址技术实现的基础是信号分割技术,也就是在发送端改变信号的某些特征,使各站所发射的信号有所差异;接收端具有信号识别能力,能从混合信号中选择出所需要的信号。

无线信号可以使用多个参数来表征,其中最基本的参量是射频频率、信号出现的时间、信号出现的空间、信号的码型、信号的波形等。按照这些参量的分割,无线通信系统多址技术可实现的方式包括:频分多址(FDMA)、时分多址(TDMA)、空分多址(SDMA)和码分多址(CDMA)。其中用得比较多的是频分多址、时分多址和码分多址。

①频分多址方式(FDMA)

频分多址是在发送端对所发送信号的频率参量进行正交分割,形成许多互不重叠的频带。接收端利用频率的正交性,通过频带选择(即滤波),从混合信号中选取所需要的信号。

频分多址方式是将通信系统所占用的频段,划分成若干个相等间隔、互不重叠的频道,把每个频道分给不同用户专用(称为地址)。为实现双工通信,收发使用不同的频率,且收、发频率之间要有一定的间隔,以防止同一部移动终端或同一个基站发射机对接收机的干扰。

②时分多址方式(TDMA)

时分多址是在发送端对所发信号的时间参量进行正交分割,形成许多互不重叠的时隙。在接收端利用时间的正交性,通过时间选择从混合信号选取相应的信号。

时分多址方式把时间分割成周期性的帧,每一帧再分割成若干时隙,然后按照时隙分配原则,使移动台在每帧指定时隙内向基站发送信号,基站接收各移动台按时间顺序发来的信号。在时分多址无线通信中,在上行方向,各移动台发射到基站的信号是呈时间分割的突发信号。因各移动台到基站的距离不等,造成各突发信号的传播时延不等。为了使基站所接移动台的突发信号之间互不重叠,需要在突发信号间加一定的保护时隙。

时分多址只能传递数字信息,模拟话音必须先进行模数转换(语音编码),再传送到调制器对载波进行调制,然后以连续(基站)或突发(移动台)信号的形式发射出去。

③码分多址方式(CDMA)

码分多址方式使发送端使用各不相同的、相互正交的地址码调制所发送的信号。接收端利用码型的正交性,通过地址识别从混合信号中选出所需要的信号。

(2)无线通信系统中的射频调制技术

在无线通信中,发射机将基带信号调制到射频(载频)频率上的频带调制称为射频调制;

接收机完成其相反的过程称为射频解调。

调制是用基带信号去改变正弦震荡波的某些参数(幅度、频率和相位),以使被调正弦震荡波携带该基带信号。因数字信号只有 0 和 1 作为简单的开关信号,故数字信号调制称为键控。数字信号幅度调制称为移幅键控(ASK),频率调制称为移频键控(FSK),相位调制称为相移键控(PSK);采用相位变化值来代表开关信号,称为差分相移键控(DPSK)。

4. 专网调度和集群调度方式

(1)专网调度

专网调度方式是指根据用途配置频道,每个用途拥有专用的频率,即使频率空闲,其他专网也不能使用。例如,城市轨道交通线路建立了行车调度、维修调度、防灾调度、公安调度等专网,则各专网所分配的频率不能互相通用,造成频率资源的浪费。

(2)集群调度方式

集群调度方式是所有用途共用一个频道,根据需要临时分配。通常设置一个控制频道和若干个通话频道,通话频道数量少于用途数量。集群调度将几个专网进行合并,共用一组公共频率,建立一个集群调度网。在集群调度网中各专网以虚拟专网形式存在,各虚拟专网有自己的调度台和移动台。

集群调度方式按照动态信道分配的方式实现多用户共享多信道,有以下特点:

①共用频点

原专网中的频道可以集中使用,提高频率资源的利用率。

②共用设施

将各个专网中的控制中心和基站集中合建,实现各虚拟专网共用集群系统的核心网和无线接入网设备,例如共用移动交换机、基站控制器 BSC、系统数据库等。

③共享覆盖区

临近覆盖区的网络互联,获得更大的覆盖区。无线集群调度基站所覆盖的区域,可供各虚拟专网用户共同使用。

④共享通信业务

利用网络有组织地发送各种专业信息。无线集群调度核心网可与 PSTN、互联网互联;短消息、WAP、定位等应用,以各种信息资源等可供各虚拟专网用户共同使用。

⑤分担费用

共同申请频点,共同建网和使用维护网络,可极大降低机房、天线、电源等设备的投资,减少运营人员、维修和管理人员等费用。

目前,城市轨道交通的无线调度系统使用无线集群调度方式。

5. 无线集群调度系统

(1)无线集群调度系统的特点

无线集群调度系统是把有限的信道集中起来,通过自动、动态、快捷的分配方式,被众多用户共同使用的一种无线调度系统。通常情况下，无线调度系统用于生产和运行管理；紧急情况下，用于处理突发事件。无线集群调度系统本质上是允许大量用户共享使用少量通信信道的虚拟专用网。工作方式与移动电话系统相似，由一个交换控制中心根据需要，自动为用户分配无线信道；不同点在于集群通信以组呼为主，用户之间有严格的上下级关系，用户根据不同的优先级占用或抢占无线信道，呼叫接续要快，且以单工、半双工通信为主要通信方式。与移动电话系统相比，无线集群调度系统具有以下特点：

①呼叫接续速度快（300～500ms）；

②以组呼为主，同基站群组内用户共享下行无线频道；

③采用按键讲话（PTT）方式，进行单工或半双工呼叫；

④支持私密呼叫与群组呼叫；

⑤组内呼叫或讲话时，需按住 PTT 键，同组被叫不需要摘机可直接接听。

(2)无线集群通信系统的集群和控制方式

①通信系统的集群方式

通过集群通信系统的集群方式给集群用户之间的一次通话分配无线信道。根据无线集群通信系统的信道不同，集群方式可分为：消息集群方式、传输集群方式和准传输集群方式。

a. 消息集群方式。

消息集群方式在用户通话期间，分配固定无线信道，无线信道保留时间为 6～10s。如果用户之间的停顿时间不超过 6～10s，则该信道一直保留。也就是说，移动用户在释放 PTT 键 6～10s 时间内不释放所占用的信道（不脱网）。若超过这个时间，则信道释放，分配给其他用户。这种方式由于在用户双方通话停顿时间仍占用信道，以及通话结束后还要占用 6～10s 时间的无线信道，造成无线信道资源的浪费。

b. 传输集群方式（Transmission Trunking）。

传输集群方式又称作发射集群方式，是指两个用户在以单工或半双工通话时，一方按下 PTT 键即占用一个空闲信道工作，当通话完毕时，所占用的信道即可分配给其他用户。传输集群方式在通话过程中的停顿和通话结束后均释放所占用的信道，提高了无线信道资源的利用率。传输集群的缺点时在通话停顿后需重新排队占用空闲信道，在通话高峰期间会造成通话的不连续。

c. 准传输集群方式（Quasi Transmission Trunking）。

准传输集群方式兼顾了消息集群方式与传输集群的优点，即在消息群的基础上缩短了信道保留时间，在用户松开 PTT 键后保留 0.5～6s。摩托罗拉（MOTOROLA）公司提供的无线集群系统就采用了准传输集群方式。

②无线集群通信的信道控制方式

无线集群通信系统对信道的控制方式有集中式和分散式两种。

集中控制信道的方式用专用信道做控制信道。采用中央控制器集中控制和管理系统内信道的方式，具有接续快、功能设置多、连续分配信息、遇忙排队、自动呼叫等特点。

分散控制信道方式：基站转发器采用单独的信道控制器负责信道控制和信号转发，各转发器信息交换通过高速数据总线进行；移动终端可在任何空闲信道接入，具有时间短、可靠性高、效率高等特点。

6. 城市轨道交通无线集群调度系统及功能需求

(1)城市轨道交通无线集群调度系统

城市轨道交通中的无线调度网包括行车调度网、维修调度网、环控调度网、公安调度网等，有些城市轨道交通线路还有车辆段无线调度网。目前，各城市轨道交通的无线调度网均采用数字集群通信系统。在数字集群通信中，各调度网以虚拟专网方式存在，相互独立，互不影响。各调度网共享频点和基站设备，提高了频率资源和设备资源的利用率。

城市轨道交通中的无线数字集群系统还为数传调度台提供传递列车状态信息及车载台显示所需的基于 IP 的数据传输链路。

城市轨道交通无线集群通信分机之间具有脱机对讲功能(相当于对讲机)，故在司机与调度员不能正常通话的紧急情况下，利用该功能(脱机对讲功能)，司机可直接呼叫车站值班员，起到应急通信的作用。

(2)无线集群调度系统的功能需求

根据城市轨道交通运营组织和管理要求，集群调度系统应满足以下用户群的通信需要。

①控制中心行车调度员和在线司机之间的通话；

②列车司机之间的通话(通过行车调度员调度操作控制台转接)；

③综合控制室值班员与站内移动工作人员之间的通话；

④各维修小组移动维修作业人员之间的通话(包括车辆维修小组、机电维修小组、工建维修小组、供电维修小组、生产管理组等)；

⑤防灾作业人员之间的通话；

⑥车辆段/停车场行调值班员与车辆段/停车场内列车司机之间的通话；

⑦车辆段/停车场值班员与车辆段/停车场内持便携移动台作业人员之间的通话；

⑧车辆段/停车场防灾值班员与相关移动人员之间的通话；

⑨公务电话用户与移动用户之间的通话(经授权)；

⑩不同组员之间通过调度操作控制台转接通话。

除了传统的话音通信需求，利用无线系统提供的无线数据传输通道，还可以在地面系统与车载系统之间提供数据传输通道。

第 5 节　闭路电视监控系统

城市轨道交通闭路电视监控系统(Closed-Circuit Television，CCTV)是城市轨道交通运行、管理和调度的配套设施，使城市轨道交通中各工种的管理和调度人员能实时看到现场情况，可以根据实际情况进行判断，下达合适的调度指挥指令。

1. CCTV 的功能

城市轨道交通 CCTV 系统应具有的功能如下：

(1)系统可实现控制中心、车站和司机的三级监控

控制中心的调度人员(包括行车调度人员、维修调度人员、防灾调度人员、公安调度人员等)能够利用 CCTV 系统对所管辖车站的现场情况进行监控;车站值班人员能够对所在的车站的现场情况进行监控;列车司机能够对列车所在车站的站台情况进行监控。

(2)图像显示功能

控制中心的用户包括行车调度员、环控(防灾)调度员、电力调度员、维修调度员、公安值班员等。控制中心的用户应能选择、控制全线所有车站和机房内的任意一台或一组摄像机的图像,并显示在相应的监视器上。

车站的用户包括车站值班员和防灾值班员,应能任意选择、控制本车站中任意一台或一组摄像机的图像,并显示在相应的监视器上。

通过合理安排 2 ~4 个站台定焦摄像机的位置,给列车司机提供能观察到全站台上乘客上下列车情况的监控画面,用以控制车门和屏蔽门的开闭,防止夹伤乘客。站台摄像机无控制功能,其输出的视频信号送至列车司机可以看到的站台监视器,或采用无线传输方式传至列车驾驶室的监视器上,供司机监视本侧站台乘客情况。

(3)硬盘录像功能

各个车站和控制中心配置硬盘录像设备,各个摄像机的监控画面均需进行自动录像,并保存一定的时间,以备日后调看。控制中心的录像设备用以录制切换到中心监视器上的图像。

(4)字符叠加编辑功能

各监视器显示的图像上应叠加有车站名称、监控区域名称、摄像机编号以及摄像日期和时间等信息,维护人员可以更改以上信息。

(5)网管功能

控制中心的网络管理中心设置一套闭路电视监控系统的网管终端设备。该套设备主要负责对闭路电视监视系统的运行情况进行综合的监视和管理,必要时对系统数据及配置作及时的修改。

(6)故障管理功能

CCTV 应能智能识别系统故障,并对故障进行定位;能报告所有告警信号及其记录的细节;具有告警过滤和遮蔽功能;提供声光告警显示功能。

(7)系统管理功能

设备管理系统,应可以与其选用的切换矩阵控制设备配套使用。

2. 系统的构成

闭路电视监控系统 CCTV 由摄像机、控制部分、编解码设备(多功能解码器)、传输部分、监视器、报警部分和网管部分等 7 部分组成,如图 12-20 所示。

(1)摄像机设备

摄像机是视频输入设备,由一体化摄像机和固定摄像机 2 种。一体化摄像机是受控摄像机,其摄像头安装在云台上,可以上下左右移动。另外,摄像头上的镜头也可以受控调节焦距和光圈。

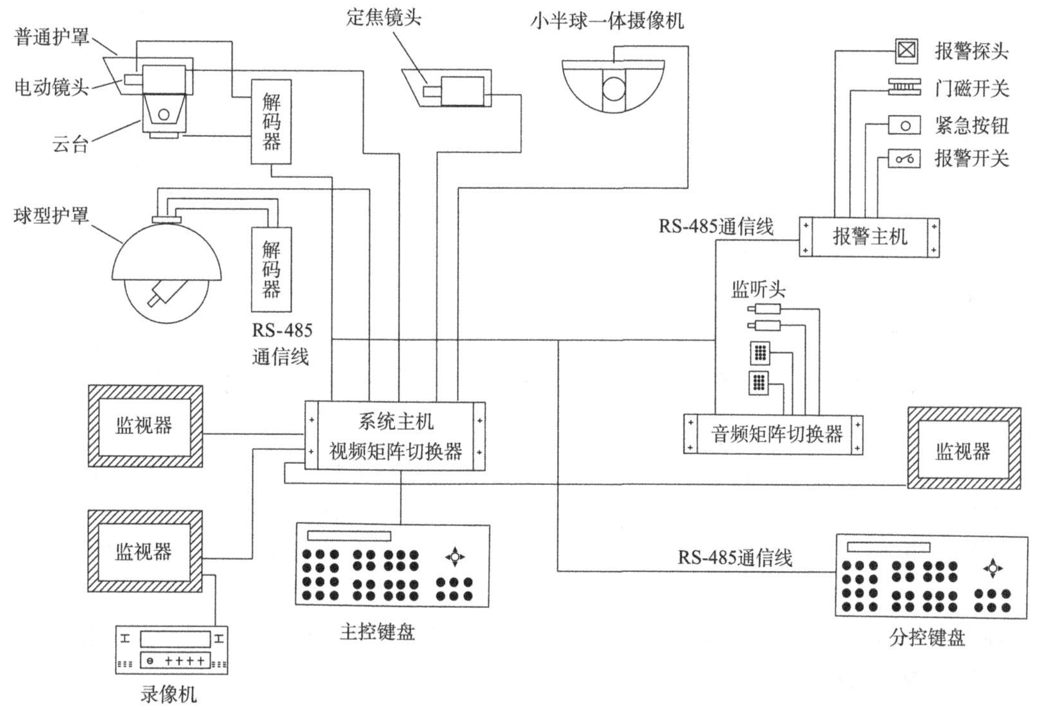

图 12-20　CCTV 系统的组成

摄像机设备主要由摄像头、数字信号处理器、云台和防护罩组成。其中,摄像头为视频取像装置。目前,摄像头可分为模拟摄像头、数字摄像头和网络摄像头 3 种。有带夜视(红外线)摄像功能的摄像头,也有不带此功能的摄像头。

数字信号处理器(DSP),仅用于数字摄像头和网络摄像头,主要用来对模拟视频信号进行压缩编码等数字信号处理。

云台是承载一体化摄像机进行上下左右移动的装置。

(2)控制部分

控制部分是整个 CCTV 系统的核心,由主控制台、副控制台和远端解码器组成。

主控制台即主机,对系统中各个设备进行控制。其主要功能为:视频信号的放大与分配、图像信号的校正和补偿、视频网络控制、图像信号的切换和分割、图像信号的记录、摄像机及其辅助部件的控制等。

副控制台只是一个操作键盘,采用 RS-485 总线连接主控制台,与主控制台的操作键盘的功能相同。

远端解码器属于 CCTV 的前端设备,用来对控制台发来的远端摄像机操作的编码控制信息进行解码,形成操作控制信号。

(3)编解码设备

视频编解码设备是闭路电视监控系统重要的组成部分之一,起着极其重要的作用。视频编解码设备的主要功能是将闭路电视监控系统前端设备的视频矩阵器输出的模拟图像进行模/数转换,数字压缩编码处理,形成数据流,以便在传输网络中进行传输;利用传输网络将数据传送至控制中心,再做相应的数字解压缩和数/模转换,还原成需要的前端模拟图像;再接入控制中心的视频矩阵器,完成前端设备模拟图像的呈现。

(4)传输部分

闭路电视监控的前端部分与控制中心的设备通过传输系统进行通信。该系统一方面将前端设备(摄像机)获得的音视频信号传送到中心设备,另一方面将中心端的控制命令传送到前端设备。目前,闭路电视监控系统可分为模拟视频监控、数字视频监控和网络视频监控系统三种,分别采用不同的传输技术与组网方案。

①模拟视频监控系统的传输技术

在模拟视频监控系统中,控制中心和各车站 CCTV 的组网方式以及控制中心与车站间的视频信号传输均采用模拟方式。各车站与控制中心之间的视频信号传输,采用点对点的光纤传输方式。

在模拟 CCTV 中,最主要的设备是视频网络控制设备和视频矩阵设备。其中,视频网络控制设备接收本地控制键盘指令和上级控制信号,根据指令的内容对视频矩阵设备的输出图像、一体化摄像机、画面分割器以及录像机进行控制。视频矩阵根据视频网络控制器设备输出的控制信号选择所需的监控点图像进行显示或送上一级视频监控系统。

在各车站,各摄像机采集到的视频信号通过视频电缆连接到车站的视频矩阵设备。

②数字视频监控系统的传输技术

在数字视频监控系统中,控制中心与各车站 CCTV 组网方式仍采用模拟视频技术,只是在硬盘录像以及车站与控制中心的视频传输采用了数字技术。因数字传输网无法传送模拟视频信号,为了将模拟视频信号从车站传输到控制中心,需要经过压缩编码器进行模/数转换,成帧后,才能通过数字传输网络将视频信号传输到控制中心。

③网络视频监控系统的传输技术

网络视频监控系统是以计算机通信和视频压缩技术为核心的监控系统。在网络视频监控系统中,各车站和控制中心的 CCTV 的组网方式均采用计算机局域网组网方式,并通过城市轨道交通专用传输网提供的分组(Ethernet 或 ATM)传输通道,将各视频监控系统的局域网连接成广域网。

带有编码器的网络摄像机、连接多台模拟摄像机的视频网关、带有解码器的数字监视器、录像硬盘均接入控制中心或各车站的 Ethernet 或 ATM 的局域网。

(5)监视器

监视器用于显示监控点摄像机送来的视频信号,是视频监控系统中不可缺少的设备。对于监控点比较少的系统,有时只需要一个监视器,由人工或自动选择画面,或者分割成多个窗口同时显示。对于具有数十个或上百个监控点的大型视频监控系统而言,通常需要数个或数十个监视器,甚至配置成电视墙。

根据显示原理分类,监视器可分为阴极射线管(CRT)显示器、液晶(LCD)显示器和等离子(PDP)显示器三类。

(6)报警部分

视频监控系统通常还具有环境监控信号的采集、编码、传输与报警功能,并具有报警与视频监控连接的功能。

①安防报警

系统可配置各种安防报警装置,如红外报警器、超声/次声报警器、微波、激光报警器等,报警信号直接输入前端编码器。

②消防报警

系统可配置各种消防报警器,如等离子、光电烟雾探测器、温感报警器等,报警信号可直接输入报警主机,也可接入专用消防主机,消防主机再通过串行通信接口将报警信号传输到报警主机。

③警视联动

一旦出现警情,如有非法闯入或发生火灾,则系统立即启动现场报警,并自动切换到相应摄像机,对有预置功能的摄像机,还能自动转到相应预置监控点。

④设备联动

系统能与其他城市轨道交通的监控设备连接,接收这些设备的告警、故障等信号。

(7)网管部分

①用户管理:用户的增减、授权、优先级等,由系统管理员完成。

②系统网管:系统服务器对设备在线检测、连接管理、自诊断和网络诊断等。

③系统日志:对系统中的操作,如系统报警、用户登录和退出、报警布防和撤防、系统运行情况等,都有系统日志记录。

④控制权协商:当多个用户同时控制一个前端时,为避免控制混乱,只能有一个用户对该前端有控制权。这可通过管理员预定的优先级或网上自动协商完成。

⑤信息查询:登录用户可查询系统的使用和运行情况,如在线用户名段、前端运行状况等。

第 6 节　广 播 系 统

广播系统是城市轨道交通运营行车组织的必要手段,用来完成对乘客的广播、通知列车到站、离站、线路换乘、时间表变更、列车误点、安全状况、防灾广播、组织指挥事故抢险中的指挥等工作。

1. 系统的组成

广播系统主要由中央控制处理器(CPU)、电子矩阵、噪声传感器、广播台、音频监听模块、扬声器等组成,如图 12-21 所示。

(1)中央控制处理器(CPU)

中央控制处理器是广播系统的核心设备,实现系统监听、自检、音频控制、功放控制、远程控制和故障诊断。

(2)电子矩阵(MX)

电子矩阵是一个多输入多输出路由模块,可扩展,级联最大可达到 128 路输入/128 路输出,实现双向输入输出控制。

(3)广播台

广播台包括智能(中心)广播台、站长广播台、站台(轨旁)广播台和桌面广播台。

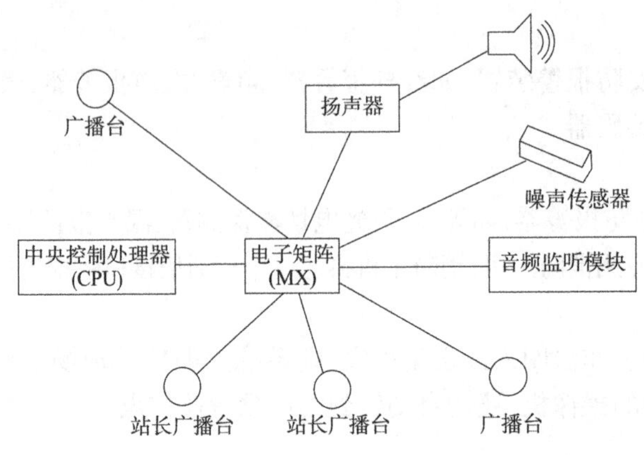

图 12-21　广播系统的组成

(4)音频监听模块

音频监听模块通过利用系统各放大器、信号发生器的作用,在线监听各广播区广播内容。

(5)扬声器

在站厅、站台采用的吸顶式扬声器,露天环境采用全天候号角扬声器。

2. 广播系统的功能

广播系统的主要功能如下:

(1)操作功能

控制中心的值班人员通过广播控制终端可对全线、任意一个车站或多个车站、任意车站的任一选区或多个选区进行语音广播。车站值班员可通过车站广播控制终端对本站所有管辖范围内的选区进行广播以及背景音乐的播放等。

(2)多级优先广播

优先级可根据用户的需求灵活进行设置,包括现场广播、选择广播、紧急广播、最后班车广播、服务中止广播、站台自动广播、背景音乐广播等。若在同一广播区进行不同的广播时,系统将按照预先设置的优先级进行广播。

(3)预示音功能

系统在每次广播前均有标准的预示音发出。车站广播控制单元的语音合成模块内设有预示音电路。在每次广播时,自动触发预示音电路,向选通的广播区播放预示音。

(4)广播编组及设定功能

根据需要,中心、车站广播控制终端和中心广播控制台均可设置若干各编组,用户可按编组操作程序对任意站、任意广播区选择组合编组,广播时仅按编组序号图标(按键),即可对已存编组内的各广播区进行广播。

(5)平行广播功能

平行广播功能是指将不同的信源通过不同的通道同时播向不同的广播区,即中心广播、行车广播、站台广播、列车到发自动广播等不同的信源,可通过不同的通道将各音频信号同时连接到不同的广播区。

(6)应急广播功能

车站的广播系统设有“应急”按键。当车站广播控制单元出现故障时,可按下“应急”广播按键,可将车站广播控制台的话筒广播音频通过应急通道直接送给功率放大器,对所有广播区进行应急广播。

(7)监听功能

在中心广播控制台、车站广播控制台内均具有监听电路和迷你型监听扬声器。车站值班员可选择监听本站任一广播区的广播内容。

(8)一键取消功能

在中心及车站的广播控制终端及控制台上均设有一键取消按键,当本地操作员误播或发现其他操作者误播,均可一键取消,立即切断所有正在进行的广播。

(9)集中录音功能

中心广播控制台、车站广播控制台及站台广播控制终端控制台均具有录音输出接口,所有现场人工话筒广播内容送往中心通信集中录音系统进行自动录音,中心、车站广播控制终端、站台广播控制终端记录通话日期、起止时间等信息。

(10)无线广播功能

中心与车站具有与无线系统的广播接口,通过无线通信系统,控制中心可使用广播控制终端对指定的列车进行广播;车站值班员可通过无线移动台对站内进行广播。

(11)广播系统与旅客信息系统(PIS)联动功能

通过与 PIS 系统的接口,车站广播系统可接收列车信息(包括列车接近、列车到达、列车离站等信息)。当接收到列车某一信息时,自动启动并广播相应的广播内容。

(12)双语播放功能

广播系统能够使用普通话和英语进行广播。

3. 广播系统的控制

广播系统由控制中心和车站两级进行控制。正常情况下,以车站对广播系统的控制为主;紧急情况下,如事故抢险、组织指挥,以控制中心进行控制为主。为了防灾的需要,控制中心的调度员有最高优先级。在优先级上,环境调度高于行车调度,行车调度高于维修调度,控制中心调度员高于车站值班员,站长广播台高于站台广播台。

广播系统的广播台主要包括中央智能广播台、站长广播台、站台广播台、桌面广播台、车站广播和车辆段广播台。下面主要介绍前 4 种广播台。

(1)中央智能广播台

中央智能广播台设置在控制中心,具有语音、信号等控制能力,供环境控制调度(简称环调)、行车指挥调度(简称行调)、维修调度(简称维调)使用,紧急情况时,调度人员可对中心和车站任何区域进行广播。

(2)站长广播台

站长广播台设于车站控制室,具有语音、信号及各种控制功能,包括人工广播、线路广播、预存广播等,车站值班员可对站台、站厅和办公区域进行广播。

(3)站台(轨旁)广播台

站台广播台为全天候、有防护门的对讲台,可以防水并在恶劣的环境下使用,站台广播台设置在站台中央的墙上,每个站台一个,对站台进行定向广播。

(4)桌面广播台

桌面广播台设置在车辆段范围内的信号楼、检修楼和运用库等地,对车辆段道岔群、检修主厂房和运用库进行定向广播。

第7节　时钟系统

时钟系统是为城市轨道交通其他子系统的设备提供统一时间信号的系统,包括为控制中心调度员、车站值班员、列车司机、各部门工作人员及乘客提供统一的标准时间信息。

时钟系统采用全球定位系统 GPS(Global Position System)标准时间信息。

1. 时钟系统的组成

城市轨道交通的时钟系统采用控制中心和车站/车辆段/停车场两级组网方式。由中心一级的母钟、车站/车辆段/停车场二级母钟、时间显示单元(子钟)及传输通道、接口设备、电源和时钟系统网管设备组成。时钟系统构成如图 12-22 所示。

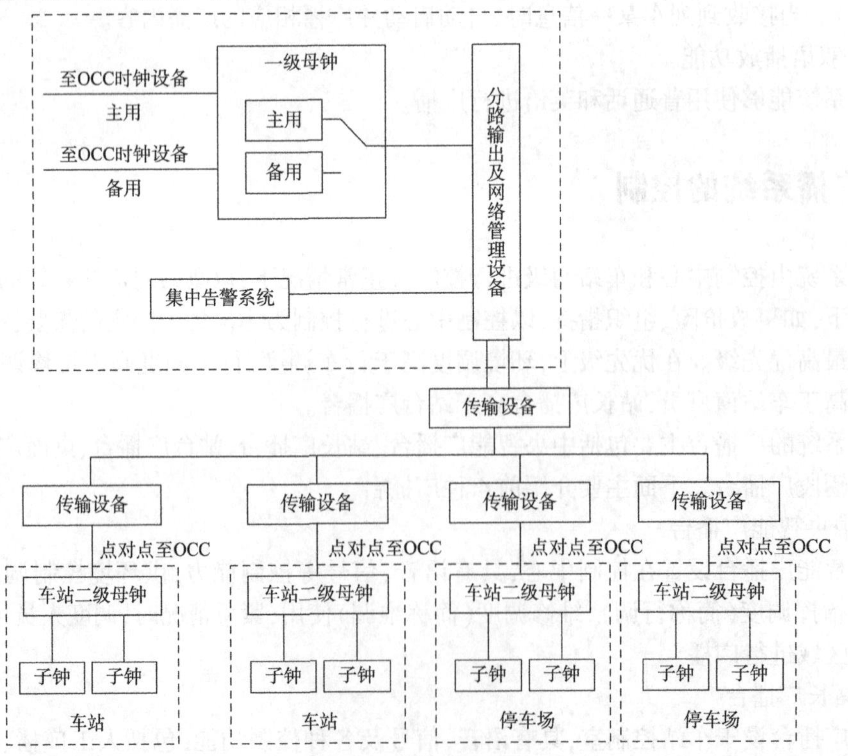

图 12-22　时钟系统构成

一级母钟设于控制中心综合设备室,其中高稳晶振工作钟采用主备用方式,主备工作钟可以自动或手动切换,且可人工调整时间。

二级母钟设于各车站/车辆段/停车场设备室内,二级母钟采用一主一备工作方式,接收一级母钟的校时信号,并向子钟发送标准时间信号。

子钟设置于控制中心调度大厅和各车站的站厅、车站控制室、公安安全室、AFC 票务室等地,并在车辆段/停车场信号楼、值班室、停车列检库等地点设置子钟。

时钟系统网管系统设置在控制中心网管中心,用于管理时钟系统,实时监测一级母钟和二级母钟的工作状态。当某个时钟设备故障时,一级母钟、二级母钟可实时将告警信号发送网管系统。

传输通道服务于一级母钟和二级母钟之间的时钟信号和故障告警信号的发送和接收。

2. 时钟系统的控制模式

在正常情况下,时钟系统由中央控制运行。此时,一级母钟系统正常接收 GPS 信号,传送标准时间给二级母钟及其他需要时间信号的设备。当一级母钟不能正常接收 GPS 信号时,则通过自身的高稳晶振运作提供时间信号给二级母钟等终端用户,以满足城市轨道交通运营的要求。

当一级母钟故障不能正常工作时,即无法向二级母钟传送时间信号,则由车站对时钟系统进行控制。此时,二级母钟自身高稳晶振运作提供子钟时间信号,但不给其他系统提供时间信号;当二级母钟故障时,子钟自行运作,继续向乘客提供时间显示。

第 8 节　旅客信息系统

为了给旅客提供优质服务,城市轨道交通建设由旅客信息系统 PIS(Passenger Information System)。在正常情况下,PIS 系统向乘客提供列车时间信息、换乘信息以及政府公告、广告等多媒体信息;在紧急情况下,如火灾、阻塞、恐怖袭击等非常情况下,提供动态紧急疏散指示。

PIS 系统是依托多媒体网络技术,以计算机系统为核心,通过车站和车载显示终端向旅客提供信息服务的系统。

1. PIS 系统的组成

(1)按结构划分

PIS 系统按结构可划分为 4 个部分:中心子系统、车站子系统、网络子系统和车载子系统。中心子系统和车站子系统通过网络子系统进行连接。

中心子系统负责外部信息流的采集、播出版式的编辑、视频流的转换、播出控制和对整个系统设备工作状态的监控以及网络的管理。设备主要有中心服务器、中心播出服务器、中心操作员工作站、中心网管系统、DVB 数字电视设备等。

车站子系统主要由车站服务器、车站操作员工作站、流解码器、信息播放控制器、分屏器、车站网络系统和现场显示设备等组成。车站子系统负责转播来自控制中心的实时信息，并在其基础上叠加本站信息，如列车运行信息、公告信息等。

网络子系统是基于骨干传输网组建的，传输从控制中心到各车站的各种数据信号和控制信号。

车载子系统与各车站子系统通过无线网络相连，接收相关的信息，并在列车的显示屏上显示。车载信息系统的建设是为了更好提高对乘客的服务质量。

(2)按功能划分

PIS系统按功能划分，可划分为四个层次：信息源、中心播出控制层、车站/车载播出控制层和车站/车载播出显示终端设备。

①信息源

主要设备为视频流和数据服务器，向整个系统发送网络视频和数据，能够同时提供多种视频标准的视频。

②中心播出控制层

负责数据的采集、编辑和播出，同时对系统内的播出设备进行集中的控制管理。通过对各个车站的播出设备进行集中控制，车站的旅客信息系统可实现无人值守，降低人为操作带来的故障。

③车站/车载播出控制层

车站车载播出控制层可以即时编辑制定的信息，并发布到制定的终端显示器，提示乘客注意，并对车站的所有播放设备进行控制。

④车站/车载播出显示终端设备

包括站台显示器、车厢显示器、旅客紧急报警通信装置和扬声器。站台显示器显示即将进站的列车信息以及车站状况的信息；车载显示器显示列车车厢状况、列车运行状况、换乘提醒、到站提醒，同时，也可播放新闻等；扬声器，提供车内广播，为旅客提供语音信息。

2. PIS系统的功能

旅客信息系统的主要目的是通过中心对车站子系统的控制，在制定的时间，将指定的信息显示给旅客，为旅客提供服务。主要功能如下：

(1)紧急情况下向旅客提供信息

当事故发生时，操作员通过操作工作站操控紧急程序，将指定的信息显示给旅客。

(2)多媒体动态广告

在播放列车运行信息的间隙，可动态播放广告，为地铁带来更多的广告收入，同时也为广告业主提供多种广告方式；也可播放新闻，使得乘客可随时了解国内外和本城市发生的重大新闻。

(3)实时信息显示

播放实时视频信号(如电视台模拟或数字节目)及其他监控视频信号，为旅客提供娱乐服务。

(4)多语言支持

地铁常有来自不同国家、不同民族的旅客,旅客信息系统应提供至少支持普通话和英语语言的视频信息或语音。

(5)网络传输

基于 TCP/IP 通信网络,无论在网络设计还是系统设计方面,要充分考虑系统将来的扩展性。

(6)显示系统与时钟系统同步

旅客信息系统中的显示终端的时间应与时钟系统同步,在没有时钟的地方,显示屏幕提供时间显示服务,时钟的显示可以为数字显示或模拟时钟显示方式。

(7)多媒体控制软件支持对屏幕进行多区域分割

旅客信息系统中的显示终端能够显示多个子窗口,各子窗口可支持不同的播出方式,显示播出版面效果可根据需要随时更新。

3. 显示的优先级

旅客信息系统的主要目的是在确保旅客安全到达目的地的基础上,给旅客提供更多的信息,如换乘信息、到站信息、广告、新闻等。旅客信息系统在播放信息时,必须考虑信息的优先级。高优先级的信息先显示,同级别的信息按照播出顺序显示。

紧急灾难信息的优先级最高,然后是列车的服务信息(如换乘信息、到站提醒等)和旅客导向信息,最后是商业信息。

高优先级的信息可中断低优先级信息的播出,低优先级的信息不能中断高优先级信息的播出。如果发生紧急情况,自动进入紧急信息播出状态,其他信息停止播放,直到警告解除。

本章习题

1. 阐述城市轨道交通公务电话系统的常用组网方式。

2. 简述脉码调制的基本原理。

3. 简述无线调度系统的三种通信方式。

4. 填空题:

(1)通信传输系统由________、________、________和________组成。

(2)城市轨道交通电话系统分为________和________。

(3)城市轨道交通中的专用电话系统包括________、________、________和________电话系统。

(4)无线集群通信系统的集群方式有 3 种,分别为________、________和________。

附录　轨道交通常用专业术语英汉对照表

序号	英文名称	中文名称
1	Fire Alarm System(FAS)	火灾报警系统
2	Building Automation System(BAS)	建筑设备自动化系统
3	Auto Fare Collection(AFC)	自动售检票系统
4	Automatic Train Protection(ATP)	列车自动防护
5	Automatic Train Supervision(ATS)	列车运行监督
6	Automatic Train Control(ATC)	列车自动控制
7	Automatic Train Operation(ATO)	列车自动运行
8	Scan Control Alarm Database(SCADA)	供电系统管理自动化
9	Operation Control Center(OCC)	运营控制中心
10	Man Machine Interface(MMI)	人机接口
11	Uninterrupted Power Supply(UPS)	不间断电源供给
12	Local Area Network(LAN)	局域网
13	Wide Area Network(WAN)	广域网
14	Open Transport Network(OTN)	开放传输网络
15	Trailer Car	拖车
16	Motor Car	动车
17	Train Integrated Management System(TIMS)	列车综合管理系统
18	Digital and Audio Announcements	数字语音广播器
19	Positive Train Identification(PTI)	列车自动识别
20	Siemens Computer Aided Signaling(SICAS)	西门子计算机辅助信号
21	Departure Time Indicator(DTI)	发车计时器
22	Passenger Information and Indication System(PIIS)	旅客向导系统
23	Restricted Manual Mode ATP	限制允许速度的人工驾驶
24	Automatic Reversal	自动折返
25	Automatic Train Tracking	列车自动跟踪
26	Automatic Route Setting(ARS)	列车自动进路排列
27	Automatic Train Regulation(ATR)	列车自动调整
28	Integrated Services Digital Network(ISDN)	综合业务数字网
29	OTN Management System	开放传输网络管理系统

续上表

序号	英 文 名 称	中 文 名 称
30	Public Switched Telephone Network(PSTN)	公用电话交换网
31	File Transfer Protocol(FTP)	文件传输协议
32	Ticket Vending Machine(TVM)	自动售票机
33	Mean Time Between Failures(MTBF)	平均无故障运行时间
34	Input/Output	输入/输出
35	Environment Control System(ECS)	环境控制系统
36	Urban railway	城市铁路;城市铁道
37	Suburban railway	市郊铁路;市郊铁道
38	Light railway	轻轨铁路;轻轨铁道
39	Metro; Subway; Underground Railway	地下铁道;地下铁路;地铁
40	Tram	有轨电车
41	Safety Distance	安全距离
42	Fire Protection Gate	防火门
43	Train Diagram;Train Graph	列车计划;运行图
44	Flank Protection	侧面防护,类似敌对进路
45	Single Track Railway	单线铁路
46	Double Track Railway	双线铁路;复线铁路
47	Multiple Track Railway	多线铁路
48	Monorail; Monorail Railway	单轨铁路
49	Magnetic Levitation Railway	磁浮铁路
50	Section	区间
51	Continuous Speed	持续速度
52	Limited Speed;Speed Restriction	限制速度
53	Construction Speed;Design Speed	设计速度
54	Maximum Speed	最高速度
55	Critical Speed	临界速度
56	Train Collision	列车正面冲突
57	Train Tail Collision	列车追尾
58	Train Rear End Protection	列车尾部防护
59	Turnout;Switches And Crossings	道岔
60	Simple Turnout;Lateral Turnout	单开道岔
61	Symmetrical Three Throw Turnout; Three-Way Turnout	三开道岔
62	Slip Switch	交分道岔

续上表

序号	英文名称	中文名称
63	Scissors Crossing; Double Crossover	交叉渡线
64	Parallel Crossover	平行渡线
65	Frog, Crossing	辙叉
66	Frog Angle	辙叉角
67	Frog Number	辙叉号数
68	Turnout Number	道岔号数
69	Switch Rail; Tongue Rail; Blade	尖轨
70	Train Radio Dispatching System	列车无线电调度系统
71	Double-Arm Routing	双肩回交路
72	Semi-Loop Routing	半循环交路
73	Loop Routing	循环交路
74	Circular Routing	环形交路
75	Short Routing	短交路
76	Long Routing	长交路
77	Through Routing	直通交路
78	Train Block System	行车闭塞法
79	Space-Interval Method	空间间隔法
80	Time-Interval Method	时间间隔法
81	Running Token	行车凭证
82	Blocking	办理闭塞
83	Route	进路
84	Train Route	列车进路
85	Shunting Route	调车进路
86	Through Route	通过进路
87	Receiving Route	接车进路
88	Departure Route	发车进路
89	Parallel Route	平行进路
90	Conflicting Routes	敌对进路
91	Clearing Signal	开放信号
92	Closing Signal	关闭信号
93	Train Path	列车运行线
94	Up Direction	上行方向
95	Down Direction	下行方向

续上表

序号	英文名称	中文名称
96	Train Number	列车车次
97	Parallel Train Diagram	平行运行图
98	Non-Parallel Train Diagram	非平行运行图
99	Train Diagram for Single Track	单线运行图
100	Train Diagram for Double Track	双线运行图
101	Train Diagram in Pairs	成对运行图
102	Train Diagram Not in Pairs	不成对运行图
103	Train Diagram for Automatic Block Signals	追踪运行图
104	Primary Train Diagram	基本运行图
105	Train Operation Adjustment	列车运行调整
106	Wayside Signaling	区间信号
107	Signaling at Stations	车站信号
108	Signal	信号
109	Visual Signal	视觉信号
110	Audible Signal	听觉信号
111	Day Signal	昼间信号
112	Night Signal	夜间信号
113	Signal for Day and Night	昼夜通用信号
114	Fixed Signal	固定信号
115	Movable Signal	移动信号
116	Cab Signal	机车信号
117	Ground Signal	地面信号
118	Hand Signal	手信号
119	Flashing Signal	闪光信号
120	Speed Signaling	速差制信号
121	Train Signal	行车信号
122	Shunting Signal	调车信号
123	Proceed Signal	进行信号
124	Caution Signal	注意信号
125	Restriction Signal	减速信号
126	Stop Signal	停车信号
127	Receiving Signal	接车信号
128	Departure Signal	发车信号

续上表

序号	英 文 名 称	中 文 名 称
129	Through Signal	通过信号
130	Calling-on Signal	引导信号
131	Approaching Signal	预告信号
132	Repeating Signal	复示信号
133	Conflicting Signal	敌对信号
134	Signal at Clear	信号开放
135	Signal at Stop	信号关闭
136	Color-Light Signal	色灯信号机
137	Multi-Lenses Signal	透镜式色灯信号机
138	Semaphore Signal	臂板信号机
139	High Signal	高柱信号机
140	Dwarf Signal	矮型信号机
141	Home Signal	进站信号机
142	Starting Signal	出站信号机
143	Advance Starting Signal	总出站信号机
144	Group Starting Signal	线群出站信号机
145	Route Signal	进路信号机
146	Route Signal for Receiving	接车进路信号机
147	Route Signal for Departure	发车进路信号机
148	Route Signal for Receiving-Departure	接发车进路信号机
149	Block Signal	通过信号机
150	Main Signal	主体信号机
151	Dependent Signal	从属信号机
152	Station Limit Sign	站界标
153	Interlocking	联锁
154	Interlocking Equipment	联锁设备
155	Centralized Interlocking	集中联锁
156	Mechanical Interlocking	机械集中联锁
157	All-Relay Interlocking	继电式电气集中联锁
158	Microcomputer Interlocking	微机联锁
159	Locking	锁闭
160	Route Locking	进路锁闭
161	Section Locking	区段锁闭

续上表

序号	英文名称	中文名称
162	Switch [Point] Locking	道岔锁闭
163	Switch [Point] Closure	道岔密贴
164	Normal Locking	定位锁闭
165	Reverse Locking	反位锁闭
166	Normal and Reverse Locking	定反位锁闭
167	Release	解锁
168	Route Release	进路解锁
169	Route Release at Once	进路一次解锁
170	Sectional Release of a Locked Route	进路分段解锁
171	Manual Release	人工解锁
172	Manual Route Release	进路人工解锁
173	Manual Release of a Locked Switch	道岔人工解锁
174	Manual Time Release	限时人工解锁
175	Automatic Time Release	自动限时解锁
176	Released by Checking Three Sections	三点检查
177	Released by Checking Four Sections	四点检查
178	Basic Route	基本进路
179	Detour Route; Alternative Route	迂回进路
180	Route With Overlapped Section in the Opposite Direction	对向重叠进路
181	Route With Overlapped Section in the Same Direction	顺向重叠进路
182	Successive Route	延续进路
183	Switch Normal Indication	道岔定位表示
184	Switch Reverse Indication	道岔反位表示
185	Track Occupancy Indication	线路占用表示
186	Section Occupancy Indication	区段占用表示
187	Switch Locked Indication	道岔锁闭表示
188	Alarm	报警
189	Route Setting	排列进路
190	Presetting of a Route	预排进路
191	To Cancel a Route	取消进路
192	Released Route	解锁进路
193	Route Selection	选路
194	Interlocking Area	联锁区

续上表

序号	英文名称	中文名称
195	Non-Interlocking Area	非联锁区
196	Section With a Switch or Switches	道岔区段
197	Section Without a Switch	无岔区段
198	Track Section	线路区段
199	Approach Section	接近区段
200	First Approach Section	第一接近区段
201	Second Approach Section	第二接近区段
202	Departure Section	离去区段
203	First Departure Section	第一离去区段
204	Second Departure Section	第二离去区段
205	Interlocking Chart and Table	联锁图表
206	Interlocking Table	联锁表
207	Route Sheet	进路表
208	Local Control Panel(LCP)	局部控制盘
209	Block System	闭塞系统
210	Section Blocked	区间闭塞
211	Section Cleared	区间空闲
212	Section Occupied	区间占用
213	Semi-Automatic Block System	半自动闭塞
214	Automatic Block System	自动闭塞
215	Fixed Block System	固定闭塞
216	Moving Block System	移动闭塞系统
217	Quasi-Moving Block System	准移动闭塞系统
218	Automatic Block with Axle Counter	计轴自动闭塞
219	Two-Aspect Automatic Block	二显示自动闭塞
220	Three-Aspect Automatic Block	三显示自动闭塞
221	Four-Aspect Automatic Block	四显示自动闭塞
222	Block Section	闭塞分区
223	Overlap Protection Block Section	保护区段
224	Protected Section	防护区段
225	Train Operation Control System	列车运行控制系统
226	Stopping a Train at a Target Point	定点停车
227	Automatic Train Door Control	车门自动控制

续上表

序号	英文名称	中文名称
228	Automatic Train Speed Regulation	列车自动调速
229	Remote Control	遥控
230	Centralized Traffic Control(CTC)	调度集中
231	Centralized Control	中心控制
232	Station Master Control	车站控制
233	Track Circuit	轨道电路
234	DC Track Circuit	直流轨道电路
235	AC Track Circuit	交流轨道电路
236	Jointless Track Circuit	无绝缘轨道电路
237	Frequency-Shift Modulated Track Circuit	移频轨道电路
238	Single Rail Track Circuit	单轨条式轨道电路
239	Double Rail Track Circuit	双轨条式轨道电路
240	Track Clear	股道空闲
241	Track Occupied	股道占用
242	Shunted State of a Track Circuit	轨道电路分路状态
243	Regulated State of a Track Circuit	轨道电路调整状态
244	Feed End	送电端
245	Receiving End	受电端
246	Single Feeding and Multiple Receiving Track Circuit	一送多受
247	Dead Section	死区段
248	Cut-Section of a Track Circuit	轨道电路分割
249	Polar Transposition	极性交叉
250	Jumper	跳线
251	Rail Bond	钢轨接续线
252	Relay	继电器
253	Contact Heel；Movable Contact	动接点
254	Front Contact	前接点
255	Back Contact	后接点
256	Normal Contact	定位接点
257	Reverse Contact	反位接点
258	Contact Closed	接点闭合
259	Contact Open	接点断开
260	Relay Energized	继电器吸起

续上表

序号	英文名称	中文名称
261	Relay Released	继电器释放
262	Rectifier Relay	整流继电器
263	Neutral Relay	无极继电器
264	Polarized Relay	有极继电器
265	Polar Biased Relay	偏极继电器
266	AC Two Element Two Position Relay	交流二元二位继电器
267	Switch Machine	转辙机
268	Main Power Source	主电源
269	Stand-by Power Source	备电源
270	Power Supply Panel	电源屏
271	Fail-Safe	故障—安全
272	Reliability	可靠性
273	Safety	安全性
274	Failure to the Safe Side	导向安全
275	False Locking	错误锁闭
276	False Release	错误解锁
277	Close up	封锁
278	Section Closed up	区间封锁
279	Switch Closed up	道岔封锁
280	In Advance of a Signal	信号机前方
281	In Rear of a Signal	信号机后方
282	Relay Room	继电器室
283	Power Supply Room	电源室
284	Check-out, Inspection and Measurement	检测
285	Signal Fault	信号故障

参 考 文 献

[1] 郭进. 铁路信号基础[M]. 北京:中国铁道出版社,2010.
[2] 张喜. 城市轨道交通信号与通信概论[M]. 北京:北京交通大学出版社,2012.
[3] S Morar. Evolution of Communication Based Train Control Worldwide[C]//IET Professional Development Course on Railway Signalling and Control Systems(RSCS 2012),2012:218-226.
[4] 林瑜筠. 城市轨道交通信号[M]. 2 版. 北京:中国铁道出版社,2010.
[5] 李伟章,徐幼铭,林瑜筠,等. 城市轨道交通通信[M]. 北京:中国铁道出版社,2008.
[6] 刘晓娟. 城市轨道交通 CBTC 关键技术研究[D]. 兰州:兰州交通大学,2009.
[7] 杜平. 城市轨道交通信号系统的发展[J]. 铁道通信信号,2010,46(5):56-58.
[8] 沈伟. 轨道交通中不同闭塞模式下 ATC 系统后备方案研究[J]. 铁道通信信号,2011,47(11):16-17.
[9] 张楚藩,郜洪民. 车站屏蔽门与列车车门联动优化控制方案研究[J]. 现代城市轨道交通,2008(4):16-18.
[10] 段玉玲. 地铁列车车门控制原理及改进建议[J]. 现代城市轨道交通,2016(3):28-32.
[11] 张利彪. 城市轨道交通信号与通信系统[M]. 北京:人民交通出版社,2010.
[12] 朱济龙. 城市轨道交通信号基础[M]. 成都:西南交通大学出版社,2016.
[13] 林瑜筠,吕永昌. 计算机联锁[M]. 北京:中国铁道出版社,2010.
[14] 杨扬. 车站信号控制系统[M]. 成都:西南交通大学出版社,2017.
[15] 郭进,魏艳,刘利芳. 铁路信号基础设备[M]. 成都:西南交通大学出版社,2015.

参考文献

[1] [illegible][M]. [illegible], 2010.
[2] [illegible]城市轨道交通[illegible][M]. [illegible], 2013.
[3] [illegible]
[4] 林[illegible]. 城市轨道交通[illegible][M]. [illegible], 2010.
[5] [illegible]. 北京:中国铁道出版社, 2008.
[6] [illegible] CBTC [illegible][D]. [illegible]交通大学, 2009.
[7] [illegible]城市轨道交通信号系统的[illegible], 2010, 46(5):[illegible].
[8] [illegible], 2011, 27(11):[illegible].
[9] [illegible][J]. 现代城市轨道交通, 2008(4):16-18.
[10] [illegible], 2016(3):28-32.
[11] [illegible]城市轨道交通[illegible][M]. 北京:人民交通出版社, 2010.
[12] [illegible]. 城市轨道交通信号基础[M]. 成都:西南交通大学出版社, 2010.
[13] [illegible][M]. 北京:中国铁道出版社, 2010.
[14] [illegible][M]. [illegible]出版社, 2017.
[15] [illegible][M]. 成都:西南交通大学出版社, 2015.